Waiting for rain

in

Los Angeles

在洛杉矶等一场雨

淡巴菰◎著

广东高等教育出版社
Guangdong Higher Education Press
·广州·

图书在版编目（CIP）数据

在洛杉矶等一场雨/淡巴菰著．—广州：广东高等教育出版社，2022.8

ISBN 978-7-5361-7248-7

Ⅰ．①在…　Ⅱ．①淡…　Ⅲ．①散文集-中国-当代　Ⅳ．①I267

中国版本图书馆 CIP 数据核字（2022）第 080574 号

责任编辑：曹容娟
责任校对：蔡晓文　严　颖
封面设计：张小怕
封面题字：徐安祥
摄　　影：淡巴菰

在洛杉矶等一场雨
ZAI LUOSHANJI DENG YI CHANG YU

出版发行	广东高等教育出版社 社址：广州市天河区林和西横路 邮编：510500　营销电话：（020）87551436　87553335 http://www.gdgjs.com.cn
印　　刷	广州市友盛彩印有限公司
开　　本	787 mm×1 092 mm　1/16
印　　张	16.25
字　　数	288 千
版　　次	2022 年 8 月第 1 版
印　　次	2022 年 8 月第 1 次印刷
定　　价	58.00 元

小确幸的翅膀
（自序）

这本书，和《我在洛杉矶遇见的那个人》相似，是一些记录我在异国行走的文字，分享给有缘读到它的朋友。

“时间像筛子。筛得每个人流离失所，筛得少数人出类拔萃。”王鼎钧这话多么睿智。芸芸众生，寻常日子，既然出人头地不是每个人都有的造化，我们总要找理由快乐地活下去。这本书，记录的就是这些快乐与感动。或不足道，但于我，很重要。

在离洛杉矶30英里（1英里约等于1.6公里）的小小山谷里幽居，嘴巴的语言功能日渐退化，我有时终日也不讲一句话。在厨房做着饭，我说：“火球，别折磨那只蜥蜴了。”这是对我的猫Fireball（火球）说的，它刚从后院树丛逮回一只腹部有蓝紫斑纹的蜥蜴，尾巴已经掉了。看书累了我说：“现在几点了？放John Legend（约翰·传奇）的歌。”这是对亚马逊软件里的机器主持人Alexa（亚历克萨）说的，她永远好脾气，随时听候吩咐。

“你要自由，就要付出寂寞的代价。”这是萨特的话吗？其实学会独处的人，根本不会感到寂寞。就像那个独自在意大利某个海洋孤岛上生活了28年的老人所说：“我一点也不寂寞，我周围都是植物鸟兽等各种生命。”他厌倦了人类和社会：“我如今就像生活在一个大监狱中，但这是我自己的选择。”

不用在大众面前费尽心机去张贴去更新状态的生活，其宁静美妙如在幽谷里迎接晨露和微风的小树，只听鸟儿吟唱，没有人类打扰，甚至不需要同类的枝叶相拂根脉相牵。

沏一壶茶，拈花闻香，那份从容醇悦，细如流萤，不惊天动地，却时时萦绕，只想感叹：岁月静好。

我喜欢记录独处的快乐。

每天早晨跑步一英里，开始的三分之一往往最累。我会背诵《心经》，默诵完260个字，已经是身轻如燕。回家听着音乐练瑜伽一小时，身体柔韧，心情愉悦。每日两餐。我的早午餐通常在十点开始，一杯自榨蔬果汁、一片全麦面包、一盘沙拉加煮蛋、一碗牛奶麦片。然后为房间除尘清洁。有时，燃三支香，插一瓶从园子里刚剪的花。

每隔一天，我会为屋前房后的花草树木浇水、剪枝，偶尔换盆儿。我每天都写作，一两小时不等。不似当记者时急急赶稿去发表，只把写作当成生活的一部分。我没有公众号，早停了博客，也不发朋友圈。遇到触动我的人和事，我不用嘴去跟人描述，而是用键盘敲击在电脑上。给谁看？自己，或者未来有缘读到的任何一个陌生人。

当然，我也会去散步。一个小时。

与其说是在走路，更不如说是在欣赏不重样儿的花园。这家火红的凌霄花爬满了二层楼高的西墙，我似乎听到数不清的小喇叭们响亮悦耳的吹奏。那家紫楹花树开得浓烈，最正宗的紫色，大面积涂抹在整个树冠上，衬着瓦蓝的天，像凡·高的灵魂在空中执拗地挥霍颜料。山顶上一户人家的多肉花园美得如同小型沙漠园林，我宁可绕路半英里也要去驻足饱餐视觉盛宴。

即使没有花儿，大自然仍是美得令人窒息的。白云不动声色地悬在蓝天上，各种树们灌木们安详从容，似乎有人类以来就立在那儿一般。在我眼里树是有性别的，漆树无论如何高大粗壮，那垂柳般的丝绦让人毫不怀疑它是阴性的，那秀发像小手召唤我去拂动；棕榈树头上没几片叶片，却将军一般挺拔高大直指天宇，那男性的阳刚让人爱慕景仰。

这是与大自然神交的快乐，像飞速扑扇着翅膀用尖尖的长嘴在薰衣草上采花蜜的蜂鸟，说不定什么时候就翩然而至，让你不由叹息感慨上天之仁厚之慈悲。感激之心，是种种小确幸的天使翅膀。

我乐意记录生命中的感动。

有位很高贵的女作家说，有人的地方就脏。她没想过人其实是最不纯粹最不彻底的物种，再恶再脏的人，也不妨碍有其善其净的一面，只要你肯用心去体察。

夏日顶着大太阳在旧货市场走得疲累，穿过洋娃娃和假珠宝首饰的丛林，眼前突然一亮，在一个门板搭起来的摊位上，在一堆旧盘子和杂货中，不期而遇一对石膏彩塑的童男童女，蒂芙妮蓝与柠檬黄的配色，明快如夏日清晨。顶端有手工捏就的铜质绞丝挂钩，那颜色与样式显示着他们是有些年头的旧物。

当然是西方的两个小家伙，圆鼓鼓的脸，淘气的大眼睛带着不食人间烟火的顽皮，他们背靠背亲密无间，被一块通常用为食品保鲜的塑料膜捆在一起。目光搜索坐在货摊一角的主人，那一对老得也像古董的夫妻，上次曾卖给我一个印第安人竹编的篮子。当然，每周都在旧货市场出摊的他们已经不记得我了。“3美元！”看我举起那俩孩子询价，干瘦却和善的老奶奶看了一眼道。我笑着递过去5美元钱纸币，“你确定是3美元一对？”我生怕误会了她。“没错亲爱的，就是一对不是一个，我怎么能让他俩分开呢。”在老人慈爱的目光里，我小心翼翼地把他们放进帆布袋。“他们从此被我领养啦。”我挥手与老人道别。

左拐，几步之遥是一个地摊儿，几件铁锹、耙子等旧农具随意躺在地上。一个旧陶罐紧挨着一把锄头把儿立在那儿，细腰丰臀，灰绿色，刻着细网格纹的埃及风格。

问价。那黑瘦笑起来眉间有个川字纹的中年男子说：“99美分。”看到我惊讶的表情，他笑出一口白牙：“瓶口有一处裂痕，我昨晚刚粘好的，你看在这儿。”

站在他旁边的年轻男子本来正与他聊天，闻言道：“99美分？我出2美元，伙计你卖给我吧，我不知道你卖那么便宜。”

“不行，我既然已经报价了，她如果要就归她了，99美分，不多收1分。”

抬头看天，湛蓝得像新染出的布，但与这些淳朴的人心相比，似乎逊色许多。

此刻，那被我栽了一株龙血树的陶罐正在走廊一角沐浴阳光，而那对娃娃则在墙上看着我进进出出。每次经过看到它们，我的心都会变得柔软许多。

林语堂说过：一个心地干净、思路清晰、没有多余情绪和妄念的人，是会带给人安全感的。因为他不伤人，也不自伤。不制造麻烦，也不麻烦别人。某种程度上来说，这是一种持戒。

此言极是。这年头，还有多少人带着觉醒持戒只为自始至终做一个心地干净的人？

我享受用文字放大细小的欢喜。

只要不把得到和拥有当作理所当然，用谦卑之心面对，我越发感觉自己是如此幸运。

步行半小时到网球场，场地空无一人。释怀！昨天那四个专业级双打不在，自己这新手不用难为情到不敢挥拍了。自在。

一刻钟后大汗淋漓，晚餐的三个茴香火鸡肉包子也算消耗掉一半了吧？不用担心长胖。欣慰。

回家洗澡，下水道没有被头发堵住，水流畅快。洁脸刷没有因电量耗尽而戛然停止，完整彻底地把一张脸从额头到下巴都清洗干净，每个毛孔都自由呼吸。痛快。

打开电视，搜索录制的节目，看到有*Antique Road Show*（《巡回鉴宝》，美国的一个电视节目），我最爱的鉴宝节目且是美国版，大饱眼福又不用听那个英国女主持的浓重奶酪口音。开心。

半夜写字饿了，切开一个牛油果，不硬不软熟得正好，色泽奶黄口感细腻，没有丝毫老态病态。欢喜。

忽然想喝一口，朗姆兑椰汁加冰，摸黑去院里花盆掐几枝薄荷，进屋一看全是碧绿嫩叶，在水龙头下用手捻搓片刻，丢进杯中，大口抿，清凉甘洌。享受。

……

越来越相信，人与物的相逢和人与人的相遇一样，多是缘分注定，前提是你要用心。

从去年就念叨，我需要一个写字桌，在家具店流连多次都失望于那做作的所谓现代风格。某天逛Good Will（旧货店），在大厅一角被人们捐来的旧家具中，一张至少有着一百岁的秘书写字台赫然映入眼帘，铁质合页，木纹沧桑，样式拙朴，只是油漆斑驳开裂，且落满灰尘。买来砂纸和油漆，用手帕围住口鼻，蹲在车库打磨润色。太阳和秋风给力，一个时辰后已经干爽亮泽。“God（天哪），你从哪儿淘来这么一件古董写字桌？So unique（好独特）！”牵着狗的邻居经过，上前围着圈儿地打量，毫不吝啬他的欣赏。

桌子小巧玲珑，使我相信这是一个女子的工作桌。在上面敲字，我不时会揣想，那端坐桌前用老式打字机认真工作的女子，可曾感激她父亲请木匠专门为她打造的这件工作礼物？她是否为赶时间宁愿错过午饭只为了能如约和未婚夫去市区的舞会跳上一曲？这样的怀想似乎拉长了我自己的光阴，愈加珍爱这命中注定般的偶遇。

“与文字相伴是我的幸运。一百年后，即使，哪怕，只有一个人偶尔读到这些文字，想一想当时有人这样活过，那就不枉我这些码字的时光。”我望着院里刚开了第一朵的栀子说道。画家邻居上门来喝我用老铁壶煮的黑茶，聊到最后，我们有点惺惺相惜。

“我和你有同感。我画画，没有人买，我仍是画下去，那是我独自面对这个世界的快乐时光。有时我也像你一样思忖，当我到了另一个世界，若是感知到有某个人看到我的画，站在画前欣赏打量片刻，那就是我的造化。”60 多岁的他幽幽道。本想靠画画谋生的他，30 年前从亚美尼亚全家移民到美国，除了好莱坞某电影公司租借过几幅他的作品拍电影，他几乎没卖出过一幅。每天早出晚归在 40 英里外的珠宝店为改首饰的客户做设计是他挣面包的唯一出路。

看到报道，说“00 后”是海草式风格，对一切都摇摆不定，平均注意力停留时长仅为 8 ~ 10 秒。生活在高铁提速、网络用 5G、快递次日达的速度为王的时代，活在当下，他们不能忍受没有变化的生活，更不能接受等待的时光，速食面一般的快速满足欲望，这是年轻一代的骄傲还是悲哀？

《南加州从来不下雨》（*It never Rains in Southern California*）是一首老歌。可是，如果你有足够耐心等候，在这片靠海又毗连沙漠的地方，润泽万物的雨季真的会来。

淡巴菰

2020 年 12 月 2 日

目　录

真珠 ……… 001

What Happens in Vegas，Stays in Vegas ……… 015

在时间的沙尘中起舞 ……… 027

跳蚤市场上空的鹰 ……… 045

圣诞下的蛋 ……… 059

隐形的保佑 ……… 073

东市买骏马，西市考驾照 ……… 087

假如把美国女权主义者扔到中国 ……… 103

租屋记 ……… 113

施粉黛，换新颜 ……… 129

猫在洛杉矶 ········· 147

窃喜 ········· 169

列车上的“神秘杀手”········· 185

染缸里泡出来的蓝领 ········· 197

光棍儿树与卡帝亚 ········· 211

看医生记 ········· 223

希尔顿的时光分享 ········· 239

真　珠

1

白花花的太阳烤沸了一个盐池，又突然把它打翻在地。正午，踩着这刺目的白盐，我领着一个手臂流血的韩国女孩，急匆匆前往从未造访过的邻居 Seth（塞思）家，去向他的猫兴师问罪。

这一幕，似乎只应在梦里出现。

“我觉得没事的，贴个创可贴就好了。”她不愧叫真珠，36 岁了仍单纯如少女。像电视剧中的韩国女子，漂染成黄褐色的一头直发，披在单薄的肩上。趿着平底凉鞋，一手用纸巾压着手腕，一脸笑容，她没事人儿似的被我拽着往前走。

“不行，必须得问清楚，看这猫是不是打了狂犬疫苗。”被猫咬伤的似乎是我，一脸忧戚。一个上门来传教的陌生女子，在我的后院被邻居家的猫连咬带抓多处流血，究竟该由谁负责任呢？我脑子里浮现出的是那有名的秀 *American Justice*（《美国司法》，英国广播公司纪录片）中法官现场断案的画面。

“要是它没打疫苗，我可能会怎么样？”

“你可能会死。”

“真的啊！”

“拿出你的手机，咱俩同时在网上查，看该怎么办！”

美利坚的大地上，两个原本互不相识的亚裔女子站在一户人家的树荫下，低头用手机上网搜索。尽管有数据显示，近年来美国死于狂犬病的人非常罕见，由 20 世纪 70 年代的年均一百多人下降为全国每年只有两例。我脑子里是不久前刚在微信上看到的一则令人心惊的新闻：一个中国男大学生莫名其妙死在医院里，都没来得及跟父母见上一面，只因为几个月前他在路上被一条流浪狗咬了一口。

人命关天啊！何况是上帝见证人的命。我只觉得自己口干舌燥，好像被咬的是我。

厨房的水龙头下，我抓着那细瘦的胳膊，先用水“哗啦啦”冲，又把香皂按上去搓，冲净泡沫，再用两个拇指的指甲挤，直到几处伤口不再有血流出来。

Seth 家门紧闭，我又是摁铃又是敲门，没人应。在折回家路上遇到 Seth 的近邻，我认出她是以前做小学老师现在家专职带四个女儿的 Betty（贝蒂）。某次我和 Jay（杰伊）曾特意前往她家打听她家的凉棚是找谁修建的，热情的她给我的印象极好，虽然我有点吃惊她的四个女儿居然都不去上学，而全在家接受她的教育。

“Seth 是个火车司机，晚上出去上班，估计现在补觉呢，敲门也听不见。两点钟他太太会从学校接孩子放学，我会把信息转达给他们。”Betty 刚从外面回来，戴着墨镜，我看不到她眼睛的表情，对着那两块黑镜片道了谢，我们再花 5 分钟走回家。

JinJoo 是这位韩国女孩的英文芳名，来自韩语音译，写法和汉字很接近：真珠。

2

洛杉矶的民宅和大多数美国住宅一样，草坪和花卉装点的前院是敞开式的，不像带栅栏或院墙的后院，这就让一些上门推销的人有了敲门入室的机会。

让我逐渐习惯的是，这些敲门者多数并非推销产品或商业保险的，反而是各种宗教组织居多。他们也不单独行动，往往两人或三人结伴而来。面带微笑，客气有礼。

年轻的姑娘小伙，满脸的胶原蛋白，一身的青春活力，那是传播摩门教的学生。据说挨家串户传教两年者，就有教会为他们支付大学学费。从他们手里，我得到一本汉语版的摩门教圣经。

真珠，就是这样敲门走近我的圣经使者。她的门派是 Jehovah's Witness（耶和华见证人）。

那是个周五的上午，隔窗看到马路对面两个女子正在敲我亚美尼亚邻居家的门，无人应。假装没人在家，我估计那是英语不灵的特蕾莎对敲门者的基本策略。

她们离开，继续到下一家试运气，那个亚裔面孔的女子还不时扭回头张望，大概是不甘心，想看刚才没人应的人家是否又开了门。

说实话，我对这些人是又敬又躲。他们的执着精神着实可嘉，在极看重隐私的美国，要敲门近前是需要莫大勇气的，甚至要冒生命危险，因为在许多州但凡陌生人未请自至，戒备的主人可以用枪支自我保护。可能人类对主动上门的一切服务都有些本能的防范，打着为你好的名义纠缠不休，从保险推销员到房产中介，即使是看似没有任何物质利益可得的宗教活动，他们不洗劫你的钱包，却有可能更狠毒，直接为你洗脑！

所以本来打算开门到前院浇花的我立即收住了脚步。过了半小时，我想应该消停了，打开门，人还在走廊，就被逮个正着。原来人家在对街挨个“清理完门户”，现在轮到马路对面的我们了。

“我知道你可能不欢迎我们，我也不想耽误你的时间，但我还是想把这个小册子送给你。”说话的是一个清瘦的亚裔女子，30 岁不到的样子，一脸真诚让我都不好意思拒绝。旁边身形壮实的那位女子是个非洲裔女孩，可能被拒绝过太多次，打量着我，她的眼神有些审视不决。

我不置可否地浇着花，拿不定该如何反应，只问：“你们也是摩门教的吗？前些天已经来过几次了。”

“我们是耶和华见证人。大家都是信上帝的，你知道我们教派的最大区别吗？就是我们一切以圣经为依据。你知道吗？上帝是真正的 God，可许多教派都不提他的名字，只崇拜基督，那是不对的。甚至我们都不提倡真正的信徒去教堂，因为圣经里写得很清楚，天父耶和华根本就不允许人们对着偶像崇拜他……”这位自信地侃侃而谈的女子就是真珠。

细打量，我发现她清澈而直率的眼神和精致的五官竟有些像歌手王菲，只不过小一号，并且没有王菲冷，反而不时地微笑着。

“中国人？”她突然用中文问我。

我有些意外地点头。

“我是韩国人。我姐曾去台湾学习过两年，中文很好。她偶尔教我一点。我只会几句中文。”她似乎很兴奋，可能在这片白人区看到一个亚裔面孔令她格外感到亲近。

说着她从包里拿出一份中文版的小册子，《警醒！超自然力量背后的真相》，2017 年第 2 期。显然，这是她们教堂的内刊。

我说今天很忙，抱歉不能听她们讲经，但我会看一下这小册子。她们高兴地道别离开了。

“如果爸爸或妈妈去世了，你可以怎么做？”这是这本只有 15 页的小册子中的开篇。

“你要把重担卸给耶和华，他必扶持你。

“祷告不是精神寄托，而是与上帝实际的沟通。

“我们遭遇各样患难的时候，上帝都安慰我们。

“有的朋友比兄弟更亲密……”

无论如何，一直未能从失去父亲的苦痛中彻底走出来的我，读着这些文字，心里是踏实的。至少，遭遇这种苦痛的大有人在。他们对上帝的信任，至少，让他们转移或减轻了失亲之痛。

随手将那册子放在茶几上。下班回家的Jay听我说了经过，微笑道：“你知道在美国许多基督徒都不喜欢耶和华见证人，倒不是说他们是邪教，只不过不是主流教派。他们传教的方式就是挨户敲门传播上帝福音。”怕我多虑，他又说：“不管别人怎么看，你应该多认识些朋友。”

一周后，真珠又微笑着来敲门了。

不好意思总说没时间，我们俩坐在前廊的椅子上聊了起来。开始，一切都无关上帝，只是她的来历。

“我嫁到美国来的！说来不可思议，我先生四年前和朋友去首尔旅游，很偶然见到我，听说我是很虔诚的耶和华见证人，他特别兴奋，虽然一东一西，我们却有着相同的信仰。短短的两周时间，我们像上辈子就认识一样。我大学时读的是英语专业，当时正在小学教英语，所以语言也没有丝毫障碍。我妈也喜欢他，说他居然很像我父亲年轻时的样子。不可能对吗？我给你看照片！”

那手机上是一个英俊的年轻男子的黑白半身照，是真珠早就去世了的父亲。然后是一个西方小伙儿帅气的生活照。同样的脸型和好看的五官，别说，还真有点像。

“在韩国时，他突然得了阑尾炎，是我带他找医生做的切除手术。他回国后我们就不断通邮件打电话，很快我到美国来看他，我们结婚了。几个月后，我就拿到了绿卡。我们约好，这辈子不要孩子，一心奉主。”

我对韩国人一向心存好感，也许是因为刚到美国，一连四年都住在洛杉矶的韩国城，同一个公寓的邻居们也多是韩国人。在电梯里总有面容和善、笑容淳朴的韩国大妈打招呼：“阿尼哈萨哟（你好）！”不少人把我当成同胞。“我们长得很像哦。”待我解释说我是中国人时，他们的笑容更豪爽了。

爽朗快乐的真珠让我尤其产生好感的，还有她的诚实不防范。随口问起她先生是否对上帝也如此虔诚，她不住点头，并直言不讳地自曝隐私。

“我先生是爱尔兰裔，姓 Boyce（博伊斯），他现在拥有的一切都来自上帝。长话短说，我先生自小父母离异，十来岁的时候母亲带他改嫁。继父家的几个男孩都比他年长，无一例外都有吸毒的恶习。想买毒品，就支使他跑腿，因为年龄小，被警察抓到也不会重责。自然，他也就跟着吸起来。17 岁的时候，他还是被逮捕判刑了，三年！他当时一片混乱，感觉这个家里没有一个人真正爱他，几次想自杀都没成功。在牢里待到两年半的时候，某天他生父，也是一位耶和华见证人，住在东海岸，终于听到儿子坐牢的消息去探监，什么也没带，手里就一本圣经。说如果 Boyce 想找到真正爱他的人，就读一读。

“他这浪子哪儿可能读圣经？可在牢里实在没事可做，便信手翻起来，没想到一看就收不住了。许多章节让他掉眼泪，许多话好像上帝就是说给他听的。

“出狱后，他开始为生父的游泳池生意打工，健身、干活儿，再没沾过毒品。几年前，又离开父亲公司开始单干，仍做泳池生意，现在很稳定，还雇了两个墨西哥人做帮手。我们买了个汽车房，虽然不像真正的房子一样气派，可我们收拾得很温馨……

“这一切惊人的变化，没有上帝的神奇护佑，怎么可能发生？包括我们俩的偶然相遇，更是上帝慈悲的神迹。”

我开始喜欢她，小小一粒，珍珠一般的女子。

于是，当一周后真珠再次敲门的时候，我开门请她坐在了客厅里。

再来，她似乎想感谢我的真诚迎候，特意带了个韩国布艺小手包当礼物。她的穿着总是简单而不简陋，从没有贵重衣物，却因为用心且有品位，便宜的衣服穿起来也非常得体而好看。“有衣遮体，有饭饱腹就足够了。人类总妥协于自己的欲望，而活得背离生存的本质，所以许多人很累。”即使说到人性之弱点，她亦总是和悦地微笑着，澄澈的眼神中又难掩遗憾和悲悯。

我把她当成了懂圣经的知心姐姐，虽然她比我小十几岁。把我这个异教徒心中这些年有关上帝和圣经的所有疑惑都一股脑儿抛给她解答——

上帝如果万能，为什么让世上总有罪恶和苦难？

既然基督复活了，为什么他不继续待在人间施以神迹，而任世界继续有战争、饥荒和难民？

一个从不知道上帝存在的善良的人，有可能进天堂吗？

未来人类的希望真的来自上帝吗？那些已经死去的人们呢，将来，如果真的上帝的王国来临，如何来论他们的对与错？

在你眼中，信徒有多少人是真正符合上帝旨意，拥有正确信仰的呢？

……

看得出，眼神发亮、满脸愉悦的她很享受我们之间的问答。认真地聆听，自信地微笑着，真诚地望着我，像老师面对无知小学生一般的包容，对回答每个问题都如庖丁解牛般游刃有余，同时还极快速准确地在 iPad 上找出圣经原句，那里有 17 个版本的语言可随时切换。

“不是我说的哦，是圣经里写的。”她很自信，却一点也不自以为是。

如果要评选一个优秀的耶和华见证人，我一定会投她一票。引经据典，妙语连珠，又让人感觉轻松愉快。更重要的是，她有时候完全颠覆了我从教堂听来的一些所谓信仰。

她不提倡捐十一税。“圣经只让人们在有能力的时候，做一个愉快的捐赠者。一个寡妇捐了两分钱，可基督说她最虔诚，相比于那些捐了十美元的富人，她捐出的是她的所有，而那些富人捐出的只是余钱。”

她悲悯许多所谓信徒只是盲眼人一般，跟着大流去教堂，根本没有明白圣经的真谛。“为什么只有 14.4 万人最后能进天堂？上帝早告诫过人类，你要走窄门，不要从众。为什么许多人嚷着自己的祈祷没有回应？你以为只是动动嘴就希望上帝呵护你？许多人说归说，做归做。为钱而活着，为名利而活着，为身体而活着，根本没有按上帝的旨意行动。”

她认为人间的一切都是暂时的、虚幻的（让我想到佛家同样的观点：世间本就是幻觉，你我都是过客。两者如出一辙）。她的自我感觉是如此富足，因为她在朝向着光明的未来迈进。“现在世道很差，为什么？这是撒旦在显示他最后的力量。是黎明前的黑暗。很快我们就要迎来上帝的王国。就像天上的政府，要取代地球上所有的政府，使上帝的旨意在天上和地上实现。人人和睦相处，满足人的一切需要，像当初的伊甸园一样美好！”

坐在后院的廊子下，我听着，似乎也跟着心情飞扬起来。连邻居的大肥猫 Jack（杰克）跳上了板凳也没赶它。

真珠则爱心大发，爱屋及乌，用手去抚摸 Jack。

“你好像不怎么喜欢它哦？”看我避嫌的样子，她有些好奇地问。

我不是不喜欢 Jack，还真是有些怕它。它一副老谋深算、洞察一切的眼神，让我和家里的猫 Fireball 都有些发怵。

它是出生在本地的土著。晚上睡在主人 Seth 家的车库里，白天则从那总开着一条缝的车库门下自由出入，翻墙越门、飞檐走壁，像个巡逻队员一样，走东家串西家如入无人之境。刚搬过来不久，某天我正在院里的大树下做瑜伽，一侧脸，发现这肥猫正趴在墙头上不动声色不怀好意地望着我。我顿时打了个激灵，再也没心思深呼吸了，早早卷了垫子回屋。

它从不拿自己当外人，后院的窗台、桌子，Fireball 从不涉足的地方，它随时都跳上去。有时还把怀孕了一般的胖身子从那极窄的纱门硬挤进屋，大摇大摆去吃 Fireball 猫盆里的干粮。看 Fireball 发出示威的怒吼，它冷眼打量一眼，一个健步冲上去，按住瘦小的 Fireball 就开撕，眼里全是杀气。即使我气急败坏地发挥人类的“淫威”把它赶出去，但在跳墙离去前，它仍威风不减，舔着胡子上沾着的猫粮，不慌不忙，扭头望我一眼，像个打了胜仗的将军。

像往常一样，Jack 想进屋去不得，抬起熊掌一般的胖爪子开始用力挠推拉门上的铁丝网，上面已经被它挠出了好些洞。我断喝让它停，它哪里肯听。那刺耳的趾甲剐蹭铁丝的声音让只有一门之隔的 Fireball 胆战心惊地一路后退。

真珠可能不想让这美妙的“韩国天使答中国记者问”被肥猫打断，起身去拍 Jack 的胖身子，只听“噢”的一声，她裸露的手臂上顿时多出几个鲜红的牙印，再翻转，两道长长的抓痕更是鲜血直流！

Jack！

我恶从胆边生，快步走到花园拔起根当花架的竹竿，冲这小贼挥舞着，它不仅不心虚逃窜，居然还冲我张嘴露出两颗大獠牙，发出丝丝的示威声。

这一幕让我又吓又怕，又还担心着正流血的真珠。连上帝的见证人都敢咬，可见这厮下辈子也不会托生成人。

好在 Jack 最终在两个女人的叫声中晃着拖地的胖肚子逃离现场。

我们则在大太阳底下去找它主人，还寻他不遇。唉！

3

与我的焦虑相比，真珠反倒一脸轻松。本来白净的前臂多了三条创可贴，还有几条红肿的爪痕。

我赞她皮肤好，看不出已经 36 岁。

"我每周都用黄瓜切片敷脸，我先生和他妈也跟着敷。黄瓜是碱性的蔬果，非常好。下次，我送你一个切片器，韩国超市有卖，一块钱一个，很便宜。"她的快人快语和侠义心肠让我想到年轻时的自己。

看表，已经下午一点钟。她似乎既没倦意也没饿意。在我提议下，每人吃了一块她带给我的巧克力派。"韩国产的。"她特意声明。生活在美国四年了，她似乎很恋旧，用的许多东西都是韩国产，防紫外线伞、蛇油霜、护发素。甚至还去扎针灸。"你们中国人开的，不错，我每周去一次，因为走保险，我才自付10美元。我不能做太剧烈的运动，还是感觉咱亚洲女人更精致。那些美国女人，身体粗壮，有的像男人哈。"这些话不时引得我哈哈大笑。

"对，我们说到通灵，圣经怎么看……"挂了彩也不下火线，反而提示我继续刚才的话题。

占星术、塔罗牌，在美国确实有些人以此作为通向未来的神秘之门，东方各国包括我们中国，更是不乏各类巫术。"圣经告诉我们，上帝在创造地球之前创造了亿万灵体，也就是天使。顺从，或反叛，他让天使有选择的自由。有些选择离开天上的岗位，来到地上制造灾祸，结果，暴行遍及全地。邪恶的力量还滥用法力，利用人们的好奇心来迷惑他们，给他们超自然的占卜能力。所谓的通灵和超能力，背后实际隐藏着邪恶的天使，他们弄瞎人的心目，使人无法认识上帝的真理。"

一眨眼已是两点半了，我知道真珠三点钟还有约会，对方是一个正在读中学的美国女生，便起身催促她离开。

我折回厨房准备烧水喝，才发现水池边有两枚银戒指，纤细、别致，一枚是橄榄枝，一枚是一串心。是真珠的，刚才让我为她冲洗伤口时摘下来的。

怕她着急，知道她在开车，仍是打给她。

10分钟后，她赶回来了。

我边烧水边问她是否愿意跟我一起吃几个饺子。

她欣然同意，说一般她十一点来见我后，会找个地方吃点东西，再去下一家。

"火鸡肉馅？比猪肉牛肉健康，很好！我先生自从跟我结婚后，减了20磅，我煮韩国菜，比如炖海带，很减油脂哦……美国人吃得太不健康了，那些孩子一个个都胖得像Jack，我好同情他们。"我们大笑起来。我突然发现，自从客居这座美国小城以来，我已经很久没这么开怀大笑了。

一人一小碟，我倒进醋和生抽，她又倒一点水进去，说她口味清淡，美国似乎什么都是浓缩的，很重口味。

“我真的很享受跟你交谈，即使你不信上帝。你是一个有精神追求的人，不像一些美国人，他们有吃有喝，有房有车，除了上班挣钱，就是物质享受。你是一个思考者!”她丝毫不掩饰自己的感受。

想到她总送我小礼物，又一趟趟义务跑上门来花时间跟我聊圣经，中国人向来知恩图报，我拿出一个贴着银片的袖珍木十字架送她。

我意外遭遇了平生第一次送礼物被拒绝。

“我感激你的好心，但我不能收这十字架。你知道吗？许多人不明就里，脖子上挂着十字架项链，去有十字架的教堂忏悔。其实这都是对上帝的误解。上帝处死了一千个信徒，就因为他召摩西在山上谈话时，信众打造了一个金饰来当成上帝膜拜。有人以为耶稣是被钉死在十字架上的，所以这是纪念他的符号，这也是误解。耶稣是死在一根木头上的，并非十字架。将来，我会跟你细说许多被以讹传讹的基本信息……”

她起身道谢离开。瘦削的身子似乎蕴藏着无穷的能量和勇气。如她所说：“我们需要很多勇气，敲门，好简单的动作。可对有些人来说，永远抬不起手。我当然也受到过白眼，尤其是那些金发女人，她们傲慢的眼神开始让我有些不舒服。甚至有人会威胁，看我常去敲门，声明要报警。有时候我先生不忙，会跟我一起去挨户散发资料。其实，对那些敌意，我现在更多的是为他们感到遗憾，甚至可怜，因为他们失去了接近真理和美好的机会……”

当晚八点半，在又扑了两次空之后，终于我和 Jay 敲开了 Seth 家的门。

“我很抱歉你的朋友被 Jack 伤到，这以前还真从未发生过。可能它受到惊吓了。在三个月前我又带它去注射了狂犬疫苗，猫类是三年一次。不给宠物打疫苗是违法的。好像，美国很少听到说有谁得狂犬病了……”Seth，和他的宠物相比，是个精瘦的帅哥，像凡·高一样右耳朵上裹着一层厚厚的纱布，倚门而立，说他刚被查出耳朵上患了皮肤癌。“你知道，加州阳光很毒，我曾一度痴迷冲浪。”

我看到 Jack 探出了胖脑袋。Seth 的儿子，一个圆头圆脑的小男孩跑过来从地上捞起 Jack，还用脸亲昵地蹭着它的脖子。七八岁的小家伙有些不安地望着我们。也真是祸不单行，猫抓了人，爸爸得了癌。我有些同情地打量着他，那怀里的 Jack 好像也不那么可恶了。

赶紧回家给真珠打电话。只响了两声她就接听了。

“这下放心吧，Jack 是安全的。你一点儿不担心，是不是知道你是被上帝保佑的?”我逗她。

几天前看到一篇文章，梵蒂冈的现任神父 Francis 说，It is better to be an atheist than to be a hypocritical catholic。（做个无神论者，强于当个虚伪的天主教徒。）

萨特说他之所以不信上帝，是因为他从小见识了道貌岸然的人们在走出教堂后的本来面目。

我相信，真珠即使不信教，也会是个善良温婉的女子。信主，似乎让她更加有依靠有力量去身体力行，做一个传播善良的使者。上帝，也许在云端看到了她。也许，在 14.4 万个进入天堂的信徒里，会给她留一个位子。

我把这个念头告诉她，没想到她大笑着说：“那是不可能的。我只是主的善行见证人，哪敢祈求那么多。如果，我能拥有一个平静、快乐的永生，那就没有枉修了此生。”

“你怎么可以和一个耶和华见证人成朋友，还定期去你家里，天哪!”年过八旬的好莱坞华裔电影明星周采芹是我的忘年知己，听到我跟她说起真珠却大惑不解甚至大声质疑我。“你是那么有思想的知识分子，怎么也受美国人的影响开始接受宗教洗脑? 几千年来，世界上那么多在以信奉上帝的名义下发起的杀戮和战争还少吗?”

一位我认识了多年的美国朋友，年过六旬的大学教授约翰是虔诚的天主教徒，年轻时离婚两次，至今单身多年的他因为风度翩翩，一直不乏多金美貌的老年妇女青睐。可他的首要过滤器就是宗教信仰：非天主教徒免谈。

在我请教他对于耶和华见证人的看法时，他却似乎比采芹开明得多：“那是个比较教条的信众派别，自认为比我们天主教要正确高深。”可是第二天半夜，已经两年没见面的他发来一条严肃的信息：“如果你决定成为耶和华见证人中的一员，请一定告知我。”言外之意：我会考虑我们是否还能做朋友。

他们的一惊一乍都令我不解又不舒服。

纯属偶然，在电视上看到由 Lionsgate 电影公司出品的纪录片电影 *Religulous*。Religulous 是自创的单词，由 religon（宗教）+ ridiculous（荒谬的）组成，被译为“宗教的荒谬”。大名鼎鼎的美国喜剧帅哥兼时政清谈人 Bill Maher（比尔·马赫）亲自撰写并主演这部独特的电影，他以上帝怀疑者的身份走访了世界各地的宗教人士，“为什么人们要争相信赖一部根本没有证据的圣经？”

父亲是犹太人、母亲是天主教徒，小比尔和姐姐去的也是天主教堂。“直到13岁，我终于可以不去教堂了。”他直言不讳圣经对他来说和一部神话书没什么区别。他质疑自称信奉上帝的州长：“你作为为数不多的掌管这个国家命运的人之一的官员，竟会相信蛇会跟人说话?!”他直视着创世博物馆的馆长，一字一顿地诘问：“美国16%的人不信任何宗教，93%的科学家也不信神，你敢说他们都是罪人?”

Doubt is humble.（怀疑是谦恭的。）

与其盲目崇拜，不如带着思考的怀疑和求证更谦恭更可爱。

这也是我目前对于宗教的看法。

我迫不及待地等真珠来，一起看这部电影。

“我要离开加州了。我们被选派到了费城去传教，我先生已经卖掉了他的小公司和我们的汽车房。我有些害怕那边严寒的冬日，你知道我多么喜爱阳光。另外我难过要远离你这个中国姐姐了。不过我们可以通过网络视频，我也用微信的。”一天她突然给我打来电话，通报这让人意外的消息。

几个月后，我收到了她发来的照片，雪地上，身着厚厚冬衣的他们相拥而立，脸上的微笑仍如加州的阳光一般温暖明丽，仿佛他们是世间最快乐满足的人。他们斩断了一切谋生来源，只靠教堂给的一点基本生活费用维持租房和一日三餐，但这丝毫不成为他们的挂碍与担忧，真珠还在网络上有模有样自学起了油画和烤无糖点心。大雪封路，就在家自娱自乐。“你看那天上的鸟雀，不种不收，上帝让谁饿死了呢?”

真珠，珍重。

What Happens in Vegas, Stays in Vegas

1

高大的现代化酒店穹顶下，成百上千台老虎机像一只只饿兽，或坐或卧，盘踞在有着俗艳图案的暗红地毯上，眨着诡异的眼睛，张着血腥的大嘴，待你走近，它们喉咙里就会发出“咕噜咕噜”的焦躁吞咽声。

面无表情的人类散落在这兽群中，半伏半靠在老虎胸前，一只手神经质地揣着荷包，另一只手则不停地按摩那老虎的某个决定运气的穴位。他们既像贪婪嗜血的亡命徒，随时期待着大把银元哗啦啦掉落的吉兆；又像被抽去了魂魄的木偶，所做的一切都迫不得已身不由己。每次看到这样的情形，我都会不由自主联想到宫崎骏的动画片《千与千寻》。一张张麻木的脸，是忘掉了自己的姓名不得不在澡堂做终生劳役的人；不干活或贪吃的人，都在瞬间变成了猪，等着吃肥后被神们吃掉……

这就是拉斯维加斯。这凭空在沙漠中海市蜃楼一般陡然出现的城市，靠赌博合法化这一魔手，吸引了原本与沙漠毫不相干的一切名利，美食、美女、豪车、豪宅、机场、高速、资本、犯罪……在这个人口只有50多万的小城，你可以找到世界上最奢华的一切，甚至，一切与罪恶相关的东西在这里都触手可得，性、毒品、钱、枪支、黑社会……一切都可以自由交易。Sin City，罪恶之城，是拉斯维加斯的别名。美国人有句口头禅，What happens in Vegas，stays in Vegas（发生在拉斯维加斯的一切，都把它们留在那儿）。言外之意是，在拉斯维加斯，什么都可以发生，您只是别太当真。

金色的特朗普大厦就在我们住的酒店旁边，仅一个高架桥之隔。

几年前和几个同事曾前往大峡谷旅游，路过拉斯维加斯住了一夜，家家酒店有赌场，且都在一楼大厅，犹如一条条诱人的河流，让你经过想不湿鞋都难。但外交官的身份让我们个个都很自律，宁肯花50美元吃一顿自助餐，也没肯让老虎机占1美元的便宜。

这次是和Jay的保龄球队同行。保龄球馆每年5月都组织一次拉斯维加斯之旅，周五周六两晚免费住宿。说是免费，其实费用出自打保龄球的人所交的会费。多数人都会多住几晚，每晚也不过65美元，这在美国三星级的酒店中算相当便宜了。

“放心，酒店一点也不傻。每个人就算小赌，也得花上一两百美元。这不跟自送给酒店一样吗？像我吧，一天一宿，已经花了300美元。一年不就来一次吗？花钱图个开心。”67岁的Bruce（布鲁斯）须发皆白，揽着比他小15岁的被我称为fake Chinese（假中国人）的太太Maryann（玛丽安）和我们一起排队等着吃酒店提供的自助早餐。他们两人在同一家保险公司工作，丈夫是数据员，太太是中层主管。半年前老板把公司卖给了另一家公司，个子小巧有一张中国人的脸却不会讲一句中文的Maryann很快就下岗了。

“你在一个公司拼命干了20年，工资熬到六位数了，老板一句话，‘走人吧’!”家里的顶梁柱没了，这下原本就在经济上缺乏安全感的Bruce更加忧心了，说到现状他总是一脸愤世嫉俗。他和前妻的儿子William（威廉）又叛逆不思进取，高中毕业不想再读书也不出去找工作。在多方压力之下，曾做过一段时间水管工，没干过几次活儿就不了了之。Maryann自己的儿子则继承了他姥爷那边中国人的美德，边读社区大学边在一家比萨店打工，还拒绝母亲让他住在家里的邀请，与几个年轻人合租在外面。

“我估计William要和我们过一辈子了。”Maryann尽管当笑话说，但还是一直心急地四处给这继子找事做。好不容易谋到一份在UPS（联邦快递）管仓库的差事，可没干满一个月他就被开除了。好在天无绝人之路，像中国一些父母为子女做的打算一样，最后还可以去当兵。

这次William倒没被开除，也没开小差，倒是Bruce愁得吃不香睡不好。“他现在是在民兵预备役营训练，14周后就要被分配到军营去受训，然后再决定前往哪儿驻扎。他说他已经做好选择了，去前线。前线！你知道，我们的总统好大喜功，随时都可以跟多国交火，叙利亚、朝鲜，甚至和中国、俄罗斯都有可能开战。他不是去送死吗？他在那儿封闭训练，没有电话电脑，唯一的联络方式是写信，我写了三封给他，他只回了一封，说不在乎死在战场当个英雄……”Bruce一边用叉子往嘴里填了块牛排，一边大声跟我们诉苦。一直令他太太骄傲的一点是，儿童时期的他因为长得好看，如童星一般，照片曾多次被刊发在杂志封面上。而现在在我面前的只是一个饱经风霜的老人，与童星似乎不沾边儿。由于过于钟情甜食和咖啡，他原本一口细密的牙齿已经稀疏并变成了浅褐色。“我不是在食物上撒点糖，我是在糖上撒点食物。”看我惊讶于他往咖啡里倒了好几袋砂糖，他顽皮自得地一笑，棒球帽上七七八八别着的彩色徽章闪着光，昭示着他的不老童心。

Maryann安静地瞪大眼睛望着我们，挤出个无奈的微笑。“我再找不到工作，也许我们就只好卖房子了。房贷、车贷都要还，各种生活开销（电视电话水费电费医保房保），每月就算我们不吃不喝，也要有5000美元才能应付必缴的这些基本费用。有一点积蓄，可太有限了，哪够维持太长时间？Bruce很快就要退休了，收入又会缩减。为了能找到份像样的工作，我现在又在读一个网络大学，以前的英国文学专业不够硬啊……”她是个素食者，在家也是和先生各吃各的。Bruce一向节俭，感恩节的剩火鸡，他可以冻起来吃到夏天。

“既然经济上如此不乐观，要是在中国，没有多少人还开车往返10小时出来赌城玩。油钱不说，还白送几百美元给赌场……”我悄声跟Jay说。

“这就是美国人。你没听股票大亨巴菲特在有人质疑他过于力挺‘有损人类健康’的可口可乐时的回答吗？他说如果有人跟我说每天吃芦笋和西兰花可以多活一年，每天喝可乐却要少活一年，我宁可享受每天喝可乐的那么一点点快乐，宁可少活一年。”Jay微笑着说。作为土生土长的美国人，他自己也确实如此。嚷着要减肥，每天下班回来也先去跑两英里。可吃起甜点喝起饮料来从不想节制。上帝不是说了吗？不要为明天担忧，享受当下的快乐最重要。

步出餐厅，就是赌场大厅。他们对老虎机都不感兴趣，嘲笑说那是最乏味的玩法。Bruce最喜欢玩Black Jack，就是中国的21点。刚好有一张桌子旁只有一位老年赌友，他正起身准备离开，我们围坐上去。

“这人有点疯狂，那么一会儿就输了几百块……”庄家是一个年轻的亚裔小伙，细眼细眉，胸牌上的名字是Tony（托尼），我分不清他是哪国人，也习惯了不再看到亚裔面孔就自动归类。望着那老人离开的背影，他似乎在自言自语，看我望着他，也并没有想展开话题的欲望。

因为白天赌客相对较少，平时要10美元为最少赌注的Black Jack现在下调至5美元，小赌注更能吸引自信和资金不足的像我这样的新手。

我看到Bruce不仅每次都押10美元，还同时玩两手。不一会儿两排厚厚的筹码就所剩无几了。Maryann也押10美元，每次都不忘附加押1美元运气筹码。

我的60美元最早告罄，然后是Bruce的100美元。正好换了庄家，一位金发碧眼的五六十岁的白人妇女Tracy（特蕾西）替换了亚裔小伙。

听Maryann说要不是没了工作，她可以支持丈夫再赌几把。“你失业了？那不如来这里干哦，每年至少六七万美元的收入，easy money（轻松赚到的钱）。我们这家赌城算是小规模的，你要到Strip主街上，随便哪家赌城，像你这样有过20年保险业工作经验的人，挣十万美金太容易了……”Tracy不像刚才寡言的亚裔小伙，如大多数美国人一样，阅历不浅，年岁不轻，但仍然城府不深。她很开朗健谈，正好满足了我这外乡人的好奇心。Maryann 微笑着并没接她的话，可见对这赌城的工作丝毫没兴趣。我则不时提问。

“我 20 世纪 70 年代开始在这儿工作，当时拉斯维加斯没这么繁华，但有一点和现在一样：在赌城打工当庄家能轻松地养家糊口，站在这儿，发发牌，每隔半小时换一个班，多容易。受训？我们当时是直接受老板培训的，因为没有那么普遍，许多人不懂规则。

“老板？就是当时的黑社会啊，看起来也并不像电影里那么可怕。现在这些年轻人有的在某个训练班受一天训，多数人根本不用，跟个有经验的人现场学学，什么都会了。当时我父母还反对我做这行，说怕我学坏，可看我收入居然能达到上万美元，就闭嘴了。当时我爸做教员年收入还不足 7000 美元。我从没改过行，一直干到前年退休。现在是偶尔来干干赚点儿外快。

“我自己赌吗？从不！我可能是个例外。即使跟家人坐游轮出游，我也从不参与赌博。我只是没有一点欲望。

“我们当庄家的都希望客人赢，因为客人赢钱后给的小费，是我们的绝大部分收入。你以为每次客人在这里花了钱我们就有提成啊？我们倒希望如此。每天经手的钱多了，可全部归赌城。我们每天只从赌城挣最低工资（2017 年加州每小时最低工资为 10.5 美元左右，拉斯维加斯所在的内华达州只有 8.25 美元）。如大多数人所想，这似乎很不合理，我曾多次写信给赌城，四十多年过去了，没用!”

正说着，那位离开了的老男人又悄没声响坐回来了。也不跟任何人眼神交流，甚至都没抬头看一眼庄家，略低着头，把 3 张百元钞票轻轻推送出去。“$25 chips please.”（请换成 25 美元的筹码。）他声音干瘪喑哑，黄皮肤的脸色发黑，我同样判断不出他是哪个族裔的。只见他把换回来的绿筹码分成两摞，捡了四个押上，另外又捡了一个押在对牌运上，另一个押在同花运上。也就是说，这一手，他就押了 150 美元，如果他输了这一手，按如此下注法，他只能再玩一手。我发现不仅我，连 Jay 也吃惊地望着这一脸不快乐的老者。Bruce 也发现了这位有些不寻常的玩家，嘴角浮现出一个静观其变的微笑。Maryann 则瞪圆眼睛默不作声。

庄家是一张 10 点一张 K，20 点。我只有 16 点，Jay 18 点，Bruce 22 点，Marcyann 23 点，我们不是点儿太低就是爆了，全输！所有人都屏声静气，等着桌尾的老人亮牌。20点，平手！我们尽管自己输了，可似乎都松了口气，不为自己，为这陌生的老人。

下一手，他输了。我打量他，看似面无表情，却是写满了字，那是孤独无依、愤世嫉俗、生无乐趣。

一向爱说的庄家Tracy也住了口，麻利地发牌、验牌、敛筹码。

再下一手，老者押上了剩下的150美元！他脸上甚至浮现出一丝有些难为情的微笑，似乎也在为自己的疯狂不好意思。

很不幸，他又输了。也无废话。起身，挪着有些踉跄的步子离开。

“你注意到他的积分卡了吗？不像我们的红色，也不是蓝色，而是黑色。那表明他是这里的常客，只有赌够了一定金额，才能得到黑色的卡。”Jay小声告诉我。

2

“太酷了！我要有钱也这么赌，过瘾！”Bruce彻底没了筹码，咧嘴笑着拉着娇小的太太说换个桌子试试运气。

剩下我和Jay，又换了100美元的筹码继续博运气。不敢尝试那老者干脆利落如日本武士道自杀式的玩法，仍是5美元一注地小打小闹。

“我同情他，可不赞成他的玩法，赌博是为了赌运气找刺激，享受这个未知的过程，而不是像他这样下重手……”一向不爱品评人的Jay忍不住摇头。

“这样的人确实不多见，可并不是只有他，我见过一些。”Tracy见怪不怪地接口道。

“嗨，我可以坐在这儿吗？”一个很帅的年轻小伙子拿着瓶啤酒走过来问。他很有礼貌地坐在我右手边，热情友善地跟每个人打招呼问好。他同样年轻的戴棒球帽的壮实伙伴坐在Jay左手边。

“啊！你是Tracy，你好！我们现在几个人要联合起来对付你，不对，是对付赌场而不是你。我相信你很好，会让我们赢到钱哦。对了，我叫Reid（里德），我朋友是Andrew（安德鲁），拉斯维加斯本地人。”这位赌城老手跟谁都自来熟，边说着边吸一口从怀里掏出来的电子烟，一仰脸，一阵浓郁的香雾直喷向头顶上的吊灯。

“我还是要看一下你们的ID（身份证件）。”Tracy故意严肃地说。

“我的荣幸，看来我想变老还没成功，我把你的要求当成是赞美，谢谢!” Reid 说着从钱包里摸出驾照放在桌子上，我瞥见上面的出生年代是 1988 年。然后是他的同伴，两人同年。

“你从哪儿来呢?” Reid 微笑着扭脸问我。

“北京。”我答。

“哦，中国。你是第一个与我聊天的来自北京的中国人。聊过几个，都不是从北京来的。度假? 还是出差?”他不知道我和 Jay 相识，继续找话。

我说既出差又度假。

他似乎看出我的应付，收了声开始专心看牌。

他押得不大，也只是 5 美元，却总押 1 美元在对牌上，按说这一副牌的 Black Jack，随手派发给每人两张牌，是对儿的机会很小，可他居然得到了八次对牌! 每押一块钱，得到两张对牌后就可以赢得 15 美元! 他的好运开卦，筹码越来越高，每次都不忘礼貌地打点庄家 1 美元致谢。每次赢牌都开心地和我们所有人击掌相庆，那场景像相识多年的伙伴。

一会儿，又过来俩年轻小伙子，和 Reid 熟识地打着招呼坐进来。坐在一群散发着青春光彩的好看年轻人中间，互相逗趣着，像在自家沙发上玩儿，又叫又笑，不论输赢。我看得出，Jay 也很享受这一刻，他一脸笑容，似乎又回到了那个边读书边在麦当劳打工的少年。

“我去方便一下，好吗? 等我哦。” Reid 说着跑去洗手间。一堆筹码仍留在桌子上。“放心吧，天花板上的摄像头帮你看着呢。”我笑道。

接下来 Andrew 连赢两把 21 点，他兴奋地把帽子和脖子上的粗链子都摘下来戴在 Jay 头上脖子上，说给一直没赢的他沾点好运。

“你们是本地人，经常来赌吗?”我又好奇心发作。

“也不是，每年也就来两三回吧。” Reid 坦然道。

我不知道在什么情况下他们这些年轻人会出来消遣，也难以猜测他们的职业和经济状况。感觉口干舌燥，我也学着他们，跟那穿着短到刚遮住屁股的短裙的女侍者要了瓶啤酒，并递给她一枚 1 美元的筹码致谢。赌场不仅住酒店便宜，所有饮品从红酒、啤酒、鸡尾酒到各种饮料，全是免费，1 美元当小费。

庄家换了三次，嘻嘻哈哈的 Reid 突然起身，说要打住离开了。他的同伴也应声站起来，跟我们握手道别互祝好运。

像一阵风，那团年轻的光彩那么风火火地来了又走了。

我和 Jay 也决定出去透透气。

3

晚上参加保龄球馆组织的玩老虎机大赛。

我开始还以为是在规定时间内，看谁在老虎机上赢得更多的钱。真到了现场才知道比赛规则：每人只有两分钟的时间，参赛者要不停地用一只手拍打摁键，在屏幕上滚滚而下的画面上，伺机拍碎偶尔冒出来的气球，气球只停留 3 秒，分别代表着不同点数的分数，用手指点爆气球者才可获得积分。

每次只容 50 人参赛，大家排队竞技，最后按积分排名。

"Li，你明白比赛规则了吗?" 保龄球馆的负责人 Tom（汤姆）是个弱小的老头，可能感觉我是唯一的"外国人"，好心地上前问我。

待三人一排坐定。倒计时，三二一，开始。我右手按键，左手像旁边那位老妇一样举起在屏幕前，随时准备击爆出现的气球。"右手不要停，要一直摁键，气球出来的机会才会多。" Tom 可能在远处看到我的懈怠，走过来大声提醒我。

别小看只有两分钟时间，如此高频率地摁键，右手臂一会儿就酸软无力了。我只能用左手去摁，让右手去击球。

更令人紧张的是，每台屏幕的右下角，都有一个显示头像的小屏幕，上面出现的是目前排名第一的人。

我无暇顾他，但隐约中并没看到我的头像出现过。只听得站在外围观战的人群中不时发出叫声。"Jay 排第一了，Emma（埃玛）第五！加油!" 我听到 Maryann 的声音，更加紧张地敲击着。

时间到！抬眼看大屏幕，本组比赛结果，Jay 排第三，我排第六。看来我们这组普遍比较高效，因为我居然比前面一组 Bruce 的第二名得分还高。

"这都不能算数，要到最终比分揭晓才知道谁获胜。你看到 Bruce 又在排队了吧，有人喜欢这种竞技，报名时就买了多张票，可以重复参加。" Jay 说忘了当时报名多少钱一张票，也不知道获奖者会有什么奖励。他一向是如此，只想玩，不考虑细节。

"明天才公布获奖结果呢，不如出去喝一杯。酒店对面有一个步行街，那雪茄店全是上好的古巴雪茄，还有红酒可以品尝。我昨天和 Melisa（梅丽莎）误打误撞发现的，进去才看到，就我俩穿着短裤凉鞋，真难为情。”Maryann 一向爱好红酒，据说家里收藏了不少好品质的法国红酒。

“不为什么，我只是不想去！”我第一次看到 Bruce 那一向笑嘻嘻的脸严肃如霜，蓝眼睛像冻结了千年的冰山。我有些难过地扭头看他娇小的太太，Maryann 仍只是瞪着大眼睛微笑着，丈夫的当众拒绝似乎并没让她难堪或难过。

“他也就是嘴上威风一下，Melisa 总跟他开玩笑，说 Bruce 你别忘了一点，将来你老了为你推轮椅的是Maryann……”边等红灯过街，Maryann 边跟我们说笑。她换了身腰部镂空的黑色晚礼服，后背半裸，露出一条青绿加朱砂红的龙文身，从颈部一直迤逦到腰部。

Melisa 是 Maryann 的忘年闺蜜。生于 1988 年，跟刚才在赌桌上的年轻人相比，却多了几分成熟。她和爱人及两个孩子生活在郊外的农庄上，从为新生的小马接生，到发酵牛粪种菜、喂鸡养羊、打井汲水，无一不通。“我们的农庄是我爱人的姑姑留给我们的遗产，收入不多，可因为我们要求不高，孩子也还小，够我们生活基本所需了。我先生是天下最好的电工，偶尔去接点活儿来做。我女儿 11 岁了，喜欢骑马，请了教练每月来家里教她一些骑术。学费倒不是很贵，可那真皮的马鞍子太贵了，居然要 5000 美元……” Melisa 丰满白皙，一头丝滑的金发，个头低矮，像个仍在发育的中学生。看得出她很自豪于她家的农庄，说随时欢迎我们去找新鲜，Bruce 曾去捡了一篮子鸡蛋，回到家天天煎鸡蛋，厚厚地裹上几层白糖，香得都舍不得让 Maryann 尝。

“I love this couple to death（这两口子让我爱死了）！”这是跟亲兄弟姐妹都多年不来往的 Bruce 对 Melisa 夫妇的评价。让我略有些吃惊的是，如此铁磁般的关系，他们三人同时从 Santa Clarita（圣塔克拉利塔）出发，却各开各的车。晚饭后散步时我看到 Melisa 正开车去买香烟，大大咧咧地说她实在受不了只抽那电子烟了。我看到她开着一辆带斗的货车，老旧，没有标志看不出车牌，我注意到两根变形的排气管不是冲后，而是朝向车侧。小小的个子坐进这货车风驰电掣，一路狂奔 400 英里，居然都没歇口气。可能这就是美国人的性格，关系再近，也轻易不互相在钱上有交集。就像 Jay，车库里全是五花八门的各类工具，即使一辈子只用一次，他也要去买回来，而绝不会张嘴跟朋友或邻居借。在美国人的字典里，似乎根本没有“借”这个字眼。

雪茄店不大，确实高大上，像任何一间城市主街道上的精品店。Melisa 说走时要买一根上好的雪茄给老公带回去，他刚戒烟，可一根雪茄不算什么，毕竟他在家带着俩孩子，让她跑出来玩。58 美元一根，也确实拿得出手了。我暗自欣赏，看似女汉子的她居然如此有妻性。在美国不像在中国，多数夫妻在一起开心享受，很浪漫，但要让他们“相濡以沫”“同甘共苦”，比较难。

沿街走到尽头，是一个围起来的露天音乐啤酒坊。临时搭起的台子，两个戴墨镜的男子边弹边唱老鹰乐队的 *Hotel California*《加州旅馆》，不仅弹奏很有功底，歌声也极有感染力。25 美元 6 杯啤酒，不限人次。

既然我们三个女人跟着 Jay 这一个大男人逛街，我的射手座豪放派风格大作，建议他买单请我们喝啤酒。于是人手一杯新鲜凉爽的冰啤酒，我们随着音乐在暮色中摇摆。举目四看，发现现场居然有不少游戏可参与。其中一个叫 Genga，一堆木头片，横竖堆成塔状，每次每人抽一根出来，搭在最上端，不允许动摇毁坏整个结构。

以前我在一个聚会时玩过这个游戏，只不过是冰棍大小的迷你桌上版，这里的则是每根木条都巨大如男人的鞋底，搭好后森森然像个小碉堡。

我们四个玩了一圈，搭到一人高时，最后一根稻草被 Melisa 添上去，在轰然倒塌声中，围观者大声尖叫着笑嚷着，似乎都回到了童年。

第二局我们三个女人没了兴趣，去了旁边玩丢沙包。Jay 刚要跟过去，一位穿咖啡色条纹半长裙、上衣只比胸罩宽大了一点点的女人走上前去，说要跟他一起玩。

每次成功抽取出一根木片搭上去，她都自信如女王地跟 Jay 击掌相庆。最后的艰难时刻到了，下面的木条越来越少，头重脚轻的木塔随时可能塌掉。我指点给 Jay 一片，建议他去抽取。那女人走过来，冲我摇头，意思是你不要帮他。Jay 没理睬，按我说的取下那片，果然稳稳地没出状况。轮到那女子，上前抽到本就开始倾斜的一根，Melisa 大叫说“不要”。她却看也不看执意要抽取出来，只听轰然一声，塌了。

那女人却出人意料地走向一边，接过同伴手中的饮料，啜了一口，没事人一般踱到一边去了，似乎很乐意让她的臣民效劳，留下一地的木片任我们去捡拾。

“她怎么可以这样？”我大叫。

“是啊，太过分了！”正弯腰一根根捡拾的 Melisa 脸红红的，气得忍不住骂出声。Maryann 也瞪圆眼睛，说真想上去教训她。

那个女人长得还挺有气质，却没想到如此自私。我想起有同胞看到自己人的陋习时总抱怨，说也就是中国人如何如何。其实，人和人心灵之间的差异，比文化的差异更容易区分。

“嘿，怎么有人穿着一样的白T恤？我看到那个守门的女人旁边椅子上放着一摞呢，是不是免费发放的？”Melisa不愧是资本主义农场主，在中国我们该叫她“万恶的地主婆”，总能及时嗅到物质的气息。我们都扭头望向入口处那个检票的女人，果然。

“I will figure it out（我去搞清楚）.”Maryann说着自顾起身向那女人走去。

半分钟不到，她已经一手端着啤酒一手挑着一件T恤回来了。也不多说，只笑盈盈地把那战利品丢给Melisa。

“你怎么搞定的？是不是撩开了你的衣服。我知道，就那么简单……”Melisa一张脸在酒精的滋润和音乐的催眠下粉得像草莓冰淇淋。

所有人都笑得视力模糊。

一阵晚风吹过，干爽而热烈。不远处有两株叫Desert museum（沙漠美术馆）的树正开得尽情尽兴，像喝醉了的女人，细碎的黄花被绿色树皮的枝干顶在头上，衬着暗蓝的夜空，它们随风跳着舞，像弗里达的画一样有着不容置疑的蛊惑与宿命感。音乐声、说笑声，那么不怀好意地想让人相信，一切都可以永恒。

我知道，这一切，都只是短暂的一瞬。这沙漠里的传奇，总有一天，会戛然而止，回到洪荒的最初。今天的笑与怨、得与失，都将像一场梦，沉睡覆盖进寂静的时间之沙里，直到上帝的魔手点化，再续写一篇。

What happens in Vegas，stays in Vegas.

是否应该说：What happens on earth，stays on earth!（发生在人世间的一切，都留在人世吧!）

在时间的沙尘中起舞

Cooking at Mission Santa Barbara

1

在山谷里幽居，却并不感觉时光怠慢。这南加州虽少雨，四季的更替却也鲜明。这不，几声春雷滚过，雨水以云朵为花洒，让山谷里的一切生灵冲了个痛快澡。一夜之间，春天不期而至。

廊前的风车茉莉蛇吐信子一般把廊柱从头到脚攀缠得严实，枝条上嫩黄的叶芽比刚泡好的明前龙井还诱人，花没开，香气已经四溢。街对面邻居家那株百岁樱花一扫冬日枯干面目，花团如雪似霞，在春风中起舞，累了倦了也不对兄弟姐妹牵肠挂肚，径直撒手坠落去亲近大地母亲。有些中途变卦，结伴飘落到主人的车上。第二天，城市里就多了一辆载着一车顶粉白花瓣的小红车，引得许多人驻足侧目。“我看见春天了！”一个踩着轮滑的少年说。

Jay 刚起早贪黑地结束了一个历时四个月的项目，决定休假去春游。我不知道是否世界上所有的“程序猿”都如此拼命，他有时早上五点就起床赶火车奔公司，周末加班更是家常便饭。金钱是玩命工作的永动机吗？他某天兴奋地报告好消息：“猜猜我的奖金是多少？1.92 万美元！因为我的年终考评是为数不多的优异。”我的高兴劲儿还没过去，就听到他下班回来说，拿到了工资单，我一看，只有＄8500，还以为只发了一半。“这是全部啊，扣完七七八八的税、保险等，到手就这些。”他一脸的坦然知足，让我由衷感叹资本主义的罪恶剥削实在是不人道。

无论如何，唯有春光不能辜负。在美利坚大地上，来一场说走就走的自驾游，也着实让人向往。

“你最想去看什么？”Jay 总是好脾气地让我做主。虽然我已经到过美国的十个州，他这土生土长的美国人只到过六个。

“园林、教堂、公园，一切老的东西。”许是年岁渐长，我越来越痴迷于被时间之手打下烙印的东西。

“北加？”

“为什么不？”

不知道为什么，身在洛杉矶，一说出行，我总会自然而然地选择北上，而不是南下。虽然加州北部的优胜美地（Yosemite）、太浩湖、红杉林、约书亚树等几个国家公园早就去过了。除了壮观独特的自然风光，北加浓郁的人文、艺术气息也更浓郁，历史悠久的旧金山，清幽宜居的首府圣克拉门托，硅谷中心圣何塞（San Jose）……开上1号公路，用轮胎和双眼丈量太平洋海岸线，右侧是山，左侧是海，触手可及。厌倦了，拐个弯往内陆扎半小时，就是古树参天、不知日月的原始森林。旷野里氧气吸足了，开始思念人间烟火，那就和漫山繁花道别，半小时后钻出山林就是文明世界。倾慕奢华，威斯汀、希尔顿等星级酒店随时入住，世界大牌店铺鳞次栉比。享受低调亲民，可住进好客的陌生人温馨的家里，静谧安逸的小区B&B（breakfast and bed，早餐和床），一草一木、一壶一盏，让你身在旅途，却感觉踏实。

这个春天，我们决定不选惯走的101号、5号、1号公路，而选择沿99号公路向东北进军。我们的算盘如下：第一站是Fresno（费雷斯诺），那里距离优胜美地国家公园只有一小时车程。怀旧的Jay想去看看五年前已经移居佛罗里达的哥嫂的旧居，以前他每到圣诞节都前往相聚。Jay大学毕业就失去了母亲，父亲再婚后搬到了外州，哥嫂加上后来出生的小侄子就成了Jay逢年过节投奔的家。而我则想参观那个著名的已经有110年历史的森林地下花园（Forestiere Underground Gardens）。第二站，打卡优胜美地，继续北上去旧金山附近的Millbrae（米尔布雷）看望Jay就要满百岁的姑姥姥，她是家庭长辈中唯一健在者。同时，我要去慕名参观另一个百岁老人的沙漠植物花园。第三站，返途中前往圣何塞去探访一座世纪鬼堡。

驱车两个半小时，顺利到达一马平川的小城弗雷斯诺，按图索骥找到那个地下花园，竟意外地吃了闭门羹，人家修葺临时关闭。隔着栅栏跟一位正在埋头松土的老兄搭话。“真抱歉，你们知道，上个月接连几场大雨，露天博物馆不能开放，所以要关门几天，周末才恢复……大门上有监控录像，要不我就放你们进来了。”我满眼的失望让他很过意不去，他走近来，一边抹着脖子上的汗，一边憨厚地笑望着我说。

说话间，有一对年轻男女也过来参观。听说闭馆，人家不急不缓牵手离开，看来是本地人，大不了过几天再来。

“这里还有什么可以参观的去处啊？”Jay这理工男一向很现实。

“有一个日本花园，离这里不远。再就是动物园了，那里的植物种类也不少。”

道谢离开，决定改道前往动物园。

“听他的口音，这位园丁并不是墨西哥人，倒像是意大利那边来的。”Jay边开车边道。

对西方人种我向来分不清楚，就像美国人分不清韩国、日本和中国人一样。可 Jay 这土生土长的美国人单从一丝细微的发音区别就能判断对方来自哪儿。比如 Veronika（薇罗妮卡），我以前漂亮的女英语老师，后来到洛杉矶地方法院做英语、西班牙语同传，地道的英语、西班牙语切换如行云流水，让我等羡慕不已。可某天她去我家喝茶，跟 Jay 只简单打了个招呼，他就问她是否来自俄罗斯。我问他怎么知道的。“我怎么知道？她的口音呀。”他笑答。Veronika 自己也红着脸笑了。

Jay 还真可能说对了，因为这个园子的主人 Forestiere（福瑞斯蒂尔）就是来自意大利的西西里移民。1906 年，这位移民到美国的种植橘子的农夫并不满足于种果树，浪漫的血统让他梦想着在这人烟稀少的美国西海岸鼓捣点什么。

在一片废弃的土地上，为避开这个山谷里夏天的酷热，抡铁锹、挥镐头，完全靠地里干农活的工具，自 1906 年，他开始跟这块土地较劲，带着家人花了整整 40 年，修建起了这个 25 英尺（1 英尺约等于 0. 3 米）深、10 英亩（1 英亩约等于 0. 004 平方千米）大的罗马风格的地下家园。房屋、天井、院落、菜园、灌木、树林、葡萄园……他欣喜地拥有了一个魂牵梦萦的故乡。把一生都献给这片土地的 Forestiere 尽管爱做梦，庄园从没对外开放过，更不可能梦想到在百年之后世界各地的人们会慕名而来，连最伟大的建筑学家都叹为观止，不仅一切建筑仍然实用，许多果树和葡萄至今仍在结着甘美果实。这个黑白照片上瘦小坚定的意大利男人说过一句伟大的话，和他的庄园一起留给了每一位他永不可能谋面的陌生人：“To make something with a lot of money，that is easy；but to make something out of nothing-now that is something.”意为：用许多钱去做成件事，那容易；白手起家做成件事，才真是件事。

我把这故事说给 Jay 听，他这一向独立自主的人自然称赞有加，抱歉说来前只在谷歌上查了开放时间，没想到并不准确。

好在动物园（Fresno Chaffee Zoo）也很让人尽兴，兼具野生趣味、人性管理，非洲大象、孟加拉老虎、坦桑尼亚的狮子都大大方方地让你盯着瞧个够，而不像有些动物园要么空着没动物，要么动物躲起来不见人。多付 4 美元门票，生平第一次有机会喂了长颈鹿生菜叶子，惊叹这长脖子老弟的舌头居然是紫色的。在一个水池子里，还伸手摸了被剪掉“电源”的鳗鱼。

2

第二天奔赴优胜美地，和多数到此一游者一样，停车赏巨石、穿林观飞瀑，手机留影，走人。虽然这个全美第一个被联邦政府命名的国家公园非常雄奇壮观，值得住下细品，但我们还是驱车直奔旧金山南部小城米尔布雷，去完成我们此行最重要的任务，看望100岁的姑姥姥Elsie（埃尔茜）。

到达酒店已是黄昏，Jay先打电话过去，老人很吃惊孙侄来访，虽然头天晚上Jay已经电话告知过她。她柔声细语地说感觉不太舒服，让明天傍晚过去，到时候一起吃晚饭。

第二天吃过早餐，我迫不及待地催Jay上路，我的心早已飞向了那位于核桃溪市的多肉植物园。那里不仅是闻名的私家Dry Garden（旱地公园），有着许多古老如化石一般的植物，并且已经109岁的园主露丝老人（Ruth Bancroft）也仍仙居在园中，与她亲手栽种的沙漠植物朝夕相伴。

网络似一双能量充足的巨手，把地球真正变成了小小的弹丸之地。我身在加州，离这旧金山北侧的核桃溪也不过五百英里的距离，把露丝介绍给我的人却在地球另一侧，远在中国河北小县城的儿时伙伴，一位同我一样坠入肉坑的“难友”。

“60岁开始想造个园子，70岁才知道多肉，40年的摸索试验，这片3.5英亩的多肉植物园，现在已经有2000多种植物了，被称为美国西海岸最具意义的私人花园。你有机会一定要去替我看看!”

穿过湾区大桥，驶过奥克兰，40分钟后，我们已经拐进Bancroft街，显然是以露丝家的姓氏命名。一抬眼，Ruth Bancroft Succulents Garden（露丝·班克罗夫特多肉花园）就在眼前。

核桃溪，多么有田园诗意的名字，虽然没有看到一株核桃树。只是开车驶过，轻易就感受到这个小城居民是受上帝眷顾的一群人。蓝天白云下，一层或两层的独居院落掩映在绿树红花中，生活安逸、物质丰沛，放松享受却透着涵养和自律，与暴富奢华无关。

只是一大早，小小的停车场已经没几个空位。只容纳一人的小亭子是售票口，旁边就是供游客自选购物的苗圃店，一棵碗口大小的龙舌兰标价47美元，居然有一对夫妻一连搬了俩到购物车上，还直嚷不贵。我上周刚在洛杉矶的露天集市花 20 美元买到两盆。本来打算捎几盆没有的多肉回洛杉矶的念头，在我转了一圈之后被打消了。

门票 10 美元一张，比那个闭门未进的地下花园便宜 7 美元。被告知十分钟后就有一个导游带团参观。春寒料峭，穿着短袖的我手脚冰凉，却仍是不肯罢手边呵气边围着入口处的龙舌兰拍照。这分明是成了精的怪物，它四仰八叉地卧在一株树下，毫无顾忌地舒展着边缘带有尖硬针刺的四肢；又似披着粉蓝战袍的将军，金戈铁马征战经年，告老还乡化身为植物不问世间纷争。其巨大无比让我惊叹连连。“OMG（我的天啊），我家整个后院只能放进去一棵，还得捡小型的。”一个灰头发的中年女子边感慨边捂住嘴。

一位穿绿 T 恤的小个子日本人趿着凉拖鞋走过来，他就是我们这个六人组的临时导游 T 先生。

“不小的一个团啊!”他上来就打趣，说声抱歉，走到一边吐掉口香糖清清嗓子开讲。

“这个园子有 3.5 英亩，要知道最初 Bancroft（班克罗夫特）先生家的农场有 400 英亩，以盛产核桃和梨而闻名。在 20 世纪 30 年代，农场连续八年被授予梨王的美名，繁忙季节，在这片地里忙着干活儿的工人就有两百多人。甜美多汁的梨被源源不断地运送到东海岸，甚至远销英国。60 年代初，因为核桃溪市要扩建，这片土地几乎全部卖给了开发商。1971 年，随着最后一块核桃园出售，Philip Bancroft（菲利普·班克罗夫特）先生把仅剩的这块土地交给太太 Ruth 打理，因为她自小爱植物爱田园劳作。”挪动脚步之前，先讲解历史。

“我很好奇，Bancroft 家族最早靠什么发家的呀？淘金吗？”灰发女士也表达了我的好奇。

“这片农场最初的拥有者是 Hubert Bancroft（休伯特·班克罗夫特）先生。他是位富裕的出版商，也是位历史学家，收藏有海量的珍贵典藏，以美国西部文化为主题。1880 年前后，加州大学购买了他的藏书，在此基础上建立了 Bancroft 图书馆。”别看 T 先生其貌不扬，讲解起来却很有条理。

“那是 Ruth 女士的最爱，蓝石莲，也是她买到的第一盆多肉。”看到我蹲在地上拍一丛爆盆的石莲花，他说。“她生于 1908 年，现在还住在这园子里。一会儿你们要是听到怀旧的乡村音乐，那一定是她在听歌。”

Ruth 可谓加州土著。出生于伯克利，大学就读于加利福尼亚大学伯克利分校建筑学系。因为经济大萧条，担心毕业即失业的她转学教育。毕业后在离家不远的小城 Merced（默塞德）从事家政教育工作，有一次偶然去参加一个派对，与英俊富有的 Philip Bancroft 一见钟情。两人结婚并定居在核桃溪祖辈留下的农场，从此再也没离开过。

“很遗憾见不到 Ruth 女士。我好敬仰她！”一位穿凉鞋配粉红袜子的瘦小老太太插话。

“看网上啊，有她接受采访的视频。我刚打开呢。”一位大胡子大肚子的大叔举着手机朝大家分享。

Ruth 衣着朴素，她一头灰白短发，面目和善，温柔又不乏力量，很有贵族气，像极黑白电影中典雅的嘉宝。时而坐着娓娓道来，时而推着小车拎着水壶在栽种、浇水。谁敢想象当时已经 91 岁的 Ruth 仍是园里最主要的园丁！

“我妈说我刚会走路就爱追花惹草。自从有了这个园子，我几乎天天在这里忙活。开始没目标，种玫瑰、鸢尾、绿植、灌木，有时光蹲着拔草就是一连几个小时。我 70 岁的时候去一户处理二手货的人家里转悠，那女主人说她还有几盆花我要不要看看，于是，我买到了人生中第一盆多肉。1972 年，一场恶劣的极端天气无情摧毁了 2/3 的植物……我请了园艺专家来设计，庆幸的是，他不懂多肉，多肉的选取和布局就由我说了算。园子有许多小路可漫步穿行，没有一道栅栏，就是为了让大家像在家里一样随处走动，感觉放松。我不按园林规矩来，植物选择也是感觉赏心悦目就好。有人说我该退休歇着了，可我不这么想，我感觉在园子里干活很有意思。”

T 先生知趣地住了嘴，微笑望着我们这群粉丝盯着 Ruth 这种传奇人物眼都不想眨。

“你们知道吗？Ruth 女士可不只是痴迷园艺。她还是个烹饪高手，她手写的菜肴和烘焙食谱就有几大箱子，还有大量食谱剪报。有些已经被拍照直接放在网站上了，供大家继续享用美食。要想把这档案彻底整理一遍，怎么也得花上几年。她总说自己并不特别擅长做点心，可她先生每天都要溜进厨房扫荡几次点心盒子。”T 先生讲的这些小插曲让我对这位老奶奶更加尊敬。在手机上搜索，果然看到字迹娟秀的各类食谱，从杏仁奶酪到火鸡油烤肉，旁边还标注“X”表示其美味程度，X 越多则越受她热推。

如果说长寿是人人求之却不得的礼物，那么 Ruth，这个把生命的光与热都倾注给了深爱的植物和生活的女人，是否又得到了这些不会说话的生灵们最真心的反哺和命运的善待，得以 109 岁高龄仍享受着多肉臣民的陪伴？

许多人都做了岁月的奴，忘记当初自己想要的是什么。这岂止是林徽因曾经的感慨？

两分钟的视频短若两秒。意犹未尽，好在可以在她的王国徜徉。

多肉、芦荟、龙舌兰，像一个沙漠植物的军团，不是成群恣意地铺展成一片，就是高大威武直指天宇，似乎株株都接到天命，要尽力回报主人的照顾呵护。

“Ruth 和她先生都很单纯，从没考虑过商业模式。几十年来自掏腰包在自己的地里做着喜欢的事。直到有一个致力自然资源保护的公益组织找上门来，劝说他们一定要建立完善的资金循环机制，以便花园世代延续下去。因此才有了几家募集基金的参与，才有了你们看到的苗圃店和花园派对租用。”

“你再也不会责怪我养的多肉太多了吧？爱植物可以延年益寿呢。”我抓住机会打趣 Jay。

“是啊，想象一下，如果她先生不是有钱人，她再爱园艺爱植物，能不能活这么久应该都是个问题吧？”他永远现实得一针见血。

“嫁入豪门的女人不少，可有几个活了一百多岁？就算高寿，也不过白骨成灰，又有几个能为世人留下片经得起风吹雨打的园子？”这下，他妥协了，笑道：“好吧我的‘猪人’，以后你想买什么植物都随你。”他分不清汉语的声调，总把主人说成“猪人”。

3

Jay 99 岁的姑姥姥，是他外公唯一的姐姐，住在离旧金山不远的一个叫 Santa Rosa（圣罗莎）的小城。由于丈夫活到 70 岁就去世了，又没有孩子，十几年前，她把自己的房子卖了，住进了养老院。

Jay 曾带我开车六个小时专程去看望过她两次。这两次探访给我印象完全不同。同样是那个老年公寓，第一次我满心快慰，为高龄的这位老人老有所依感到开心。公寓坐落在绿树繁花的园子里，她自己住着两室一厅，还带个小阳台，窗外就是枝青叶绿的风景。有手扶轮椅，坐电梯下到一楼大厅，就是自助与单点都随意的餐厅。定期体检，有服务人员陪同购物、理发，甚至近距离的出游。在中国有多少幸运的老人能够如此安享晚年呢？

尤其令我吃惊的是年过九旬的老人居然那么精力充沛，满面笑容地跟我们聊天叙旧，还两次请我们共进午餐。在一楼那个宽敞明亮全是银发一族的餐厅里，清蒸鱼、香煎牛排、水煮西兰花、芹菜、生菜，自助餐看起来就让人有胃口，居然还有烤红薯和南瓜。桌上亮闪闪的餐具、擦得锃亮的玻璃酒杯和干净得像熨烫过的暗红口布，贸然闯入者还会以为这是一家高档西餐厅。

“我想尝尝今天菜单上的蒜煎三文鱼，再来一份豌豆汤。你们两位随意，想吃什么就点啊！”她言谈举止非常得体周到，始终微笑专注地看着我们。看我不吃饭后甜点，扭脸关切地望着我问为什么，我解释说父母都有糖尿病，所以我要注意少摄入糖分。“What a pity（真遗憾）！”她小口品尝着一份巧克力慕斯，吩咐过来加冰块的侍者把账单记到她名下。

她唯一的问题就是记忆力。她一遍一遍地复述年轻时的经历，每次都认真而投入，全然不记得她两分钟前已经说过。Jay 早叮嘱过我，所以我也不奇怪，倒是和 Jay 安静地吃着，不时还问些问题，以便让她更有兴趣，更快乐。

“我们年轻时上舞厅去交友。那时的舞厅可不像现在这么乱，真的都是体面人去交朋友的地方。可即便这样，我妈也是既希望我去，又担心我的安全。因为白天上班，周六晚上我才有机会和朋友结伴去舞厅。你知道旧金山全是坡地，从我家住的山上要往下翻过两个小山丘再走很长一段路才能到那个舞厅。我和邻居家的女孩穿上礼服和高跟鞋，一路走过去，一口气都不用歇，你可以想象我们当年有多么健壮的腿脚。当时也不知道穿双平底鞋走路，到舞厅再换上，就那么傻傻地穿着高跟鞋爬高下低。当然我的鞋跟坏过几次，没钱买新鞋就去找鞋匠修……

“我记得好几次回到家，我妈都拉开灯，站在楼梯口望着我，眼里满是担心和期待。她担心我出事，又期待我交到个好男人。我很幸运，没去几次就认识了我后来的先生……那时真快乐啊，平时上班、做家务，特别盼望周末。通常周六晚上去舞厅，周日去烧烤、看露天电影，我们坐在车里，后排是女友和她男友，啊，他们俩是否真的在看电影我就不知道了，哈哈……

“后来结婚了，我们太热爱旅游，先是在国内到处玩儿，一次还坐游轮从阿拉斯加去了加拿大，后来就开始出国游，买回来许多被我的朋友们叫作垃圾的纪念品。后来我搬到养老院来，许多东西都送人了，但我真舍不得那几本相册。这对陌生人来说是一钱不值，可对我们来说是一辈子的快乐……跟你们说，趁年轻，一定要多出去走走，看看这个世界是什么样的，那是什么都带不走的美好记忆。”

她讲话语速不急不缓，语调也适中，甚至不需要戴任何助听器。她喜欢烹饪，讲到在家里时煮一大锅意大利面，放进冰箱吃三天都不感觉腻烦，“太好吃了！”她让我开始怀疑自己一向坚持的不吃剩饭不吃糖的健康理论是否正确。

她仍爱美，这么大年纪居然还定期染头发，柔软的稀疏的棕褐色卷发，衬着她白皙的皮肤，让她显得比周围的七八十的老人还年轻。

她娘家姓 Horrer（和英语 Horror 相近，惊恐之意）。Jay 好奇地问她是否被人打趣这个姓氏，“当然了，我读书时同学不时会把脑袋伸过来，大叫着说想看看 Miss Horror 到底多可怕……”

那次和太姥姥的会面几乎可以和快乐画等号，甚至让我天真地相信日子一直会静好如满月。

一年后，当我从中国回来，再次和 Jay 开了六个小时车去看她，这次我的眼里心里只是辛酸。

尽管去之前已经打过三次电话给她，包括见面的头一天晚上，“你们还是明天来吧，我现在感觉不太舒服呢……”可第二天一早，当披着睡衣的她看到我们进门，仍是吃惊地问怎么就突然来看她了。

“我最近身体不太好，这样子让你们见笑了。你们知道，上岁数的人是由不得自己的，我平时也不是这样的……”坐在沙发上，她不住嘴地解释，显然是不愿意让我们感到她邋遢。

她尽力跟我们聊天，可一会儿就不得不歪在沙发上叹口气，说她感觉头晕，“我只想躺下待着不动。”

有人敲门，却是餐厅来送午饭给她。

“你们去楼下吃点饭吧，我打电话给餐厅，记在我的账上就行了。”她仍清晰地知道要招待这远道而来的客人，“很抱歉我不能跟你们一起去。”

Jay 把电话拿过去递给她，“我是 Elsie 啊，我有两个客人下楼去吃饭，麻烦招待一下。”

我们起身准备去吃饭，她又不放心地问：“我打过电话给餐厅了吗?”我们说打过了，别担心了。她说好吧，想扶着轮椅站起来，可试了两次都失败了。Jay 赶紧过去扶她坐好，并从纸袋里帮她取出午饭在桌上摆好，一小片蒸鱼、一片面包、一杯奶、一杯咖啡。

看她那么虚弱，我们赶紧和她道别出来拉上门。

站在门外，空无一人的楼道，安静得像个超大的豪华墓穴，泪水止不住地从我眼里流出来。那扇门里的她，于我们，似乎已经是另一个世界里的了。

“我不知道还有没有机会再看到她了……她那么弱。”我自己都奇怪为什么这位仅见过两面的老人让我如此悲哀。是由于童年的悲伤记忆吗？我的姥爷、奶奶、爷爷，三位比父母更让我亲近的人，离开人世时我都没在身边。

Jay 沉默着，用力握住我冰凉的手，看得出他也在极力压抑着难过。我知道，这位姑姥姥是他和母亲家族唯一的维系，血缘的，更是亲情的维系。他每年都要自驾来探望她，往返近 2000 千米，工作再忙也不错过。

“你好，我是 Elsie，我打电话给你，是因为有两个我的亲戚来看我，要下去吃午餐……我刚刚打过电话了？哦对不起我忘了。”隔着门，我仍听到她大声的叮嘱。她又在给餐厅打电话，生怕因为她的疏忽，让这两个远道而来的孩子挨饿。

泪水就那么止不住地流。我甚至为自己的脆弱感到羞愧。

楼道两侧是一扇扇被漆成暗红色的门，墙上有每个入住者的名字，大写的金色字母。门的左右墙上各镶有一个木板，像托盘一样用以放些装饰物。有的摆着迷你圣母像、十字架，细小的花瓶与开始干枯的花儿，有的摆着三两个半躺着的布娃娃，还有的摆着孩童稚嫩的画，料是出自偶尔来探视的孙辈之手。

Elsie 的门口什么也没摆，只有一张打印的通知，白纸黑字，关于下个月的特殊服务和费用清单。

我们俩奔波五百多英里赶来坐在这儿的机会恐怕不多了。泪水再次流下来，她的精神状态比这些在座的人们都更不如。99 岁，她是最老的了吗？“不一定，在另一个园区，是需要近距离重点服侍的人群，他们的状况可能都不太好。姑姥姥还坚持住在独立生活区，她不肯搬去那个区。”Jay 像个无助的孩子，一脸黯然。

等约莫四点，我们再回到房间，她似乎明显精神了一些。仍是穿着那道袍一样的棕色睡衣，客气地请我们坐下。仍是像上次一样聊起她当年与丈夫的出游，聊起周六晚上的舞会，她脸上那快乐的微笑让我相信，那是她一生中最闪烁着快乐火花的记忆。

担心打扰太久，拥抱亲吻她，我们道别离开，承诺九月份她生日再来看望。

晚上六点左右 Jay 再打电话，看她是否好些。

“你们在哪儿呢？哦很抱歉我不能看到你们，我最近身体不好……”她已经完全不记得我们几小时前还在一起。

半年前一个她从小看大的、同事的女儿Gerry（格里）帮Elsie搬到了她所在的小城米尔布雷，虽然规模小些，但有专人看护。

敲门，没人应，我们径直推门进去。一眼看到半躺靠在沙发上的老人，一条长长的塑料管从卧室蛇行入客厅，一端插在她鼻子里，她已经离不开氧气了。

“这花真漂亮啊！很抱歉让你们看到我这个样子。你们知道，人老了，好些时候不由自己了。”她穿着一件腰间系带子的白色棉浴袍，细软的头发已经长过肩膀，没像以前染成棕褐色，一头雪白。仍戴着那副黑框眼镜，左眼因看到亲人而放射出慈爱的光彩，右眼似乎永远闭着。我留意到她右颊还贴着一块创可贴。问她怎么受伤了？她也不知究竟。

打开路上去Costco（开市客）买的费列罗巧克力盒子，我拿出一粒，剥开递给她。她让放在面前的小餐桌上，上面有几块苏打饼干，一块蛋糕，还有一杯仍封着塑料膜的橙汁，显然是午餐剩下的。

“你知道他是谁吗？”我指指Jay笑着问她，我已经不寄希望她记得我了。

“知道，Jay。你父亲和弟弟都好吗？”她望向Jay，“光线太暗了，你能把灯打开吗？”其实阳光正从窗口透进来，一室光明。但Jay依然起身把屋内三盏灯都打开。

随着敲门声，进来一位粗壮的亚裔男护工，手里拎着一篮子医疗器具。

“Elsie阿姨，该吃药啦！”他冲我们客气地点头微笑，先递给老人几片药，她接了听话地吃了。再给一种，她又顺从地服下。然后他把一截带有药液的塑料管子递给老人，摁动小茶几上一个像小变压器的盒子上的电源，轰隆声中，老人自动把那管子含在嘴里，吸烟一样吸着。

“这些都是治疗什么病的药啊？”我好奇地问。

“都是老年人呼吸系统、神经系统常有的那些病。你知道人和机器一样，老了总有各种毛病。她毕竟都一百岁了。”他嘱咐我们过十五分钟后把电源关掉。

“Elsie，你很棒！”大声鼓励着老人，他起身继续去照顾别的患者，告诉我们这里有一百六十个老人需要看护，却只有六个护理人员。每天来三趟，也够忙的。

“把灯打开好吗？屋里光线太暗了。”Elsie再次要求。Jay笑笑说已经打开了。

“你们吃饭了吗？打电话订餐吧，可以送上来的，记到我账上就行了。我已经很久不下楼去餐厅吃饭了。”我注意到她手臂上大块的老年斑，因皮肤白皙而分外明显。

Jay 依言订了餐，继续跟她找话闲聊。

“你说我怎么就一百岁了呢？这个家族还没人活到过这年纪。我也搞不清为什么我就能活这么久，我的生活习惯和其他人没什么不同啊。要说也就是我喜欢旅游……我小时候住在旧金山的一个坡上，后院有一棵桃树，结的桃子可甜了。吃不了我就把它们切成块放进罐头瓶里。我从不随意地乱丢进去，而是码放得整齐漂亮，摆一窗台，我妈总夸我……对了，你把灯打开一下吧，怎么那么黑呢，我都看不清你们的脸……”

饭送来了，是最没盐淡酱的蒸鱼、煮西兰花，就一小片面包、一杯说不清内容的汤和一角甜点。Jay 把他那份全部吞下肚子，我每样尝了一点，Elsie 只吃了半块甜腻的奶油夹苹果馅蛋糕。

我突然想起那乐此不疲地烘焙甜点、手抄食谱的 Ruth，她也热衷于吃甜食。这是不是高寿的一大秘诀呢？远在北京的好友 D 的父母都年近九旬了，仍硬朗矍铄，听她说他们也是像孩子一样特别热爱糖果和糕点。

“我们今天去参观了一个植物园，那个老人都 109 岁了，跟她比，你还只是个 Baby（宝宝）。”我迫不及待地告诉 Elsie。尽管身体衰弱明显，可她仍不用戴助听器。视力严重下降，尚存的听力可谓是上天给她留下的一扇窗。

她并没有如我期待的那么兴奋地接受这个信息，“109 岁？好啊。”她甚至没有想要了解更多。

“蜗居在世，没有太多生之喜悦，失去了所有故友亲人，只等着那个终点抵达。如此看来长寿也未必总是幸事。”出了养老院的大门，我不由感叹。

阶前粉色、大红的山茶花在春光中开得正浓烈。我知道，Elsie 没机会欣赏到了，尽管只有几步之遥。

4

打道回府，唯一想去满足的好奇心也躲在覆盖着光阴青苔的城堡里，Winchester Mystery house（温切斯特神秘屋）。

这个散发着阴气、据传被鬼魂驱使而建的百年老宅，却坐落在阳光明媚的硅谷小城圣何塞。这一戏剧色彩的对比，本身就有些荒诞吊诡。

自1884年起，人不歇手，马不停蹄，且不分昼夜，这个神秘屋一盖就是38年！这维多利亚风格的宅邸已经有160间房、40间卧室、40个楼梯476个台阶、13个洗手间、3部电梯。因为，一旦停工，被Winchester连发步枪毙命的成千上万阴魂们就要来索一位美妇的命。

听说这样的一个故事，谁的好奇心不会被吊起来想一看究竟？

这个被称为圣何塞最吸引人的必看景点非常好找，从旧金山湾区南下40分钟后，出280号高速，拐一个弯就见黄瓦红墙，施施然映入眼帘。在2017年的世界，它像一枚镶在明晃晃玻璃板下的旧邮票，唯美精致，因过期作废了，黏滞在这土地上，无处投递。

停车场已经足有上百辆车了。免费。泊车走到铁栅栏围绕着的院落侧门，那里有一个售票亭，却只有收费指示牌，大意是花32美元看园子，36美元看屋子。

既然慕名而来，就是冲着这闹鬼的屋子来的，Jay毫不犹豫地掏出信用卡，虽然我心说有点贵，要知道我大北京的紫禁城才不过10美元（约64元）！

被告知要在院落里等20分钟，才可以跟一个十五人左右的团同游鬼宅。于是在院子里闲坐一会儿。这里像中国北京的四合院，长方形的院子不小，错落着十几棵摇曳着鹅黄、嫩绿新叶的树，株株都像教养良好的美国少女，安静纯洁，一身清雅。看它们，本身就是一种享受。

“我不喜欢这树干上缠着的电线和彩灯泡。”坐在树下的石条椅上，Jay突然道出了我的心声。不知道如此美好的树，为什么无端被披上这塑料和电线的束缚。

多是呼朋唤友前来的美国人。轮到的可走过那小铁栅栏检票，步入宅子前可在拉起的一幅绿布前端着摄影师提供的两只步枪留影。

终于听广播里叫我们这组的序号。持枪和Jay做对峙状照了相，一位蓄着浓密络腮胡子的年轻人过来迎候我们。他是我们的导游Tom，个头不高，身形敦实，眼睛却很有神，和他的黑色高顶礼帽、灰色燕尾服一起散发着20世纪初的绅士风度。

从一个侧门进入楼里，原地站住。“欢迎各位和我一起进宅寻鬼迹。胆小的人现在放弃还为时不晚。不怕就来试试你的胆子是否有这宅子的主人Sarah Winchester（萨拉·温切斯特）女士大，她可是只有4英尺10英寸（1.47米），一个真正的袖珍女子！”他的手突然一抖，一个纸卷“啪”的一声就变成了一根手杖，他夸张地迈着外八字步，逼近一个十来岁的小女孩，盯着她，发着颤音一字一顿说，“Sarah 应该和你身形差不多。”女孩笑着尖叫着躲在她母亲身后。

“除了我们进来的这门，你们谁看到了哪里还有门可以打开？就在这儿……”他示意我往前走一步，用手一推墙面，一扇门开了，探头进去，却只有容得下一人站立的空间。

“谁敢走进去？”

一个印第安模样的女孩不信邪地一步跨进去，Tom 作势关门，那女孩被鬼驱赶着一般退回来，“太恐怖了！”她大叫。

一个白人女孩是这群人中唯一的独行者，众目睽睽之下她抬脚迈了进去。

“推一下你身后的墙。”Tom 话音未落，这窄小的一席之地立即变成了一个通道，另一扇门悠然开了。

踩着“咯吱吱”响的旧木地板，沿着窄得只容独个身形苗条的人通过的楼梯，我们开始了神秘之旅。

有的房间没有一扇窗，阴森气扑鼻；有的房间四壁全是玻璃门和窗，你在三楼可以对在天井里干活的女仆监视得一清二楚；有的屋子只有一个入口，却有三个出口，其中一个通向壁橱，衣柜后隐藏着另一间密室，另一个出口在地板上，脚一踩门洞开，人可以滑进楼下的厨房；有的楼梯通向天花板，有的柱子头朝下，有的烟囱支撑起四层楼……一切设计都是极端的怪异，像恶作剧一般挑逗人的神经和想象力。

“我在这里工作多年了，脑子里和你们一样，都写满了问号，为什么？随着这位手中攥着 2000 多万美元的寡妇 1922 年去世，这一切成了千古之谜。她从未接受过采访，也没有留下片言只字的日记。仅有的女儿年幼夭折，丈夫也英年早逝。唯一的猜测或者说是传闻就是 Sarah 听信了一位通灵人士的建议，说她之所以富有却失夫丧女，是因为她手中的钱来路所致。要知道她的公公是温切斯特来复枪的制造商，这连发步枪的发明与制造、销售让他家暴富。可是多少性命正是倒毙于这枪口之下。那些死去的人们都化成了鬼魂来索命。只有不停地建造一个迷宫一样的住宅，才能迷惑鬼魂摆掉纠缠。于是从 1884—1922 年直到 Sarah 去世，这里就没停止过施工……”Tom 早就告知大家，所有人都不允许拍照。在一间会客室的墙上，我们看到了唯一的一幅 Sarah 的黑白照。苗条轻灵的她一脸贵妇人的养尊处优，头披蕾丝纱巾雍容地坐在一驾马车上微笑着，全然与这荒诞的建筑风格无关。

整个建筑是水泥结构，从里到外粘贴了装饰板材，产地从印度、日本到英国，无所不用其精。这一百多年前仍是油灯的时代，Sarah 就为自己的避鬼宅装上了电梯、冷热水管道、冲水马桶、煤气灯，房间多不怕，随手按铃、按钮，仆人随叫随到穿行自如。

“1906 年春天，著名的旧金山地震发生了，7.8 级地震毁了多少建筑，数不清的人无家可归。Sarah 这昼夜叮当施工的家也没能幸免，早晨 5 点 12 分，她一个人正在咱们站的这间房里。仆人们顾不得自己的性命，上来营救她。你们看，这门上方的墙至今仍是倾斜的。”我猜测丧夫失女的 Sarah 在这次地震中不仅损失了银子，将六层楼房改建成四层，也许还更让她坚信报应这一说。

尽管处处怪异，她的卧室却相当宽敞明亮。方方正正，窗是窗门是门。一幅她先生的照片挂在墙上，目光有些郁郁的年轻人。他曾是康涅狄格州副州长，继承了大笔银钱，却没有享受几天生活就去了另一个世界，留下娇小的太太花掉 550 万美元来盖房子。

“Sarah 做事看似不守规矩，对仆人们却极友善。不仅加倍发薪，还免费提供食宿，甚至下人们的孩子都请专人统一照顾看护。这些忠诚的仆人们也很知足厚道，即使 Sarah 去世多年，也没有任何人对外界讹传她的私生活和宅第内情。”我们甚至看到一张仆人们端端正正在一起的黑白合影，男人表情肃穆、女人目光虔诚，他们可能从没想过近百年过去了，他们会和这老宅一起，成为游人观瞻的对象。

除了房子本身，珍贵物件并不多见。Sarah 的侄女继承了所有的家具。“这间房子里收藏着所有的水晶装饰，应该是最贵重的藏品了。看到那些成扇的彩饰玻璃了吗？都是蒂芙妮制造的。当时这样一块玻璃就值 1500 美元，而普通一块玻璃的价值当时是多少？我想我买得起，2 美元！”

Tom 是个不错的向导，一个小时零五分钟，带我们走走停停，穿越参观了对外开放的 110 间房。偶尔透过窗子望见街道上衣着现代的行人和穿梭车辆，真似穿越了时光隧道，分不清今夕何夕。

“现在这宅子归谁拥有？是 Sarah 的亲戚吗？”Jay 问道。

“好问题。在 Sarah 死后，这宅邸被完全不相干的人买下了，先是放置没用，后来就被开发成旅游景点了。”Tom 脱帽鞠躬向我们道别。

他真的是英国人吗？我问 Jay。

“不是吧。他只不过是打扮成维多利亚时代男人的样子，在打工挣钱，我怀疑他仍是个大学生。”Jay 说道。

楼内昏暗阴晦、逼仄窒息，宅外却花红柳绿、美如仙境，一架紫藤在木廊柱上铺陈开来，香气扑鼻。丁香、虞美人、雏菊、海棠点缀着碧绿的草坪。几树茶花更是在楼的几侧都开成了粉红的海洋，直抵二楼的窗台。

再富有的存在，都抵不过活生生的现世。但至少，在他们的现世，他们尽情尽兴地活过，就像 Sarah，孤单一人，跟看不见摸不着的鬼魂斗智斗勇。在那个缺医少药的时代，没有爱情，没有亲人，竟然也活了 82 岁。她靠的是什么？

一路向南，打道回洛杉矶，不由得想到此行所遇所闻，以百年为界，一镐一锹挖出地下家园的意大利移民 Forestiere，一坑一盆种出多肉花园的 Ruth，一砖一瓦搭起避鬼豪宅的 Sarah，他们在时间的洪流中，不过是细小的一朵浪花或一道波纹。肉身都将会离化羽化成灰，但他们在世间的所作所为，至少留下了生命的痕迹。那归因于他们自己的努力，或任性，也得益于命运造化的成全。

我们大多数人都不过是一时一刻都在等待上帝召唤的 Elsie，没有可圈可点的佳作奖杯，踏踏实实地按照自己的活法，无惊无惧，走完或长或短的一辈子，也没什么不好。

因为，最终，每个人，连带他留下的那点印迹，都不过是时间的尘埃。

（写完此文一年后，将近 110 岁的 Ruth 老人在植物仙子的护佑下升天了。姑姥姥 Elsie 也在睡梦中故去，10 天之后，就是她 100 岁的生日。）

跳蚤市场上空的鹰

MUSEUM OF

1

“你这幅圣母圣婴像是从哪儿寻到的？不瞒你说，在你墙上挂的艺术品中，这幅最珍贵！”我们的亚美尼亚裔邻居 Grant（格兰特）是位画家，那天在后院吃完烧烤，临出门时，他折回身子，在客厅靠窗的墙边驻足道。全家移民来美国前，他一直在大学教授绘画。不仅早年油画科班出身，还曾在莫斯科研修。他隔着马路看到我们车库墙上挂着大大小小的画，以为我是个藏家，曾热情邀我去他车库改造成的画室参观过。与他最近画的那些近一面墙的风景大画比，我还真是无比欣赏他二十世纪七八十年代那些精致独特的人物小像画，色调大胆而不乏古典味道。

这幅圣母圣婴像也就一本杂志大小，甚至没有边框，直接画在一块木板上，上半边两角是圆弧形，下半边是方角。可能因为年代久远，那原本细腻的画面上已经像龙泉瓷般开裂了许多细密的纹理。素淡的底色上敛容低眉的圣母沉静高洁，两个同样面容美好的小天使微笑伸臂呵护着圣母和她臂膀中的圣婴。看我面有疑色，Grant 推推鼻子上的眼镜，扭脸看着我认真地说：“这要是在拍卖会上，没有一万美金休想买到。你知道这是什么时期的吗？文艺复兴时期的作品，即使没有名字，但一看就出手不凡，说不定是从拉斐尔或哪幅名家作品上裁下来的。”

闻听此言，我自然欣慰且欣喜，尤其是 Jay 也在旁边，有专业人士证言在此，至少，我坚持每周一次必逛的跳蚤市场也并非如他所言“全是垃圾”。

淘到这件圣母像的经历似乎仍在昨天。

我多次听到许多初来乍到的外乡人讥讽洛杉矶为“大农村”。它没有北京、纽约的摩天楼宇，有的只是低矮的房屋院落，在一些旧城老镇，串联起家家户户的还是中国农村过去才可见到的木头电线杆。没有四通八达的地铁公交，即使万幸可搭大巴，也极不准点，等一小时很正常。相约吃个便饭也要走高速枯燥自驾至少半小时，说地广人稀吧，堵车还是常事。没有新奥尔良那诗意和湿意弥漫的橡树林，到处都是光溜溜在顶部才有一丛叶子的棕榈树。生活了四年，我才有点资格反驳那些对洛杉矶既看不出热闹也瞧不出门道来的声音。它之所以是世界闻名的城市，除了艳阳海滩，除了好莱坞和星光大道、比弗利山庄，还真是不动声色暗水深流，财富、艺术、生活，它全都有最极致的存在。只是不张扬不霸道，曲径通幽，水到渠成。

而后搬至Santa Clarita（圣克拉丽塔）这洛杉矶西北部的小城，愈加偏远，更像是农村里的犄角旮旯。洛杉矶虽然市中心只有几座高楼，但好在地处平原，这里则是依山洼坡地而建，被叫作羚羊谷。

某天实在无聊，Jay随口说这个城市每到周末都有露天的swap meet（交换市场，也叫flee market，即跳蚤市场），“你要感兴趣可以去转转。”他的语气是试探的，显然没抱希望我会说去。没想到，那中国农村集市一般热闹的swap meet是如此地吸引我。市场一侧是一条东西向的主街道，车来车往速度快得像高速，另一侧是无人涉足的荒山，山脚下是一条串联起沿途各小城市直抵洛杉矶市中心的铁路。沿跳蚤市场一端的尽头拾阶而上，就是干净简单的小火车站，和跳蚤市场一样也是露天。几个黑铁皮长椅，两个刷成粉白色、顶着几根木椽子的亭子立在那儿，与不高的山峰相看两不厌。坐在火车上徐行，看跳蚤市场最便利，那有两英亩大的露天广场，至少有近千个摊位，没有主题区域划分，但画着线非常有序地排列，一行一列豆腐块般很是整齐。大多数摊主自动守在同一坐标地点上，也有少数人随机地找块空地把物品铺陈开来，有的甚至直接把小货车开进来停在摊位上，边卖边从车上卸货。

如果用一个字来概括这跳蚤市场，就是：杂。

首先逛的人杂。从端着一碗酸辣凉拌猪皮、牵着抱着扛着一串孩子的非法墨西哥移民，到大热天也披着一身白毛衣、一脸艺术气质和皱纹的老妇，再到足蹬短靴模特身材、四处寻找宝贝的好莱坞式美女，还有一脸专注捡漏绝版卡通书的少年。

其次是人们奔来寻的东西杂。这对父子一人拎着个铁锹一人拖着个旧吸尘器，那个老者捧着个彩陶罐一脸满足说要送给太太当礼物。这边一对年轻人正和卖迷彩服的秃顶摊主讨价还价，那头一个胖得走路都困难的老人摇着头往车场搬运一个旧茶几，他同样行动不便的太太坐在电动轮椅上，又发现了两只掉了漆的旧可乐桶，正张嘴寻价。

再就是卖货的人和物很杂。去的次数多了，我便结识了许多老面孔，即使不买不卖也互相打个招呼，如那位在大树下的墨西哥中年摊主，我买过他的中国邮票和几幅画。尽管他卖得很杂，但似乎知道艺术品能比农具和二手衣物更有利可图，所以他那儿总有些或好或坏的艺术品。他甚至上网比价，“这幅画我在eBay（易趣，购物网站）上找到过，卖二百多美元呢，给你，老朋友，65美元!”那对须发皆白至少都有75岁的老人，专卖仙人掌仙人球一类带刺的多肉，大小不一的花盆都摆在桌子上，纸板黑字标着价码，15～50美元不等。因为价格相对偏高，生意似乎并不好。他们戴着草帽，看到有人上前就热情地介绍搭话，包括我和Jay。我们后来都绕道走，既然不买，不想让他们空费口舌落得失望。有一位摊主是位目光阴郁的老男人，并不常出摊，Jay叫他psycho（精神病），“你看啊，他桌子上那个手写的声明：本摊所有物品都只能以标价成交，拒不讲价。所有付款必须是2美元、5美元、10美元、20美元纸币。不找零钱。这是跳蚤市场啊，他以为是他家?”果然，但凡走近了看到这字条的人们都不动声色地走开了，甚至没耐心多看一眼他的货物。

生锈的镐头罗圈腿的烧烤架，旁边就是水粉画和布娃娃；卖一次性纸巾和厨房清洁用品的棚子，紧挨着卖炒花生和水果的不会讲英语的小贩；从中国运来的大量廉价太阳帽、牛仔裤披挂在塑料模特的身上，旁边就是卖印度香薰的来自波多黎各的小夫妻。

更有意思的是，在广场中央大树下搭建的大篷车一样的舞台上，每周末都有乐队现场弹唱，从老鹰乐队到Journey，风格既乡土又热烈。凉棚下的石条桌椅旁，往往坐满了歇脚的观众。音乐间歇，不时就有白皮大虫般的火车拉着笛喷着汽从山脚下驶过。有时，还真有老鹰振翅滑过蓝钻般的天宇，让仰头望着的我突然想起那个初春在京郊放过的老鹰风筝，心底酸楚，泛起了乡愁。我想念那让手指僵硬的风，和那个陪我放风筝的人。

2

开始我眼光浅，见到画都想买，甚至还分不清印刷品和原作，三五美元一幅，淘回来一堆。其中有一幅巴掌大小的油画，至今我仍挂在卧室，没有因喜新厌旧的习性而将其放进车库。那是一小幅抽象风格的布面油画，暗绿宽边木框镶着的画面尽管没有面容可细辨，但可看出是一位母亲和两个孩童在放风筝。那奶油黄和暗绿的色调，那看得出极用心的构图，都让我喜爱不已，至今仍不时站在那画前品味良久。它让我想起我的母亲、弟弟和我那与他们分离的童年。

无论如何，每周日去跳蚤市场就成了我的一大戒不掉的瘾。“如果没有这跳蚤市场，生之乐趣会大打折扣，我甚至不清楚是不是能在这山谷里待这么久。”我的这一毫不遮掩的言论，令Jay大为惊讶。在他这理工男眼里，那里到处都是垃圾，真有那么大魅力？他不知道，在垃圾里意外寻到或遇见让你两眼放光的宝物，再以几乎白送的价钱搬回家，擦拭、打磨、除尘、去锈、缝合、补漆……那种种细节与过程带来的乐趣，比去拍卖市场或古玩店买东西要有意思一百倍一千倍。

某天跟一位摊主搭讪，他说周二和周六他有时也来，尽管人少，但免费入场，有时也能卖掉不少货呢。

于是某个周二清早，Jay 要去 Wells Fargo（富国银行）见理财顾问，我问他是否可以把我放在跳蚤市场，待他结束一小时左右的谈话再来接我一下。他当然一如既往好脾气地答应了。

“你以前周二去赶火车，看到那些摊贩们已经出来了吗？”八点不到，我们上路。路上我好奇地问，不确定是否有人已经在这个时间出摊儿了。

“我没注意呢。既然周日他们出来很早，现在也应该有人了吧。”Jay 就是这样，好像从不留意他并不太关心的事。用我小学老师的评语说就是“不注意观察生活”。即使他与同事或朋友聊天，或在火车上听人吹牛，也多是别人提及什么话题，他就跟着参与，从不会主动就他在做或要做的事情打听些信息。比如 Santa Clarita（圣克拉里塔）的房市，今年的新款车，有孩子读大学的家庭如何抵税，等等，除非我提醒他，他从不去收集这些信息或知识。“女人才是喜鹊，总喜欢东一嘴西一爪敛东西。”他还微笑着不以为然。

好吧，我就只当他是品性单纯而作为优点接受好了。

远远就看到停车场有一些车了，广场内已经有些支起来的篷子，虽然不如周日般满当。

“既然还早，我跟你进去看看吧。”说着，Jay 和我一起下车，随前面一对白发的夫妇走进大门。

入口处有块大大的牌子，上面一只大手，指向一侧说入口在那儿。Jay 收回已经迈进去的脚往那手指方向张望，果然那边才是我们以往出入的门，而这里应该是往常的出口。

可既然是免费入场，跟哪个门进有什么区别呢？我便自顾走进去，Jay 也只好跟进来。他向来不喜欢做一点点不合规矩的事。

看到一些画，虽然是原作油画，却是新手之作，不吸引我，连价都没问。继续走，看到一个边框都老旧得开裂的小风景画，不比一个盘子大，要价 20 美元。没理那嚷着说这是老的原作的女人。倒是在堆放着一些仿旧首饰和钳子改锥等工具的桌子上，看到随意放着的一个圣母抱圣婴像，拿起来看，我有些吃惊，第一次在跳蚤市场而非在美术馆，看到这样的主题和画法！画像是在木头上的，已经有了许多开裂的纹路。显然主人根本没有丝毫在意它，而任其混杂在其他完全不相干的物品中，画面已经有两道明显的放置过重物的压痕。

让 Jay 问那粗壮的摊主价钱。

“五美元拿走。”他显然为有人询价感到意外。

“你喜欢吗?”每次我都会问 Jay，其实是在问自己。

“有划痕，你不在意的话。”他其实在等我自己拿主意。

“我可以修复一下。”我当然喜欢，但实在是惊讶那过于经典的画面，圣母与圣婴慈爱地对视着，右下端则是两个小天使在微笑托举着头戴金色光环的圣婴。

Jay 立即掏出 5 美元。对方甚至没有个塑料袋给这母子暂时容身。

快八点半了，Jay 便在腋下夹着这画去停车场了。

留下我独自转悠。看到不远处有几个人正紧张地跟一个女子指着前方说着什么，那女子把手中拿着的两件小塑像放在一堆旧衣服上，急急离开。那实在是一个不起眼的小摊，卖批发来的廉价孩子衣物和低劣塑料用品。没有一件吸引我的东西，直到我随意拿起刚才那女子放下的那两件塑像，细看才发现是两个极为生动的小人儿全身像，小到只有我的手掌大，直直站立的他们与背后的同样米黄色材质的背景连为一体，像浮雕。很重的手感，背后还有勉强嵌进去的金属挂钩。

“多少钱?”我惊异于这破烂中的好东西。

一个中年女人有些不好意思地微笑着用西班牙语说着什么。

我以为她不是主人，正四处打量间，那个急急离开的高个女人回来了。手里推着购物小车，车里是一条小白狗，原来刚才是她的狗跑了。

“这个我已经买了，不好意思。”我向她询价，得到这个答复。

顿时，我痛失心爱之物一般失落。

可见，好的东西永远不缺乏发现它们的眼睛。

只好踱步走开。我提醒自己不要太势利眼，看到本不以为意的摊位也特意驻足打量一会儿，以免像刚才那样错失良机。

许多摊主仍在从车上往下卸货，有的则低头摆放着。早晨的太阳一点也不像中午那么烤人。已经着上了绿色春衫的山丘轮廓柔和起来，有火车正轰隆而过。

继续走，一辆车上挂着张大纸牌，写着10% ~40% 降价，是卖玻璃器皿的。我有些奇怪，因为在这样的跳蚤市场很少有人写着几折优惠，所有东西都是处理品，大家心照不宣。

除了个别盘碟摆在桌子上，多数摊在地上，本来很精致的器皿一下显得低档了。看到6个童话题材的瓷盘子，标价35美元一套。蹲下来翻看背面，是1978年的限量版，虽然彩色画面没有我以前买到的圣经故事法国瓷盘浓郁鲜亮，却也很生动有趣，且细细看过，没有一个有瑕疵。

一个大鼻子瘦脸的短发中年妇女正在忙着给处理品们贴标签。

“35美元6个？”我问。

“这些啊，在打折了，20美元了。”她口齿有些不清楚，极快地回答我。

我看到紧邻着的6个蓝色玻璃盘子，标价15美元。

“也15美元行不？”我再问，其实已经感觉很便宜了。试试吧，既然是跳蚤市场。讨价还价本身就是乐趣的一部分。不像Jay，去早市羞于和成捆卖花的农夫还价，“三美元一把，两把就六美元呀。”对我的五美元的提议他好像认为是对摊主的不敬。

“好吧。”她略想了一下同意了。说她这是第一次来这个市场，因为有个在市里的店面要关门了，处理掉算了。

有时我自己也很不齿于过于讨价还价的做法。比如一件簇新的李维斯的儿童牛仔衬衣，即使挂在那廉价的塑料衣架上，我仍能感觉到穿上它的小孩子英姿飒爽的样子。听到摊主跟询价的那妇人说“2美元”。“1美元！”那妇人还价道，看我在打量她，她自己先有些难为情地微笑了。轮到我为摊主感到不平了。他果然抱歉地摇头拒绝了。我塞给他两美元，“仗义”地买下了。

遇到面相厚道、叫价已经很低的卖主，我是从不会再砍价儿的，甚至有时还多给一两美元。比如那个五十岁开外的印第安妇人，整个摊位上杂七杂八的东西加起来也超不过一百美元，因为她无论手包还是镜子、花瓶、首饰盒都只要一两美元。我买过她两个馒头大小的日本老香炉，3美元。买过一个英国瓷器的盘子，2美元。那天日头很大，我忘了戴帽子，看到她有棒球帽在卖，没有任何花哨的拼音或图案，我打算买一顶，“Sweet heart（甜心儿），一美元。”见我试戴，正往一块绒布上摆放两个银项链的她微笑着说。

是为了鼓励或奖励她的不贪婪吗？我递给她两张1美元纸币。

“谢谢你亲爱的。我以后也许应该改改了。有些人怎么那样？我明明已经要价不高，可还总跟我讨价还价。你说是不是太不应该了？”她的眼睛本来就细长，在暗黄干瘪的脸和那顶毡帽遮掩下更看不出表情。

我附和说“当然”。

可再见到她，嘴里报出的仍是低到尘埃里的价格。

3

淘货太多，我甚至曾产生过是否在网上售卖的念头，中国的朋友们也建议运回国一试。但很快我发现我还真是做不了生意的人。首先太喜欢的东西舍不得卖；其次，不那么喜欢的，又感觉拿不出手。自己都不喜欢，怎么推销给别人呢？

再去逛跳蚤市场，我告诫自己不要见画就买，而应注意品质了。

一个以前从没见到过的女摊主，向我介绍吸引了我的那尊非洲人体木雕。说是一位生于1926年的非洲艺术家之作，他的作品在一些美术馆都有收藏，以绘画为主，也做雕塑。不理睬这个故事的真假，至少这完整的一块木头雕出的东西我喜欢。后来回家，我还真在网上查到了那木雕上签名的艺术家。

“你不能只关注艺术的审美，再好看独特的民间艺术品也不会值钱。你看我，只淘买欧洲各国早期的古董瓷器。首先底部有标识落款，知道是出自哪家公司，这样就可查到其背景、历史，也就容易知道价格和市场。除了收藏，还可以自用。不用出手也能享受到它们的价值。”Echo（厄科）十年前从南京移居加拿大，某个冬天来洛杉矶玩儿，同样痴迷淘宝的她跟我交流心得。

她说得还真不无道理。

再次去逛市场，我留意以前少为关注的瓷器，从茶具到餐具，果然发现一些好东西。只不过因其娇贵，有些已经残损。“再好的东西，有一点儿残都不能收。这是底线。”Echo的话犹在耳边。有时我狠狠心放下离开，有时实在喜欢那薄如纸般的精美质感和中国工笔画一般的图案，有一点发丝一样细小的纹路，我还是忍不住买回家。“如果我不带它回家，它会更惨，破罐破摔呀。”我边心里念叨着，边清洁擦拭它，像捡到一个流浪街头的孩子。

像是读懂了我的心思，这器物立在架子上，还真赢得了许多客人的瞩目，报恩一般愈发变得不像一件俗物。

就像那幅陶罐静物画。

那是一幅脏得几乎分辨不出画上内容的油画。蹲下来仔细打量，用一张纸巾轻轻拂去表面厚厚那层灰，在那半米左右见方的布面上才显露出一个灰蓝色的陶罐和一块红布。画框也松动了，有几颗钉子已经失踪了。

我喜欢这画面带来的亘古洪荒味道。琢磨着如何修画框如何清洁画面，只是担心那三道左右贯下来横穿了整幅画的脏印是否能去掉。“我也不知道这能不能擦下去。”货主半蹲半坐在地上回头打量了它一眼说。他的主营是红泥墨西哥花盆儿和几双旧鞋旧靴子。那红泥的色调和拙朴的造型都挺可人，只是每个上面都又画蛇添足地画上了花呀朵呀，像我小时候过年买的泥塑大公鸡。

“8 美元。如果你连那旁边的那幅小画一起买，10 美元好了。”价格低得我都感到还价是耻辱。交钱，拿下。

“为什么他卖这么便宜啊？”我们离开，我心虚地小声跟 Jay 嘀咕，怕大声被他听到了反悔加价。“他眼里没有艺术不艺术，只要换成钱就行。”

卖旧衣服也就罢了，我总奇怪还有那么多卖二手鞋的摊贩，真有人买别人穿过的鞋子吗？问 Jay，他一脸不足为奇，“穷人除了要穿衣服，也要穿鞋呀。”也是。

在停车场的入口，我又看到了那个身着白色像某乐队制服的中年男子，正满脸谦恭微笑着站在路口，不住地向过往行人点头问好，同时手里不忘晃一下那个募捐的小金属筒。回应他微笑的人不少，但真正捐助的人不多。Jay 感到过意不去，给他往筒里丢了一美元。

“你就那么相信他真是为慈善机构募捐吗？又没个名目，他也许借机赚钱呢。”我悄声问。

“也不是没可能。但在我得到证据证明他是坏人前，我愿意先相信他是好人。”这就是 Jay 的处世逻辑。

“呵，和我的淘宝理论一样。在我找到证据证明它是赝品之前，我先愿意相信它是真品。”我笑道。

Jay 说他同意我的观点。“你是这方面的专家，我没有发言权哪个好哪个不好，但我想你最喜欢的东西当属那两尊雕塑吧。”

还真如此。

那是刚开始涉足旧货市场的某天，在厕所后面的角落里，我不期然拾到了那对半米高的木雕。穿着暗红僧衣的佛信徒半坐着，双掌合拢举在胸前，眉如漆目似星，表情和悦安详。红漆尚在，上面曾有的金粉已几乎完全脱落，只能在衣襟褶皱处看出隐约痕迹。很重的实木，因年代久远，底部有些开裂。

摊主是一对墨西哥兄弟，报价 150 美元一尊。

“也就我这样的亚裔人会感兴趣，便宜些卖给我好了。”我咬着牙还价，其实口袋里只有 80 美元。

“250 美元一对吧。”

最后口头成交：225 美元。他们理解鲜有人带数百元现钞来旧货市场，看我诚意十足，与我击掌为盟，约定我们去取钱，半小时后回来提货。

那是我们至今在跳蚤市场花得最大手笔的钱。

我把他们放在客厅沙发背后的木隔架上。发了照片给国内几个懂行的人看，都说是东南亚风格，年代应在百年左右。

没想到这两尊请回来的佛教信徒竟然得罪了美国一位老太太 Mary（玛丽）。有一段时间想了解圣经的我，同意参加圣经小组学习，十来个人每周日聚在一起阅读圣经一个章节。由于是轮流到各家学习，自然有时会到我家。“我相信你这来自佛教传统国家的人已经离上帝很近了。这两尊佛像只是装饰。”尽管有着丰满松弛的一身肉，Mary 脑子里对上帝忠诚的弦却绷得很紧。她嘴上说着相信心里却是极度不信任，那审视的眼神像小刀子一样似乎要看看我的心的颜色。她是一家私人医院的办公室主管，说她一直游说一个华裔医生相信上帝，对方总是顾左右而言他。因而在一个有两尊佛像的中国人家里学圣经，让她如芒在背。

她时刻准备着我会放弃学习，没想到我没有。几周后，她就消失了，再也没出现过。

4

当然，有些画也是我的最爱。

它们似乎都不是出自名家之手，即便是名家，我也缺乏辨别的渠道，因为那极具个性的签名往往让我不知究竟那是何人。但仍让我每次目光所及都备感欣慰，感恩于那看不见的手把它们摆在我的面前，让我们在某个时刻谋面相遇，并同住在一个屋檐下相守相对。

首先是那对着白衣的墨西哥男孩女孩，立在暗橙色的背景前，手捧着一只鸡，脚下是几只拙朴的陶罐，他们大大的黑眼睛并没有看着我，却流露出那么纯粹的童真。他们来到我家以前，也曾被摆放在一辆卡车的车轮旁，像两个找不到父母的孤儿。

现在和他们一起安静地站在二楼走廊里的，是那个着蓝衣绿裙的印象派女子全身画像。

未见其人，先是一团美丽的色彩扑入眼帘，淡然而霸道！压抑着心跳，环顾整个摊位，发现它靠在一辆福特小货车的轱辘上，纯粹是它身处的各种二手清洁和种植工具里的异类。我生怕它是效果逼真的名作印刷品，略有些紧张地走近前，让 Jay 举着对着阳光探身细看，再用手抚摸那上面油彩的纹路，还真是油画原作！

“你去问摊主多少钱好吗?”我已经见识过有些摊主会误以为我是搞艺术收藏的人而索要高价。

Jay 走到那个正在与一个买主推销一大把遮阳伞的年轻墨西哥裔男子旁边，看他们二人谈得热闹便在一边等。“快问他一句呀?”我急不可待再次催促他。

“对不起打断一下，那张画多少钱?”

“25 美元!”

我心中狂喜，这不是非常低的白菜价，但已经相当诱人了。

我再次拿起那画打量。这是一个女子坐在椅子上的肖像画。淡蓝色上衣，葱绿色裙子，暗红色围巾，她双手交叠着坐在椅子上，脸侧向一边，大大的黑眼睛有几分警觉，似乎听到有人在唤她的名字。是抽象的色彩涂抹，手和脚都显得过于纤小，但在橘色斑驳的背景衬托下，一切都似乎就该如此才妥帖，却又不无回味着魅惑。

“你问下他 20 美元可不可以。我喜欢它。”我再次低声跟 Jay 交代。

他拎起那有一侧的挂钉已经脱落的画，走到那个已经在跟另一个主顾高声议价的男子。

我特意站得远远的，打量另一幅可以称为艺术品的东西，一群迪士尼小动物们的绣像。

“20 美元可以吗?”这是 Jay 一向安静的声音。

“好吧。”那男子再扫了一眼那画，没多说什么。

“这个多少钱啊?”我拿起那绣像问。

"那个可是贵，80 美元！你发现了吗？那可不是线绣的，而是竹子上的细皮，非常难，纯手工，还是老东西。"他开始两眼放光，说他也做古董生意，这是可以放进古董店的货。

那又怎么样？我不喜欢就不睬。

那手工上色、印刷于 1869 年的美国乡村生活是我的最爱之一。由美国著名的 Currier&Ives 公司印制，尽管这由一对苦出身的美国人创建的印刷公司已于 1907 年关闭，但打着 Currier&Ives 标记的印刷品如今已经像古董一样受追捧。不仅因为那精良的印制手法，还由于他们印刷的主题都设计独特、精挑细选，许多都和百姓生活息息相关。这美国家园系列应该是四幅，每幅一个季节，而我只幸运地淘到三幅，没有夏天。我把它们悬挂在电视机的背景墙上，不时站在那儿观看良久。也是在这山谷的旧货市场偶遇。一个农民模样的老年男子守着一堆旧货，似乎都是从谷仓里翻拾出来的。地上，平放着这三幅画。"你要全买，30 美元拿走!"本是纯色的平版印刷，那手工绘色，让水车、狗、磨坊、孩童、果树、主妇、马车……一切都栩栩如生，我似乎能闻到那橘子花的香气和屋顶的炊烟，能听到男人大声交谈的声音和马儿喷出的鼻息。

这些场景让我联想到那个淳朴的时代和美国百姓的清贫生活。就像那个卖一美元旧书的老人，接过我递给他的两美元，感激地道着谢起身离开。"他一定还在饿着肚子，现在有钱了，去买个汉堡……" Jay 每次都特意在这旧书摊前转悠，许多本史蒂芬·金的书他都是跟这老者买到的。

Norman Rockwell（诺曼·罗克韦尔）不得不提，他是我非常喜欢的美国本地插画艺术家，《纽约时报》称他是"本世纪最受欢迎的艺术家"，高产的他多数绘画作品都经由《周六晚报》刊出。兴高采烈滑冰的爷爷和孙子、秉烛为孙女儿讲故事的老人、为儿子手工打制一艘小帆船的父亲……他是那么喜欢孩子，"我不知道自己到底画了多少个孩子，大概有几千个吧。我乐此不疲啊……"我喜欢他的母亲节系列，自 1977 年以来每年推出一幅，烧制在瓷盘上。我在 Goodwill（美国专卖二手货的商店）偶遇了其中的两件，便一发不可收地爱上了这位生于 1894 年并于我 8 岁时去世的老人。从未谋面，可我感觉跟他很亲近，因为他的每幅作品都散发着人性的善良、温暖与幽默、智慧。也留意着收藏他其他主题的作品，范围从盘子到杯子、餐具，只要不是重样的，我照收不误。最低价是在跳蚤市场淘到的十个盘子，2 美元一个。最贵的是 1990 年的一个母亲节的盘子，在 eBay 网上从一个卖主手里买到，连运费 25 美元。这让我凑齐了这个母亲节系列。我甚至幸运地淘到了一本他的作品全集大辞典，大十六开，全彩色，重达 10 磅（约 4.5 千克）！

Norman Rockwell 的博物馆也出售他的一些作品衍生品，如这母亲节的盘子，每个要卖到 35 美元。

“你最终打算把这些收集来的东西怎么处理？卖掉？还是传给你儿子？”Jay 曾笑着问过我。那是个大风的早晨，跳蚤市场里，一个中年男人正在低价兜售他刚去世的父亲的收藏品，我花了一百美元，几乎买了他所有的物品。除了十件 Norman Rockwell 的铜盘，还有一套圣经故事瓷盘，都色彩夸张艳丽、烧制精美。我蹲在地上，一边细细抚摸查看每个盘子，一边心里五味杂陈。我是如此幸运，遇到它们；而那个逝去的老者，我为他难过——他一定不希望自己的后代把这些他珍爱之物就那么卖白菜一样处理掉，丝毫不在意……

我不知道，也不愿去想象这些在今天我那么视为珍宝的东西，在我死后会身在何处。佛家不是说吗，这世间，没有什么是你的。圣经也说，我们无论多么富足，只不过是上帝的财物保管员。

我不会为明天可能的暴雨而改变今天的穿漂亮裙子的打算。对吗？就像那风雨阴晴都振翅飞翔的鹰，从容地活着，本身就是洒脱吧。

圣诞下的蛋

1

刚撤换掉草坪上那一堆赶来过万圣节的妖魔鬼怪，一街之隔的邻居约翰似乎比孩子还心急，他已经开始布置圣诞彩灯了。约翰长相斯文，戴黑框眼镜，一条腿虽然有点跛，踩着梯子登高爬低却很麻利。这位南加利福尼亚大学毕业的年轻人和漂亮的妻子有着一对幼子，都是大波浪卷发深眼窝，可爱得像天使。

约翰是个杂务工，手巧且耐心，不声不响，一个下午忙活，傍晚时分不仅整个房子凡是有直线的地方都走线亮起了彩灯，客厅的窗子还被装饰成一个大屏幕，圣诞老人、小怪兽、驯鹿、马车滚动出现与路过的每个人打招呼。那棵春天绽放出灿烂云霞的老樱桃树，也被激光彩灯打得流光溢彩，像挂满了红绿变幻的小灯泡。

Jay 虽然自称做木匠活儿是他的爱好，可一点都不善电工。术业有专攻，我不怪他。可等天黑下来出门散步，眼看着整个小区家家户户都有灯光有色彩有造型，唯独我们和左邻右舍一连三户黑灯瞎火，像不合时宜的钉子户。

“咱们要不还是搞点什么吧?”我说着，不无羡慕地盯着后院老约翰架在草坪半空中的三只“小鹿”。他家的前院紧挨我家后院，无论站在哪儿，那一闪一闪的“小鹿”，那高过墙头的圣诞老人，那带着风铃的花环，那发着光诱惑着孩子们去打开的礼物盒子，都让人心痒，闪烁的灯火、红绿相间的色彩，温暖而喜庆，似乎这才是圣诞节该有的打开方式。

当然也有例外。比如老律师 Garry（盖端）一墙之隔的邻居苏珊家就很安静，除了一个五角形的铁艺架子插在前院草坪上，再没有其他任何装饰。

“听 Garry 说她先生是个医生，多年前就抛弃了她和有智障的儿子。每天伺候那个终日嘶哑着嗓子乱喊叫的儿子已经让她心力交瘁，当然没心思也没体力挂彩灯了。”谁都知道那漂亮的灯饰后面是许多体力活儿，我相信其他没有装饰或装饰不足的家庭也多是人手不足而无力操作。

“也不全是。你没看到晚上她家那五角形架子也会亮起来吗? 是蓝色和白色相间，而不是传统圣诞节应该有的红绿色，证明她是犹太人，犹太人是不过传统圣诞的。要不为什么现在人们见面都不说圣诞快乐了而说节日快乐，就是为了避免尴尬。”Jay 毕竟是本地人，了解自己的文化。怪不得前些天我们去他公司在一个饭馆搞的派对，大门口的布告板上也是“节日快乐”。

与我们紧相邻的两户邻居，东侧的Patrick（帕特里克）是个20多岁的年轻人，自称有太太，我们搬过来一年半了，从没见过一次。亚美尼亚的邻居Grand（格兰德）的儿子Arthur（阿瑟）也好奇地说："以前见过一个东方女性出入，据说是他太太，可不知从什么时候起就再也没见过她了。"红头发的Patrick文静柔弱像个姑娘，讲话的嗓门却似乎是故意放大了的粗声豪气。总看到他哈密瓜绿的干净的斯巴鲁汽车停在路边，偶尔见到他，也多是坐在车里，要么刚回来，要么正出门。去年圣诞节前遇到他，他问Jay是否要装饰什么，听我们说没什么打算，他似乎松了口气。然而第二天Jay的朋友Liz（莉兹）夫妇主动借了一对会发光的"小鹿"和一个超大"企鹅"给我们，于是我们唯有开始装饰起院子来。

今年的Patrick仍是没有动静。在整个城市的灯火海洋中，他家前廊的灯似乎更暗淡了。

西侧的Ginger（金杰）家也是安静得像在抗议。Ginger 40多岁，一点也不像姜块儿般黄瘦，反倒让我联想到奶油，身为单亲妈妈的她是地道白人，五官甜美，浑身都像被抹了过多的奶油一般营养过剩，总穿着款式简单的深色长裙。一儿一女都读中学，做护士的她可能要三班倒，有时晚上十点多钟还能看到她开着那与她体重极般配的福特越野车出门。她家去年放了两个充气卡通人在前院草坪，结果白天那泄掉气的巨人变成一堆破布虚弱地摊在草地上。今年，她家连这两个虚张声势的充气人也免了。和Patrick一样，一副任你们锣鼓喧天、我自按兵不动的阵势。倒是不时看到衣着整齐的男女三三两两上门，那是她的摩门教友。

一来心痒，二来不做点什么美化有愧于整个小区的气氛，我们决定去采购些彩灯装饰前廊和车库屋檐，上帝不是说了吗？"要有光。"

周五晚上，刚吃过晚饭我们就直奔目标，那是和沃尔玛一样价格亲民啥都卖一点的连锁超市。在圣诞货品专区，彩灯都有样品，插着电源亮着灯泡供人挑选。种类不少，光是白色就又分为冷白、暖白、透明白。价格不低，4米左右的电线串联些小灯泡，就卖20美元，且无一例外的中国制造。依事先量好的尺寸，我们挑了三盒带有暖白色灯泡的线，兴冲冲回家一试，效果不好。灯泡太小，且是单一成串，不成气候，既没有别人家那种悬垂下来的细碎华丽感，又没有大号彩色灯泡的霸气或呆萌，而且，三盒里面有两盒都不亮，显然是别人的退货。

第二天再去，格外小心。看到有那种冰柱状悬垂的小彩灯，也就是沿一条主电线均匀排列着许多下垂的小电线，上面串联着灯泡，这样悬挂起来后就不会显得单薄。Jay 很细心地挑了五包，尽量避免已经被打开过的可能的退货。我则看中了一个到我肩膀高的小天使，本是廉价铁丝和塑料做成的骨架外形，却因为有无数小灯泡一闪一灭，在黑暗中很有点高雅出尘的意味。看价格 99 美元，产地当然也是中国。

我指着她跟 Jay 说我想买下她。“放在二楼你书房窗外的平台上，你想想，会多美呀！”

他那理工男直线思维的大脑可能根本没有启动运转程序，打量了那个被摆在货柜最顶上的天使一眼，点点头，眼神温和。我知道他也喜欢她。

寻找带包装的天使，居然找到唯一的一个存货。放进购物车去付款。

“能帮我们把所有的带电线的东西都试一下吗？省得又白跑。”Jay 问那个面容和善的女收银员。

她引领我们到退货专区，跟工作人员打了一下招呼，一一搬下来插上电源试过，居然全部亮灯。

回到家也顾不得天黑眼花，Jay 手持新买的射钉枪登梯子上房，我则举着手电仰头照亮。

“我得分外小心，万一钉子射在电线上就坏了。”他说到做到，20 米线顺利固定好。

趁他调整接线板的当口，我把另一个带着无数小灯光的塑料网罩在草坪上那个一直没查到叫什么名字的圆球形灌木上。

天使从哪儿落入凡间是个问题。

“你是从梯子上车库，然后踩着瓦走到书房窗外，还是把书房窗户打开从里面爬出去？”

“我不想碰掉她身上的亮片，还是踩着车库房顶走过去吧。”

天使还没到她的小平台，身上的亮片已经摩擦得掉了许多在地上，看得我心疼。

因为她的身体由三部分组成，要把它们连接起来固定，这个过程又让地面多了一片晶亮。不能责怪 Jay，他已经万分仔细了。

书房的屋檐也有必要装上彩灯，好与一楼的前廊与车库屋檐相协调。

我们这边忙得小心翼翼，一路之隔的约翰一家四口正要出门。才 4 岁的大儿子已经学会恃强凌弱了，趁父母没看到，用手一按小一头的弟弟的脑袋，小家伙立即坐在了地上。我正瞠目惊叹，那小家伙居然一声也不吭还试着爬起来。当妈的扭脸看到，也并不大呼小叫，而是见惯不怪一脸泰然，上前把小家伙扶起来，可能她完全知晓刚才发生了什么，却并没责备大儿子一句。

“嗨!”做了坏事的大儿子扯着嗓子跟我们打招呼，“你们也要装圣诞灯吗?”看来连小家伙都注意到我们的动静了。

一个小时过去了。最后接线板到位。揿钮，唰，造梦成功。

我们像两个魔术师一样，望着被点亮的房子兴奋不已。那一瞬让我联想起在《灰姑娘》的电影中，大南瓜华丽转身变成马车的画面。尤其是那个小天使，像亲临暗夜的精灵，给这个世界的小小角落带来了护佑。

“我好喜欢你们家的小天使，很独特。不像我们家，虽然哪儿都是彩灯，可没有重点，呵呵。”从没打过招呼的一位远邻主动表达赞美。

“你家房子以前的主人在迪士尼工作，倒是个玩电的高手，从里到外都是各种电和光的组合，有时还凌空架桥和我们这边连起来，确实很壮观，还被电视台报道过。可平时他们家却一点色彩也没有，草坪光秃秃的，不像你们来了后养花种草剪树修饰……圣诞的热闹毕竟才一个月左右。”约翰的近邻 Crag（葛拉格）是个退休的消防员，平时很沉默的人也变得话多了起来。

突然感觉这小小的灯火就像一枚枚亮晶晶的蛋，它能带给人间更真切温暖的烟火气。这烟火气，是人类给庸常生活这朴素幕布镶的金边儿。它们把素不相干的人拉了，在这荒凉冬夜一道来取暖。

2

圣诞季节是美国人最心安理得对自己好一点的季节。最喜闻乐见的笑话是：“圣诞节我要去购物，因为我想省钱。”说者一脸认真，听者一脸理解，兼同情。为了省钱，逼着自己加入购物的大军，因为打折啊。

单是购买圣诞礼物，美国的人均支出就达 929 美元!

“我们中国边远贫困地区有人一年的收入也达不到这个数字。美国人太铺张浪费了。花自己的钱也就算了，光是水、电、木材、石油这些地球共有的资源就被美国人滥用太多，尤其是圣诞节前后这一个月。”和 Jay 去 Liz 家参加圣诞派对的路上，穿行在火树银花的河流之中，我不禁感叹。

Santa Clarita 只是一个有 18 万人口的小城，属于洛杉矶郡 88 个城市中的一个。想想整个加州，整个美国，我不知道远在地球另一边的我的祖国，是否还有没通电只能点油灯的角落。在我儿时的故乡河北，停电是常事，点油灯也是正常。

我不由得又叹了口气。

扭头看正在开车的 Jay，一脸的认可却坦然。“是的！这就是美国。”记得曾聆听一位国内高官讲话：“世界上没有哪个国家的人比美国人更有自豪感。无论收入高低、社会地位如何，问起他们，I am American（我是美国人）。一脸自豪。”看来也包括这样毫无顾忌地使用资源的豪气。

去年我们也应邀参加了 Liz 家的圣诞派对，记得有一个环节是随机抽取礼物。所有到来者都按规定带一份礼物，放在一堆。每个人抓一个号码在手里，等主持人从盒子里随手抽取一个号码，手中持有相同号码的人上前选一份礼物，并当众打开。然而不要以为这个礼物就是你的了。后面被叫号的人有权不去礼物堆挑礼物，而是抢夺一份别人已经挑选打开了的礼物。被抢夺者只好要么抢别人手中的礼物，要么再去礼品堆里挑一个。一份礼物最多只能易手三次就被“冻结”，不能再被抢夺。

轮到 Jay，他上前挑选了一个包装得很随意的纸袋，打开，是一个迷你彩灯，还没拿热就被后来者抢走。他只好也抢别人的，得到一只纸板插叠成的染成红色的小鸟。我则不好意思抢别人的，在没有什么挑选余地的情况下才被叫到号，打开一个纸袋，是一对仅供装饰的迷你玻璃杯，我在 99 美分店看到过。

“这些人都太小气了，以后我们也没必要那么认真了。”相比于我们去商场花心思采买的羊毛手套与红酒，回家路上我颇为沮丧。

这次，把准备让 Jay 捐给 Goodwill 二手店的一个瓷面具包了一下，再加上一个去年不知谁送的香薰炉。

Jay 虽然一直说礼物不重要，重在参与，可看我如此计较地把自己不喜欢的东西当礼物送还是有些不高兴。

因为在国内待了很长时间，多日不见的 Liz 越发光彩照人。61 岁的她剪了个女学生一样的波波头，穿着露肩背的黑连衣裙，猛一看还有几分青春范儿。

“好久不见。”拥抱问好后，低头选一个标签贴在我背上。“你可以问每个人两个只能回答‘是’或者‘不是’的问题，直到你把背后这个人名是谁搞清楚。”

我扭头看 Jay，他背上贴着的是 Tom Cruise（汤姆·克鲁斯），旁边的一个大块头老妇则是玛丽莲·梦露，不是在后背，而是在前胸，表示她已经猜出来了。

20 多个人进进出出于后院与屋内，认识不认识都开心地互相打招呼，从餐台上取开胃菜吃，烤法棍儿、玉米脆片、烤菠菜芝士、牛油果片、盐水橄榄、生菜沙拉等等。

“我 30 多年前去过中国。当时我在一个旅行社工作，带家人去了好多国家。我们飞到俄罗斯，当时还叫苏联，很不喜欢那里。很冷？对，还不只是天气冷，那儿的人太冷漠了，甚至粗鲁没礼貌。从那儿飞到北京，待了 4 天，中国人太热情了。我们非常喜欢中国！后来？没去过了……” Ric（里克）60 来岁，正跟 Jay 站在那儿聊得热闹，看到我便兴奋地说了这一串。听说他早就离了婚，带着仨孩子过，后来又失了业。等孩子们都离开了，就把房子卖了与人合租一间公寓，周末在教堂的停车场，总见他站在那儿像一团火一样当志愿者指挥人们停车。

当当当。铃响三遍。开始吃正餐。

意式烩虾、奶酪烤蛋、煎德式香肠，今年的主餐似乎格外的丰盛。大家或坐在客厅的沙发上，或坐在后院的凉棚下。夕阳正红，有人端着餐盘站在院墙的铁栅栏旁边吃边欣赏落日。

院里高大的棕榈树在冬日的风中挥动着硕大的叶片。《又见棕榈，又见棕榈》，突然想起少年时读到过的於梨华的这部小说。细节已经不记得了，只记得那是留学海外的年轻人刻骨的心酸挣扎与不敢确定的爱情。棕榈作为洛杉矶最常见的树种，不乏失意的诗意。那孤单的没有枝杈可依的树干，头顶上那少得可怜的干巴巴的、随时会被风摇落的几片叶子，与漂泊无根的人是何其相似。

“Emma，快进来答题！” Jay 冲我招手。

每两人一组，在一张纸上识别隐晦信息。

有的很简单，比如：

24 H in a D（答案是 24 hours in a day，1 天的 24 小时）

26 L of the A（答案是 26 letters of the alphabet，字母表中的 26 个字母）

7 D of the W（答案是 7 days of the week，1 周的 7 天）

有些则需要基本的西方社会常识，比如：

66 B of the B（答案是 66 books of the Bible，圣经的 66 本书）

13 S in the USF（答案是 13 stars in the U. S. flag，美国星条旗上的 13 颗星）

有的需要有一点点小智慧，比如：

9 L of a C（答案是 9 lives of a cat，猫的 9 条命）

13 L in a B D（ 答案是 13 loaves in a Bakers Dozen，面包店里的一打 13 条面包）

因为不许查手机不许问别人，所有人都低头皱眉边想边写。一共 23 道题 Jay 和我只答出来一半，还包括偷听到 Liz 告诉她老公 John（约翰）的“5 T on a F（5 toes on a foot，1 只脚上的 5 个趾头）”。

“不不不，你们不能这么做！不公平！”我们旁边的一对是两个单身中年妇女的组合，其中一人大声嚷道，吓得我一惊，以为她在指责我，扭脸看发现她正指着女主人 Liz。

“你是裁判，你知道答案吧？你不能告诉你丈夫。”那有着蒙娜丽莎宽脑门的女子义正词严一脸认真。

“我并不记得所有答案……”Liz 旋即笑着离开继续收拾厨房，为饮料机加水，给需要的人倒咖啡。

“想不出来就算了，反正我也不想赢。你呢？”那老一点的女人揉着眉头道。

“可是我想赢。”“蒙娜丽莎”仍不屈不挠伏案冥思苦想。

这俩临时组合的对话让我忍不住笑出了声。她们闻声抬头看我一眼，也乐了。

15 分钟时间到，停笔，公布答案，答对最多者是 Eric 夫妇，21 道。Liz 也不收卷验证，听对方嚷着说 21 道就打开壁柜取了一份也不知是什么的礼物让人群传递给他们。

本以为下一道程序是抽奖。可每组又被发给一张绿纸，上面是 24 个方格，里面的卡通图案让看得我一头雾水。

“看图猜圣诞歌名。计时开始。”

要说刚才那个猜谜我还能动脑筋出点力，现在只能指望 Jay 了。

第一道最好猜，画着圣诞铃铛，Jingle bell（《铃儿响叮当》）。最好笑的是有一幅图是 25 个字母，唯独没有 L，居然有首歌名叫 Noel（音似 no el，没有 L）！

自然凡事总有胜者，有人答对了 23 道，又得到 Liz 颁发的奖品。

同时摇铃宣布休息十分钟。

我突然接到国内朋友打来的电话，讨论关于我的新书宣传事宜。出去接听时，突然一个大红的身影从房侧大踏步走过来，“Santa！”圣诞老人真出现了！

个头中等，戴着白边红帽子，一挂白胡子，戴着老花镜，一脸红润慈祥。我忍不住叫了出来！这是我生平第一次在最不经意的时候目睹圣诞老人现身。

“Hi! Merry Christmas（圣诞快乐）!”他冲我挥手，另一只手拽着搭在肩头的大红绒布口袋。

我停了电话，迫不及待地跟他进屋。

几个小孩子已经满眼放光地围上去，激动地等他掏出礼物。“每个孩子都有一份礼物。成人女性也不例外，每人一个，小小的甜—拐—杖。”圣诞老人笑呵呵坐在一张扶手椅上分配快乐。我也得到一个迷你糖果拐杖。

连那几岁的孩子都知道圣诞老人是人扮的。这位是谁呢？我突然发现人群中不见了的Bob（鲍勃），那身高和身形不正像这个红衣老人吗？

我悄声问刚得了奖的Eric：“这是Bob吗？”

“圣诞老人从泰国飞来了，可不是他吗？”Eric故作严肃地盯着我，随即把嘴抿成一条缝，竖起食指示意自己最好闭嘴。Bob 50多岁，一直单身，每年都要趁冬天飞到泰国去度假，最长时甚至待了两个月。“那儿的人太好了，都和善有礼貌。食物也好吃，物价还比美国低。”有一次也是在Liz家，他躺在后院的游泳池边的沙滩椅上，戴着墨镜闭目养神，我逗他说：“你是不是假装此刻在泰国呢？”他乐了。有人问他要不要来块甜点，他一口拒绝：“你难道感觉我还不够甜吗？还要吃额外甜点?!”

“我们一起唱圣诞歌曲吧。”圣诞老人派发完礼物，倡议下一个环节。

Santa Claus is coming to town（《圣诞老人来了》），Joy to the world（《普世欢腾》），Silent night（《平安夜》）……一首一首，20多人的合唱效果好得出奇，每个人都字正腔圆，听得我突然心生感动。多么希望人间多些神圣时刻少些自我得失算计，多么希望每个人都真的相信善践行善。

突然Liz宣布又开始抽签，“下一首歌是12 days of Christmas《圣诞节的十二天》。抽到1至12这些数字的人，每人要唱一句当天所代表的那句歌词。”我一直安心当个听众，没想到抽到了数字11，后面是pipers piping（意思是11个风笛手在吹笛子），可我对歌词和曲调一无所知啊。无助地悄声跟Jay说是否可以跟他换签，“我抽到的是第9天，9 ladies dancing（9个女子在跳舞），也要唱，你那句并不难。”说着他轻声哼唱着教我。这首歌是累积歌词，越唱后面的段落越长，因为要加上前边几天的内容。

“圣诞第一天，我的真爱送给我一只在珍珠树上的鹧鸪，圣诞第二天，我的真爱送给我两只斑鸠和一只珍珠树上的鹧鸪，圣诞第三天，我的真爱送给我三只法国母鸡，两只斑鸠，和一只珍珠树上的鹧鸪……”

轮到我，好歹跑着调唱出了那句 11 pipers piping，所幸是第十一天，只需要单独唱两遍这句话。我看到大家冲我微笑鼓掌以示鼓励。

3

终于到了抢和偷礼物环节。所有人或站或坐，都盯着客厅一角那一堆包装得花花绿绿的礼物。依然是抽签，再由专人从一个罐子里抽出一张念号，被念到号的人上前去挑一份礼物，或者，如果你眼馋别人手中已经挑到的礼物，你可以直接去抢过来，那人则需要再去挑一个或抢一个别人手中的礼物。

Eric 夫妇一向对到手的礼物攥得很紧，去年他太太 Judy（朱迪）抢了别人的金属制的酸黄瓜，说挂在家里的圣诞树上会非常漂亮，当别人流露出想抢的意思时，俩人紧张得憋红了脸，像孩子一样认真捍卫着到手的黄瓜，最终别人都不好意思抢了。他们夫妇年过 50，有一儿一女，都没有稳定的工作，前不久学艺术的儿子又搬回家住了。更可怕的是，30 岁的女儿 Anne（安妮）居然当了姥姥，“她 15 岁就生了女儿，没想到她女儿复制了她的人生，也怀孕生子了……都没有男人负责。”Eric 经济上想必不宽松，他一向喜欢长跑，每个周末都跟着一个跑步俱乐部跑步，多次去各地跑马拉松，可今年即便马拉松就在本地举办，他却告诉 Jay 说如果能得到免费的票就跑，否则就不参加了。最后他果然没参加。去朋友家开派对他们不好意思空手，总带一个自烤的面包，好吃又不费钱。

今年 Eric 手气又不错，一下挑到了一大盒巧克力，足有两磅。“我需要这个，你们没看我都瘦了不少吗?”他坐回去把巧克力抱在胸前跟左右每个人都声明着。几轮之后，偏有不开眼的，上前抢走了这巧克力，Eric 沉默着没吭声，一边 Judy 则当即大叫着说不，想从对方手里抢回来。她是南美洲人，本就有些黑，因为着急，红涨着脸，让她显得更黑。

“不用急，你们有机会再挑一件礼物，说不定比这更好呢。”主人 Liz 上前打圆场。

Eric 站起来，四下环顾，看谁手里的礼物合心愿。“抢 Ric 手里那个烤培根机，那不错。”Judy 也不顾旁人，自顾下着命令。Eric 起身上前，毫无悬念地拿到了。

可好景不长，培根机又被Tracy夫妇惦记上了，轮到他们挑礼物，也高视阔步直奔Eric，抢走了培根机。Eric只好又再次上阵，“巧克力!”随着Judy的喊声，那巧克力再次回到Eric的怀抱。“冻结!”按规定一个礼物只能被抢两次就“冻结”，这下Eric终于踏实吃定巧克力了。

一瓶龙舌兰酒，一篮子坚果和一个松鼠形状的金属夹子，一对松果状玻璃台灯，都成了追抢的热门礼物。

我和Jay今年也没像去年那样去挑礼物试手气，因为被念到的票号靠后，已经没有多少可挑选的余地了。我们都去抢了别人手中已经打开的礼物，他得到一盒三瓶的牛排烧烤酱，我得到红酒开瓶器具一套。

我们的那两个小礼物显然都不很受欢迎。瓷器面具被Rick抽到，打开看时，他脸上的表情告诉我他并不喜欢，好在安全，没人跟他抢。但众人都好心地安慰他说：“哇，好看，戏剧脸谱，可以挂在壁炉前哦。”甚至轮到我挑礼物时，Liz知道我喜欢艺术，还怂恿我去抢Rick这个面具，我心知肚明，打量了上面还留有我的指纹并在我家厨房挂了一年多的这个脸谱一眼，问她是否介意我抢她的红酒开瓶器，她当然说不介意。

另一件香薰炉礼物没被装在纸袋里，而是放在塑料袋里，众人都可能嫌弃怀疑不是好东西而没有挑拣。最后一位挑选礼物的人，Liz的老公John只好上前认领了。“我喜欢这个，不仅有香薰炉，还有一盒蜡烛呢。”他不知是真喜欢还是硬着头皮说好。反正香薰炉归他这个拥有二十套出租屋的千万富翁了。

“我好喜欢你这个开酒器，但我知道你喜欢，就没跟你抢。”Liz走过来跟我们道别，一边拥抱大声嚷着，一边打量着我的礼物。她跟我同龄，和丈夫John育有一儿一女。“我女儿去了UCSD（University of California，San Diego，加利福尼亚大学圣地亚哥分校）读书，我们是不支持的，学费太贵。她的学费多数是贷款，将来毕业还。儿子高中毕业不想学了，准备一个月后去一个职业学校学电工，据说包分配工作。老公John已经在这个公司干了快两年了，去的时候说是当销售人员，结果却让他去开卡车送货。他人老实好说话，即使不想去也没推辞，每天都累个半死。可他不能失业，我已经没活儿干快两年了，考房产中介没通过，去求职对方总是说等等看，就再也没有消息了。我想可能是因为我年纪大了，人家表面上不说，谁不希望用年轻人呢……”本来只是道别，瘦削得像火柴棍儿的Liz快人快语跟我诉起了苦。她和大多数美国人一样，即使人到中年，仍是一脸无辜无知的少女表情，永远没学会如何过日子，只能对付人生。“我16岁就做人流手术了，后来就没去读大学，可能这也是不好找工作的一个原因。”

除了同情，我真找不到话语安慰她。

“今年美国经济看来真的是走强了，你们的特朗普总统没白承诺。大家日子似乎好过了，带的礼物都比去年上档次了。”回家路上，我跟Jay说。

“也许吧，可看看Liz和Eric一家，现任政府实行的是trickle down（涓滴效应）福利原则，越是上游的有钱人获得的好处越多，而下游或底层的民众受益越少。”

无语。

在这弱肉强食的世界，除了相信能力，还得靠运气。圣诞老人说白了只是个连孩子们都不相信的神话，温暖、华丽的气氛是如此脆弱。那彩灯明灭眨着眼，像一枚枚永远都不能孵化的蛋。

隐形的保佑

1

“南加州从来不下雨”。客居洛杉矶六年了，我才发现这句歌词有些偏颇。南加州并不是从来不下雨，而是春夏秋三季很少下雨，但一进了冬天，南加州就迎来了它的雨季。

今年就是如此，一进十二月，雨水就没断过。不是贵如油的春雨淅淅沥沥，也不是夏天的瓢泼大雨，而是早上还晴空万里，临近中午乌云快速悄然汇聚，似乎只是瞬间，像谁突然拧开了城市的喷灌开关，雨水就“哗啦啦”开始冲洗大地上的一切。几天后，雨阵撤军了，太阳又从蓝天上照耀一切，可那雨的痕迹仍顽固地显示着它的造访力量之强大。有不少人家的房顶上出现了敲敲打打、重铺油毛毡的墨西哥工人，房顶漏水了！长年干涸的河沟里有水在奔流，河谷里的灌木像来不及躲避的孩子，被水定住了，站在齐腰的水里不知所措。开车出门，所到之处，全是深深浅浅的绿色，树木们被冲洗得像刚淋浴过的男人女人，尤其醒目的是山上坡上，几天前本是焦黄的面目，一夜间换上了柔嫩的绿色肌肤，像我在餐馆里看到的那几个刚结束五彩泥赛跑的少女，有意让那色彩张扬在发际额角和衣衫上。

人们先是欣喜于这雨水的恩泽，走在街上，陌生人相遇了也会微笑着聊上几句这久旱之后的甘露。可随着雨水过于勤快的来访，尤其是一连几天的暴风雨，不时有报道哪儿的路轨被淹了导致火车取消，哪个小区被围困市政人员连续抽水作业以免人员伤亡，百年老树被连根拔起压倒七八辆汽车、压塌若干间民房的新闻更是让人瞠目结舌，电视台的气象预报员的口气也似如临大敌。而这雨水带来的灾害刚引起人类的警觉和抱怨，一连多少天，又回归晴空万里风和日丽，似乎雨季只是上个世纪的回忆。

Jay 这自小在加州长大的人也是喜欢雨天的。听到我说起人们的恐惧和报怨，他总不以为然，即使他因为一场暴雨，本来半小时的车程，花了三个小时才开回家。“毕竟利大于弊，加州太需要雨水了。而且，你没见后院你的植物们更漂亮了吗?”

还真不尽然。

雨水的酸性确实让植物们大补了营养，可让我吃惊的是，除了一下就是六七天的雨，洛杉矶居然还下冰雹！

那个雨天我正在一楼的书房写字，小猫火球像往常一样有些郁闷，因为它不能去院子里搜索猎物了。后院的大树下、灌木丛是它的最爱，蜥蜴、蜂鸟、蚂蚱，凡是活物，它见到都先是瞪眼屏气，继而四蹄发力、一跃而起，虽然不能百发百中，但也能不时叼着战利品进屋，像个打仗回来的小将。我见过尾巴断了、肠子拖在地上的蜥蜴，见过挣扎着脱落了一地柔细羽毛的蜂鸟，虽然仍感到血腥、暴力、恶心，但我告诉自己接受事实：捕猎是猫这半驯化动物的天性，与豹子、狮子、老虎一样，我不能期待这小型猫科动物完全像猪和狗一样失去所有野性。好在它从不吃猎物，我暗自欣慰，否则怎么也不会让它睡在我的床上啊。

"听了你别难受啊，那天我眼看它吃了一只蚂蚱。先是用嘴叼回来，放在屋外的水泥地上让我看，结果那蚂蚱还蹦着想逃开，火球一掌拍上去落空了，它继续逃，于是这小家伙就连嘴带掌一起上，可能那蚂蚱残碎的汁液让它感觉味道不差，它竟一口吞吃了！"Jay 的描述让我不知该佩服还是该厌恶这只十岁的小家伙。

不能出去玩儿的火球蹲在窗台上望天，安静而专注，像个小哨兵。雨声突然变了，不是嘀嘀嗒嗒，而是嘁嘁喳喳。我没在意，继续敲字。突然火球像受了惊扰一般，跳下窗，一溜烟跑进客厅，躲在沙发后蜷缩着。我扭脸望向窗外，才惊见草坪上、墙头上已覆盖着一层白色的晶体。

打开推拉门，才发现后院木廊下的水泥地面上全是指甲盖大小的冰雹！抬眼打量那些露养或盆栽的花们多肉们，不仅栉风沐雨，还夹带着冰雹的洗礼。端进屋里？遮盖塑料布？这些念头都被我很快打消了。对待花草，我的观念向来是像对待孩子，可以给予百分百的爱，浇水、除虫、施肥、换盆、通风，每天的巡视欣赏必不可少，但绝不娇惯。只有经历大自然的风霜日月，才能做到适者生存。

Jay 戏谑地把后院叫作我的 Zen Garden（禅花园），不仅因为后院是我最钟爱的家的一部分，让我心甘情愿地吃了不少体力之苦，还禅修一般逐渐学会接受"disguised blessing"（乔装打扮的，或者说是隐形的保佑）。我逐渐悟到，在这个坏人随时出没、坏事不期而至的尘世，不要急于抱怨或气恼。因为，你永远不知道，事情最后会出现怎么样的峰回路转、柳暗花明。

2

先说那露天凉棚吧。这500平方米左右的后院，三面是淡褐色砖墙，除了与房子后门相邻的一小块红砖地面，其余全是草坪。两棵漆树各据东西墙角，都有一人怀抱粗，树干底部结满遒劲的树瘤，像祖父脸上的老人斑，不仅不丑，反而亲切。我和Jay一直商量在水泥地面上搭一个露天阳光凉棚，这样坐在下面就可以充分享受加州的阳光了。一打听不久前刚搭了这类凉棚的邻居，居然说花了1.4万美元，听得直让我肉疼。四根小腿肚子粗的木柱子，顶上隔几厘米纵着或横着钉上些木板条，仅此而已，居然要10万元人民币！我知道美国人工很贵，但也太离谱了吧。

可在这加州蓝天白云下，一个没有凉棚的后院，怎么看都有些缺憾。Jay在黄页电话簿上找到一个号称专门做凉棚的小公司，报价7200美元，前提是不负责刷漆。于是某天那个穿杏黄T恤的老板Ken（肯）过来看场地量尺寸，当即签了简单的合同。几天后，他带着一高一矮两个墨西哥工人运来一堆裁切好的木板，说是松木。“给你们三天时间刷漆，一天时间晾干。下周，我们过来先把三根柱子立起来，等一天让柱子周围的水泥干透了，就来钉木板。预计一共一周时间。”Ken黧黑精明，走过之处总留下一股倩碧快乐男士古龙水味道。我对利落的他挺有好感，尤其是在听他说之所以拖延到今天才来，是因为上周和太太去度假以庆银婚以后。

我和Jay事先考察过Home Depot（美国家德宝公司）的油漆，咨询了售货员后花了300美元买足了室外用的面漆和底漆，雪花白，是让店员根据我们选中的色卡现场调的。又花了一个周末来当油漆工。Jay细心地在红砖地上铺了塑料，以免油漆溅上去，我们俩的工作服却不能幸免，全是斑驳的白色漆块。开始还打算用汽油清洗，后来干脆放弃。其间Ken开着小货车过来送水泥，看到我们的战果，直说干得好，大赞不已。

跟他聊天，才得知他是俄罗斯移民，已经第三代了。小公司是他自己的，不需要办公室，只要有足够的干活家什，大街上找几个能干活的人就齐活。当然日久天长，他已经有几个固定的伙计了，有活儿就干，分钱，没活儿各自歇着，互不耽误。“那个矮个儿的家伙，叫Pepe（佩佩），我不在场时，他就盯着摊儿，有事你们跟他说就行。”

我数了一下，粗细一共106根木头，每个都要刷四面。我们自恃买的底漆质量好，没打算刷两遍，只涂一遍，再加一遍面漆。因为我们腰酸背疼的身体很快证明这工作量确实不小。

“我们应该问问Ken，如果他的公司负责刷漆，得多收多少钱。”Jay边打开一罐新的漆边笑道。他干活儿细，比我慢，被我嘲笑是慢蜗牛。

“我估计至少得多收1000美元吧。”我戴着遮阳帽，可还是晒黑了许多。

“不止，怎么也得两三千。”他的回答让我干得更有劲了，似乎真的省下了那么大一笔钱，我们的劳动立即有了回报，还挺可观。

周一，Jay去上班，我自己又用了半天多把剩下的20多根木头刷完。一边干活儿，一边感恩，感恩于这加州秋天的阳光，不用担心下雨不说，不足一个时辰漆就干透了，木头们可以互相搭放，省了许多时间和空间。

到了Ken指挥工人们立桩的时间。他本人并没来，只让Pepe两个伙计带着电钻等家什来了。“我们要在地砖上打一排溜三个坑，放凉棚的柱子。另外一端不用柱子，直接搭在房屋的墙上，在一楼和二楼的窗户之间。”Pepe的墨西哥英语不好懂，但我还是听明白了。我说如果你们需要喝水就说一声，我提供冰矿泉水。

院里电钻响了半小时，忽然我听到敲玻璃门的声音。

“按要求是打25英寸深的坑，可现在发现打了20英寸了，地下仍是水泥没见着土。我问了下Ken，他说让你们去市政府负责批文的办公室征求下意见，看怎么办才能通过验收。我们很少遇到这种情况。”Pepe的浓眉毛都快连在一起了，他一边用袖子擦汗一边说。

之前可能是看Jay好说话，本该是施工方去市政府申请的许可证，Ken也让Jay自己去跑，200美元的费用Jay自掏腰包不说，还得搭上时间。好在Jay说挺容易的，在网上找到相关表格，填好，上班前开车到市政厅，找到那负责民用住宅建筑施工的部门，递表交钱，前后不过20分钟。现在那白纸黑字的许可证就贴在小侧门上。

“不得到政府许可就不能建吗？在自家后院搭个棚子还这么麻烦！”我开始还不解。

“我相信也有人不申请政府许可就建的，看起来是省钱省事，可长远看并不划算。首先，有了政府许可证，在规定时间内施工，邻居不能告我们扰邻。其次，施工过程中，政府会派人来察看施工是否规范安全，施工完成后也会来验收，解决了我们的安全隐患。最后，将来如果这房子要出售，因为手续完整，这个后建的凉棚的价值也会被加进房屋总价，有利于升值。”Jay 不愧是理工男，考虑问题理性，一脑子干货。

现在既然遇到实际问题，Jay 第二天只好又去了一趟市政部门，把我提前拍好的照片也打印出来附后。回来后纸上已被相关人员写明符合安全规范的操作。

Ken 第二天亲自来了，照着纸上的要求安排 Pepe 两人继续干活儿，然后又开车走了。

第三天，搭棚子。两人像玩乐高游戏一般，三下五除二，嘁哩喀喳，边唱着墨西哥小曲就变戏法儿一样让那五百平方英尺的凉棚立在那儿了！我开始还担心不够结实，可看体重都得有二百磅的他们居然站在上面走来走去，一下就顾虑全消了。中午，两人听着手机里的墨西哥音乐吃了自带的 taco（玉米饼夹肉和菜），喝着我从冰箱拿出来的水，那高个儿还躺在木板上打了个盹儿。

“你如果需要铺水泥地面或搭烧烤架子的活儿，可以直接找我。凉棚不行，这必须得有资质才能接。”Pepe 想拉私活儿，给我看他手机里的照片，是最普通甚至丑陋的水泥地面和水泥台子。我笑笑说好吧，心中不以为意。这么粗陋的活儿，马路边儿上立着等活儿的非法移民一抓一大把。

临走，Pepe 说好第二天还过来一趟，把镶在房屋那头的钢螺栓盖上一层木板，以便好看些。

Jay 回来了，我们俩喜滋滋地欣赏着这有些北欧风格的凉棚，或许是自己也付出了劳动，感觉格外有成就感。

晚饭还没吃完，就听到 Jay 的手机响，是 Ken 打来的。“我得跟你们说一下，因为挖坑遇到的问题，我的工人跑了两趟才把那柱子立好，所以，你们要付额外的 750 美元给我。”

太过分了吧！这明摆着是敲竹杠。合同里只写明总价多少钱，根本没有料钱、工钱的细则，更没有几天工期跑多少趟的限定，快干完了，他又突然这般加价。

“他一开始只收了 1500 美元，说订木头，可见是信任咱们的。现在他要加钱，咱也不能一分不给吧。”Jay 一向是好人好说话。

“坚决不给，一分也不给。不行就找地方说理去。收费得有根据，他太无理取闹了，就是看咱们太好说话。”我自作主张，不给，并让 Jay 发了信息给他解释我们不付的理由。

Ken 没回。我们边吃饭边纳闷，想他是否偃旗息鼓了。

正在收拾碗筷，听到了门铃响。Jay 去开门，居然是 Ken。

仍是穿着那杏红的 T 恤，仍是一阵快乐古龙水的味道，顶着寸头的他突然没有了那热情的笑容，薄嘴唇紧抿着，目光杀人，说我们不给付额外的钱，他就不让工人来了，反正也基本完工了。不等我们请，他大摇大摆直奔后院，打量了一眼那已经架好的凉棚，开始收拾脚手架等工具说他不会派人再来了。

我上前跟他理论，他自然不理睬，只梗着脖子让 Jay 立马给他写支票，把余额付清，人货两清，他走人不纠结。

我估计他考虑既然不能收取额外的钱，少让俩工人跑一趟也至少可以少付他们半天的工钱，这样他也不吃亏。

“我们如果今晚不写支票给你又如何？你的活儿还没干完呢。Pepe 说明天还过来呢。再者说，你让我们多买了 20 根木头，浪费了钱还不说，还搭进了我们许多没必要的时间为它们刷漆……”我的气不打一处来。

“木料多出来是常有的事，总比少了再去买强。”我才发现 Ken 的嘴唇很薄。中国的相术上说这种人比较刻薄，看来还真没错，他总能没理搅理。

“不给钱我就不走，我可以请法院判决说欠款不付，你们的房子会被没收拍卖的……你这人才不讲理!”他黑着一张脸，肩膀半倚在门框上，一副无赖嘴脸，再也不是那个有说有笑的干练包工头。

好脾气的 Jay 也忍不住了，看他一眼制止道：“你不能这样说她!”

为了息事宁人，他上楼去取支票，写了递给他：“钱给你，你走吧。”

“享受你们的凉棚吧!”扔下一句话，Ken 搬着脚手架扭头走了。

第二天，Jay 去上班了，我蹬着梯子用剩余的涂料把墙上那裸露的金属铆钉和木板全部油漆一遍，一下子看着不像未完工一般的刺眼了。上下左右腾挪半天，我把施工时弄脏的地方、碰掉漆的地方全部补活儿一遍。退到后院树下打量，这洁白的凉棚还真给小院加分不少。所有的劳累与气愤都似乎瞬间得到了补偿。

再过些天，跟 Jay 商量，是否可以用剩余的木料在侧院夹道搭一个工具棚。

本来一直想买一个，但因为那个地方过于窄小，所有现成的工具棚都不合适。两根扁长的木头一重叠，就成了正方形，4 英寸 ×4英寸，正好可以当柱子，再用其余的搭在四根柱子上面，在这个平面上，用三块不锈钢板盖在上面当棚顶。嫌原色不锈钢不好看，我们又把它们刷成灰蓝色。Jay 是工具控，但凡用得着的工具，一定要买来，还是买新的，哪怕一辈子只用得上一次。他一直心仪无线手柄电钻，正好在促销，一下买了一套，花去 100 美元。

两个周末下来，一个简易的工具棚就立在那儿了。割草机、铁锹、灌木剪、旧花盆、园土、鸡粪肥、梯子、耙子等，全部从车库大挪移到了这个棚子里。没有门不怕，我让 Jay 把某次在二手店淘到的一个日式竹卷帘钉在门楣上，上下拉动便可以卷起或落下，这小小的工具棚立即有了私密空间。我站在后院草坪上，发现这个角落一点儿也不难看。

"我是否抱怨过早了？要不是 Ken 让我们多买了木料，我们可能不会想起来要自己搭一个这样的棚子。"晚饭后照例去散步，我对 Jay 说。

Jay 只是微笑，轻声应和说："是啊，因祸得福，有些事当下看起来是坏事，可其实是好事的伪装。"

3

这世间，没有什么比明白一个道理更容易的事了。就像在微信上，总有人在晒人生智慧揭人性秘密，我读了那万分正确的文字，总忍不住联想这个晒者自己的为人，许多时候分明感觉言行不搭界啊。明白、赞同、传播一个无比正确的道理跟他（她）是否真能做到其实没有半毛钱关系。人这最自以为是的动物，往往又最爱显示高深。就像我一个邻居，总跟我指责她老公刷牙糊弄，"保护好牙齿多重要啊。我跟他说，想象那牙刷是你加长的手指头，逐一按摩你的牙齿呢……"我猛然看到她两颗黑黑的槽牙，旁边还有一个大大的牙洞，除了微笑，我真没好意思接话。

我在这异国山谷的禅修也是如此。

在新居里迎来的第一个冬天，雨水过去后，发现前院走廊漏水了。距屋门一步之遥，地上湿淋淋的一片。

小洞不补，大洞吃苦。Jay 的保龄球友介绍了一个朋友 Jeff（杰夫），说是专门做建筑维修的，预约了第二天上门来察看估价。

我开门迎候到一个高大帅气的金发白人男子，自我介绍后，他架起我们车库里的梯子麻利地攀上去，走在有些坡度的房顶上如履平地，还不时用手机拍照。

“你说这房子建于 1991 年，看啊，这房子上的瓦片有些已经破损开裂了，导致雨水会渗下去，如果正巧下面铺的那层防水布老化了，房子就会漏。超过 25 年，按说就应该把屋顶彻底重新做防水。否则修了这一个漏洞没准儿另一个地方也会出问题。”他浓眉大眼，一身正气，我这向来轻率以貌取人的女子相信他说得没错。

当然还没糊涂到耻于谈钱的地步。

“只修这漏雨的地方，三四百美元吧。整个屋顶重新做防水，七八千美元。我知道这是一笔不小的钱。我家里的房子需要做我都没动工呢，不是没时间，我没那么多闲钱啊。”他笑笑，一点也不掩饰地自曝“家丑”。他甚至建议说我们也可以做一半。

美国人没机会挣钱就闲待着，一旦有机会干点活儿就把身段抬起来，似乎收费不够高就对不起自己。

Jay 后来查明 Jeff 做的业务很杂，不是专做防水的。我便决定托熟人找个华工，第一好交流，第二中国人做事还是比粗枝大叶的美国人要细致，第三真有意外也好协商解决。我看到电视上美国人即使是好朋友，为了两三百美元也能撕破脸闹上法庭。再说经过了凉棚风波，我可不想再跟老美扯皮了。

于是电话一位熟识女友 K，和许多中国人一样，来美二十年的 K 做地产中介谋生。我想她可能会认识修房顶的工人。

一个微信过去，她就推送给我一张名片，号称陈先生，虽然没有姓名，但有电话、有微信，有维修服务项目，各种屋顶漏水是主打。

电话打过去，响起一个广东口音的苍老男声。说让我加他微信，把漏水照片发给他看看。

马化腾一定会很高兴，如果知道两个华人在美国用微信交流做修房顶生意。

“很简单，可以修。300 美元。因为你那儿离我比较远。开车要一小时呢。但我保质，一年内，一旦有问题，我还会再跑过去负责修好。”此人话不多，声调也干巴巴的，但他承诺的一切已经够了。

说好周末过来。周五晚上我电话他核实。

“我去不了了，太忙。下周三吧。”他仍是不急不慌的样子。

虽然天气预报说下周三又有雨，但只能听天由命了。

到了周二晚上，我再电话他。不接。担心他不当回事，我又拜托 K 电话他。回复说周三早上再电话确定。

“你这中国工人怎么听着不太像做生意的呀。”Jay 看我一遍遍电话追踪，有些揶揄地道。

我再看那人的微信朋友圈，不少怀旧金曲，从《真的好想你》到《涛声依旧》。再有就是华人范围聚会的地点通告转发。他的公司在网上更是不可能搜寻得到，看来是个专在华人圈子里接私活的皮包公司。

好在第二天早上打通了电话，说他十二点赶到。“我说一声，只收现金啊。”他干巴巴地追了一句。

上午的天一直阴沉着，雨悬在厚厚的灰云层中，随时抖开包袱就可以哗啦啦倾洒下来。

十二点，人没影。电话，无人接。直到一点，他接了，说在路上了，快到了。两点半，旁边小学的孩子们都放学走光了，也没见到这位中国老兄的影子。

我告诫自己千万不要发火，因为那没有一丝好处。

三点一刻，一辆破旧得快报废的皮卡终于停到了路边。两架沾满灰浆的梯子、一个裸露着沥青的黑塑料桶、十几块半新的瓦片、几块牛毛毯，都胡乱堆放在不大的车斗里。一个比我还矮小的黑瘦老伯推门跳下车来。

“怎么花了那么长时间才赶到啊？”我努力让自己面无愠色，上前打招呼。

“塞车啊！”他没有丝毫歉意，自顾朝门口走去，“我可以用下洗手间吧？”

当然。

他像穿拖鞋一般趿着一双半旅游鞋半皮鞋的中腰黑靴，双脚后跟互相一挤，那鞋就从脚上脱落在门口的鞋垫上。他赤脚大步走进屋，像回到家里一样径直往前走着，在我的指引下钻进厕所。

几分钟后他从房上巡视下来，也跟 Jeff 一样拿着手机里的照片让我看。

“你看这几块瓦裂了，一定要换。你知道吗？我们修屋顶，瓦片是单收钱的哦，一片 30 美元。你这里需要换 4 片。就这一个地方漏吗？”他盯着我，眯着小眼睛，老辣地似乎在打量一个小毛孩子。

我想起 Jay 说过他二楼书房的墙角有一些泛黄的水痕，但没见到有水滴下来过。

“有水渍就表示是漏水了。我上去看看。”他说着又蹬梯子上房了。

“你需要喝水就说一声啊。”我还是希望表达自己的善意，从冰箱拿出来两瓶矿泉水。

“凉水我不喝的。有茶吗？什么茶都可以。给我倒这里吧。”他取出一个大号军用水壶，拧开，倒在壶盖里一些微冒热气的红色的水，几粒枸杞浮在上面。

我回屋抓了把朋友新捎来的龙井，丢进这军用水壶里，又新烧了开水沏进去，拿出去递给他。

“你二楼书房也有两片瓦坏了，这两个地方都修吗？我给你优惠，就收 500 美元，瓦片钱单算，一共收你 600 美元好啦。”他呷口茶，仍是眯缝着小眼睛打量着我。

“你是哪里人啊？嫁美国人留下来的吧？我嘛，1989 年出来的，申请政治庇护嘛，虽说当时容易留下来，可后来转身份花了不少钱请律师。自己不懂嘛。房子？我早些年买的，十几万美元，现在也都四五十万美元了。投资？哪有钱，我小孩子太多啊……”他似乎感觉说自己太多了，脸居然有些泛红，住嘴喝茶。

我说要问下主人是否同意他的报价，我毕竟不是房主。他说好啊他先上去修前廊那块地方。不过，要再用一下厕所。我想看来这位喝着枸杞水的老兄肾功能不是很好。

Jay 说既然来了就一并修了吧，省得以后真漏了再找人。“可我只有 300 美元现金啊。没想到他越算钱越多。瓦片也单算钱……”

Jay 说要么等他下班回来付钱，要么就一半现金一半支票。

一个多小时过去了。云层终于兜不住雨水了，大滴大滴打在地上、房上。我听得房顶上瓦片挪动的声音。拉开门去看时，这位陈先生已经下来了，说两个地方都修好了。

我提出付款方案，本以为他会等现金。没想到却是“剩下的你给我写支票好了，我不想等了，很忙啊”。

他一屁股坐在前廊下的一把椅子上，等着我进屋写支票。

“是我啊，有时间吗？我带你去做会儿按摩？……”

即使门关着，我仍听到前廊的他在打电话，口气亲昵甚至有点猥琐。

我不知道华人区的按摩方式和价位，只知道美国人开的 Envy Spa 不足一小时至少也收费 80 美元呢。我是从来不去问津的。

我突然想起来并不知道他的名字，便开门问他支票抬头写给谁。“写 CHEN 就好啦！”他不假思索地道。

接过支票，一张张数着我头晚从柜员机取出来的一叠 15 张现钞，美国银行柜员机取现，最大面额 20 美元。

突然想起 Jay 叮嘱我要发票。

我以为他会说没有，拒绝，没想到他闻声立即从口袋里掏出一张冰箱贴大小的纸，圆珠笔一挥，写下：今收到屋顶维修费 600 美元（含现金 300 美元）。保修期一年。

他刚离开一会儿 Jay 就回来了，天已经黑了。

我给他看那收据，虽然是中文，但至少是个依据。“我并没提醒他，他自己主动写上保质期一年的。无论如何我们中国人还是讲信用的，至少不会像 Ken 那样临时找理由敲竹杠。”

他微笑着吃着一盒酸奶说好啊。

第三天晚上，雨水如注，直到天明。

拉开门一看，地上又是一摊廊上漏下来的水。

心一下子提到了嗓子眼儿。这中国人的手艺比这雨水还潮啊。

电话陈先生，不接。留言，不回。找 K 过问，也说没打通，但抱歉地承诺会再找他。

晚上，才接到陈先生打过来的电话。“又漏了？我最近在忙别的屋子，过些时候再去看看。周末你电话我看看。”

周末依言电话过去，倒是接了。“这个周末是中国的春节啊，我要休息。再说了，我再跑一趟，那么远，是要单收 100 美元的哦……”

我再也懒得跟他求爷爷告奶奶了。直接把电话挂断了。

“我也没想到这人那么不可靠啊。真抱歉啊。其实我跟他不熟，只见过一面，是他一个亲戚来洛杉矶时托我租过一段时间的房子。”K 也无奈地实情相告。

谁没遇到过臭虫啊，算了。我安慰她，也安慰自己。

唯一能做的就是电话银行，问能否冻结那张我手写给他的支票。

中国的大年初一早上，我抱着电话打给华美银行请求冻结我百年不遇才写一张的支票。“你最好告知他不要去存兑那张支票了，否则他会被银行罚款。”Jay 仍好心提醒我。

于是我发了一个微信给他告知。没动静。

几天后，看到有电话打来，是他的号码。我不接。不想让自己生气地指责他。一会儿，收到他的信息，问我开给他的是哪张支票，他手头支票很多，分不清楚了。我把手机拍过的那张支票照片发送给他。

此后，满是愠怒。无商不奸？在这异国他乡，受到同胞的欺诈，尤其让人意难平啊！

Jay 此后一直忙于公司的项目，再也没空理会漏水的房顶。好在雨停了。

再过了一段日子，又是几场雨水接踵而至，居然，竟然，那屋顶不漏了！

且慢，观察一下再高兴也不迟。又是几场不小的雨阵，像是专为考验这屋顶而来。居然，仍然，没，漏。

东市买骏马，西市考驾照

CANTER'S
PARKING ONLY
ALL OTHERS WILL BE TOWED AWAY
AT VEHICLE OWNERS EXPENSE C.V.C 22658A
1½ Hrs. FREE With Restaurant Validation
30 Min. FREE With Bakery or Deli $3.00 min Purchase
Overtime Charges $1.00 Each 30 Min. $10.00 Max
Overtime Charges Permitted Only While In
Canter's Or Your Car Will Be Towed

1

2018 年 2 月 16 日，中国的大年初一，我终于拿到了在美国的驾照。

那是个周五，我和 Jay 回家装上行李，直奔海滨小城圣芭芭拉去庆祝。

这一天，似乎比任何日子都让我激动难忘。

“瞧你，好像比找到一个好老公还高兴?”Jay 笑着说。

结婚、庆生等人生大事似乎都是在你自己的安排之中，只要你愿意，你随时可以去登记去庆贺，可这驾照考试，还真不是由你自己说了算。劳神费脑不说，还极考验心理素质，更检验人品。网上不是说吗？真正上路开得行云流水，一遇到考试，失败掉的所谓老司机不比战战兢兢的新手少。

说起来从小学到大学，再到边工作边读研，一路不说过关斩将，也算踉踉跄跄、跌跌撞撞没对考试犯过太多怵。即使当年高考那千军万马过独木桥的 1/4 的录取概率，我也尽人事听天命地半从容半糊涂地没被挤下去，至今记得当年高考的分数：486 分，六门。

可我从没想到自己要在考驾照这件事上大费周折。

当年在北京的媒体圈漂着，看着年轻的小同事们一个个都开始练车拿驾照，我也心痒痒。毕竟北京太大了，坐公交去哪儿都耗时，打车太贵，宁可用那点车马费攒起来付房子首付，毕竟 2003 年北京南三环的新房才三四千元一平方米。

托报社领导的司机帮忙在某驾校报名，却被告知我是“有驾照的”。使劲回想才记起四五年前在河北某党报当记者时曾有过一个摩托车驾照，当时也是托人交钱就拿到的，根本没经过任何考试。然而因为胆儿太小，那肉包铁的摩托一次也没骑过，买了是因为在那小城有辆摩托车上下班感觉还挺拉风。很快那车就被运到小县城给父亲当了代步工具。我从没以为我自此就算是有驾照的人了。

当时一念之差，却带来了这意想不到的麻烦。我只好又托人去注销驾照。

后来趁寒假专门回河北小县城找了驾校的师傅直接上路练习，一辆该淘汰的 212 吉普车，我憋着一口气在山路上穿梭迂回于运煤的大拖挂们中间，现在想想不禁后怕，也无比佩服我那个同姓的 60 多岁的师傅大人。

然后去市里考试，笔试轻松过关。轮到路考，第一轮倒库就把人家的门柱子撞断了。那监考官气得对我破口大骂，似乎那些脏字都不够解恨，他恶狠狠地瞪着我，让我下车滚回家去。

这一切都没熄灭我要开车的热情，同考的有一位大学同学，他也心虚怕不过居然都没敢上车。我们于是请了私教，起早贪黑苦战两个月，最后都拿到了那小本子。那岂止是驾照？那是被无限拓宽的生活半径。

在中国开车五六年后，我到美国工作。因为工作部门特殊，直接用国内驾照在美国的车管所验了一个视力，两周后，驾照到了。

有人说在中国能开车的，到美国都没问题，人家开车规矩，还地广人稀。基本上是如此，但也有些小小的交规要格外注意，比如在路口没有红绿灯的停止标识前的停驻和对行人的绝对礼让等。

活动空间有限，我的车四年才行驶了两万英里。唯一一次吃罚单是从旧金山回洛杉矶的高速上超速20英里。

“女士，你有急事也不能超速啊。你真打算以93英里的时速开到家吗？”可能看我认错态度较好，那拉着警笛追赶上我的英俊小巡警罚单是开了，但将我的超速20英里降为10英里。半个月后，我收到罚款书，239美元！

2015年回国，北京的大街小巷都已经变成停车场了，甚至许多车就停在马路中间和人行道上。我先是惊讶，感觉这些无车位的车主们被逼急了冒着被贴罚单的风险也要铤而走险，实在让人哭笑不得地联想到找不到厕所而随地大小便的醉鬼。

我在国内开过几次车，发现总是被后面的车“嘀嘀”催促，原因是我让行人先走了。还有一次去探访住在热闹市区的梁晓声先生，让我着实狼狈不堪。在那摩托车自行车小商贩都摩肩接踵共行的窄巷，我开着车一头大汗，生怕剐蹭到了谁。当然，我也像心疼老马一般心疼我的车，毕竟跟我在异国相守四年后漂洋过海来到北京。“就你这技术，还开宝马！”一位骑摩托的大爷都超过我的车了，又一只脚点地停下，扭头回来狠狠瞪着我。他一脸的愤怒和不屑，让我瞬间以为是那个车管所的监考官一路在跟踪着我。

北京有了四通八达的地铁，有了滴滴打车，有了小黄车，我彻底放弃开车了。

直到三年后，再回到美国，我不得不再次面对开车这件事。

洛杉矶不像纽约等人口密集的现代城市，公交系统极不发达。

“站牌少也就罢了，连个站名都没有。等车的这一站叫什么，不知道，这车开到哪儿也不知道，中间都停靠在哪儿更没地方提示。你们美国人真够笨的!”我不止一次跟 Jay 抱怨。

唯一一次坐公交去火车站，等了半小时车才来。1.5 美元，好像不分站数。中间谁要下车，在车到站前，拉一下车上方横贯车厢的悬绳，司机就停，如果没人上下车，车就一路飞快地开下去，仿佛它也不知道目的地在哪儿。

火车倒是很方便，手机上可以下载一个 APP，所有站点和时间、价格都清晰，网上和车站售票机都可以买票，且当天有效，何时乘车都行。车厢空荡，有自行车也可以搬上去，有专门的带自行车乘客车厢，不另行收费。

开始我没下载 APP，赶到车站正好火车轰隆隆进站，且只停一分钟，赶紧跳上去。平时从不检票，这次偏偏有穿制服的检票员口中念着“车票看一下”走过来。

“我朋友说我可以到了站再补票。”我心虚地说。

“你朋友有没有说没票是要罚款的，最高可达 500 美元。”他是个 40 多岁的黑人，面容严肃地看着我，好像想判断我是不是个“惯犯”。可能我面相还比较厚道，他没再跟我理论，甚至没让我交钱给他补票。好在车厢里连我就三个乘客。

“我到站后一定会补票的。谢谢你。”我站起来冲他致谢，从没感觉如此狼狈。

半小时的车程，似乎比一小时还漫长。

下了火车，我直奔售票机买了张票。因为是火车总站，停留时间较长。我经过那车厢时看到那黑人大哥正在进出忙碌着，没打扰他。

心安就好了。何须要给谁证明什么?

美国也有 Uber（优步车）和 Lyft（来福车）可打，当然比传统的黄色出租车方便实惠些，但短途价位一点也不便宜。从住所到火车站，也就不足两英里，将近 9 美元。我一般不好意思不付小费，即使是在手机上付费，小费至少 1 美元。七八分钟到达，10 美元没了。

还是决定回到开车的路上去。

与大多数人先有驾照再有车不同，我得先有车再考本儿。原因是没有车我根本没法儿练车和参加路考。美国人好说，子女借父母的车开，朋友也可以互借。而Jay的两辆车都是手动挡，虽然他多次鼓动我练练，我当年在河北的小城马达轰鸣着进出山里的也是手挡车，可我却一点挑战的胆量或兴趣都没有。

他的朋友们倒不少，但美国人之间很少借东西，更不要说车了，那么私人的物件，我从没敢想。

租车吗？一天50美元，练十天吗？总不如自己的车开着得心应手、心安理得。

于是我决定先买车。与粗糙的美国车和脆弱的日韩车比，我更钟情于德系车，一路看下来，决定买奥迪Q5，5.4万美元。卖车的小伙子荷西是墨西哥人，个头敦实，一脸忠厚，主动透露说“老板是新派来的，想要业绩，会给你们很好的折扣”。

果然，矮个子却很有派头的老板很热情，我们填写了一堆信息后表示有诚意要买，我问能给多少比较实在的折扣。“抹去3000美元，那就是我们的进价了，我可以按这个价给你。”

我心里有底了，跟Jay说先离开，因为我要回中国，等回来就买。

两个月后，Jay事先联系荷西，说我们要去看一下车。“我不想让他失望，毕竟陪我们跑前跑后了半天。要真买这车，我想佣金让他挣而不是别的人。”Jay总是非常尊重劳动者。

老板没在，倒是多了一位精干美貌的女子，跟我们热情握手寒暄，说是财务主管。

在验了我和Jay的信用值后，轮到他们出价了。荷西让我们等等，说他去向主管征求意见，一会儿回来，说5.2万美元。我一脸的不悦和不解，说怎么越想买你们价格还越高呢？

他问我的底线是多少。脸上仍是不急不慌的神情。

我说5万。

他说再回去问主管。

十分钟过去了，我们能看到他和主管坐在玻璃办公室里，却不见动静。我决定再出去看一看那停在车场的样车们。

那女主管看我们走出去，可能有些担心我们这上钩的鱼脱钩，与荷西跟出来。

我们一起围着那车转了一圈，仍然回到大厅里，继续砍价。

“5 万是不可能的，她说那低于我们能承受的底线了。你不能再加点吗?”他似乎很无辜，又无助。

“你卖给别人最低的价格是多少?”我问，这是拿他当朋友才应该有的问题。

“你知道，型号不一样价格不同。而且，有些人买车是不考虑价格的……”他的回答证明，我的问题很笨。人家是销售，怎么可能给我透露底线。

我说可以再加 500 美元。

Jay 看看我，没说话，似乎很满意我的不再坚持。他一向不喜欢讨价还价，似乎那是不够君子的行径。

荷西再次麻利地到那玻璃房里去汇报，像《西游记》里只管送信的小妖。

这次倒没等多久，那女主管出来，虽然是一脸的满意笑容，却仍在跟我磨：“5.1 万美元行不行?”

我坚决地说不行。“这已经超出我的底线了。”

“Wow, she is tough（她很厉害）。”她笑着说。

于是握手成交。轮到那会计，一个秃头却留着浓密络腮胡子的年轻男子，坐在另一间玻璃房里算账办手续。令 Jay 称赞不已的是他桌子上那整个桌面大小的电子显示屏，可以双向调整方向，使得坐在桌子两端的人都能看到显示内容。

他一副不卑不亢的神情，后来发现他很不实在，确实跟钱打交道久了，人会变钱为手中的魔术道具。他越发像皇帝的新装里那个认真地织布裁衣的骗子。

他加了 980 美元在原价上，说这是每辆车都自带的一个编码。即使我质疑说荷西跟我们的解释是一切已经包含在价格里面了，他仍照收不误。

接着，他跟我们推销说一年的保养期过后，所有机油检查等费用都另算，所以不如现在买一个保修计划，分金银铜三个级别。虽然我们可以任意加减掉一些需要不需要的项目，最后我们仍选择购买了 7000 美元的服务费用。

于是这车就达到了 6 万美元，再加上近十个点的消费税。

首付 2 万美元，60 个月的贷款，每月还款 820 美元左右。

回到家已经是半夜。我却如何都不能入睡，感觉被骗了。如果说那服务项目是自选，那近 1000 美元的所谓编码费根本不该交。

把已经睡着的 Jay 摇醒，他说别想了，既然已经成交了，就这样吧。

第二天车到了，荷西开车来接我们去提车。我跟他提及那 1000 美元的不合理，他似乎并不意外，平静地说他去问一下会计。

车很漂亮，黑亮得像个小马驹，据说是从比佛利那边的车行提过来的，只有那儿有与我的要求配置完全相同的款。

仍要去秃头会计那里办最后的手续。

我再次跟他提及这个不吐不快的骨头。他说没人跟他说这个已经包含在车价里了，我们所幸保留了那张纸片，女主管亲手写上去的成交价格。还有她的签名。

他仍是一副胸有成竹的样子，说他去问一下看看。

一会儿回来了，说好吧，我给你们减掉这笔钱。

又是如电影科幻片一样，屏幕几下腾闪，那每月的还款变成了 802 美元。

我相信不仅我，Jay 在那一刻也惊了一下，居然在成交后还可以交涉，收了的钱居然可以退回来！

可是，如果没有我这中国人打破砂锅问到底的行为呢？那消费者就吃了哑巴亏吧。

想想，资本主义真是每个毛孔都滴着血和肮脏的东西，马克思先生真是先知。

2

好吧，车总算有了。下一步，考驾照。

我一再被 Jay 提醒，说因为我没有驾照，保险公司就不能提供保险，如果我开车出了险则要完全自负，所以尽量不要出行。尽管我在网上查到说异国驾照在加州是合法的，可一想没有保险，顿时手脚发软，似乎车技都差得不敢碰车了。

虽然也壮着胆儿开去附近的超市两次，但仍心跳不安，生怕运气不好被一个手潮[①]的司机给剐蹭到哪儿。

Jay 下了班也很尽责地陪我练车。平行停车，是许多新手最怕的一项。我上网看视频，冒着被邻居隔窗偷看嘲笑我的风险，利用停在路边的陌生人的车练习。最后听 Jinjoo 和 Kimberly（金伯莉）两个在这里拿到驾照的亚裔朋友说她们

---

① 北京话，意思指某种技艺未过关。

都没被要求平行停车，一个在五年前拿到驾照，一个去年考的驾照。

于是我放弃了。继续看视频。别说，美国 DMV（Department of Motor Vehicle，车管所）网站还真人性化，不仅真人秀展示最容易失误的八大开车错误，还有 DMV 临考官的诸多现场解说。

我心里越来越有底，而不只是惧怕和失眠了。

先要过笔试关。这倒是中国人的强项，题海战，网上各类试题一路做下来，许多时候只看题目的开头就知道选哪个答案了。

只是要趁热打铁，否则过一个月再考就印象模糊甚至淡忘了。

预约报名。打电话，总是被告知要等一到两个小时才有可能提听，好在可以留下电话号码等对方回复过来。Jay 帮我打了电话，预约一周后，不在本市，要开车半小时到达一个我从没听说过的偏僻小地方。

到达目的地，和所有的 DMV 一样，一条长龙弯曲着从大厅排到停车场。好在我们有预约不用排队，直接进大厅，前往预约窗口。

领表填好，交回去，拿到一个号码，到已经坐满了人的大厅里等。我有些心急，因为已经九点半了，Jay 还要去上班。

好在许多取号等候的人并不是为了考驾照，很快我的号就被叫到。四处找那个窗口，一位黑人妇女好心指给我方向。

"你带了身份证吗？"和所有 DMV 的工作人员一样，穿着有些过于休闲随意的一位女士接待我。"我带了所有的东西。"

我不死心，又问她我以前国内驾照是否可以直接更换成加州驾照，她并未马上否定，说要先问一下。她前往厅中央去问一位埋头案前工作的老者，过了五六分钟，回来说仍不确定，要查一下看看。在电脑前她一通操作，又过去了五分钟，忽闪着廉价的假睫毛说她找不到任何相关记录，要再问一下同事。这次去问了一个面容更有威仪但明显有些心情不佳的女主管，回来说不行，我必须得考。

我很抱歉，自己的不甘心又让 Jay 最少迟到半小时。

"这就是她未来的驾照号码？"Jay 问，指着她递给我的那张纸上的一串数字问。

"对。"

"我要是考试过不了呢？"我问。

“那就自动作废了。”

她侧身指着悬挂在空中的几张视力表，让我随便念了两行上面的字母，算是视力合格可以开车。

然后去大厅的另一角照相。一个清瘦的老者在我前边，正用一个半身大镜子整理仪容，还对自己挤出一个微笑，看到我在打量他，然后他真的笑了。

我也凑过去打量着自己。

“这么老的人也申请驾照?”我悄声问 Jay。

“许多人来这里是申请身份证的，有人不开车，不需要驾照，但也得有个身份证啊，车管所也负责审核发放身份证。”Jay 说。

拍照。脱掉眼镜，目光顿时空洞，我讨厌以前在中国的驾照上留下的那一本正经的面目，所以仍让自己咧嘴笑着。

终于轮到我去考试了。

无纸化办公让 DMV 早不用纸质考卷了，取而代之的是电脑屏幕，每台电脑中间像电话亭一样被隔开，每人随意选择一台，站在那儿用手指触屏选择。只有残障人士可以有座位。

“你不会选择用中文试题吧? 来吧，对自己英语有点自信好不好?”Jay 的刺激还真生效了，我“勇敢”地在语种选择时点了英文。

除了不用手写，对不熟悉的问题还可以选择跳过去不答。但每人只有三次跳过去的机会。

这先是让我很开心，因为有些拿不准的题我宁愿不冒险，虽然没有时间限制。可答到最后，我才发现这些被跳过去的题又回来了，你不是可以不答，只是可以选择晚点儿答。

十分钟不到，我答完了 46 道题，只答错了 2 道，远好于答对 38 道就过关的底线。

“YOU PASSED.（你通过了。）”

当屏幕上出现这句话时，我开心得脚步都轻盈了许多，尽管双脚又冷又麻。

“我感觉你通过了，因为你在笑。”Jay 站在不远处看我走向他，微笑道。

我们一起走到考场门口的一张桌子前，后面坐着两位女工作人员。其中一个面无表情地看了我一眼，另一个则微笑着让她查了一下电脑里的记录，获知我通过了，很麻利地递给我一张打印的单子，告诉我：“你可以在有驾照的成年人陪伴的情况下开车了。同时，也可以去预约路考了。”

“我一共有几次考试机会?”我问。

“三次。不过我希望你第一次就过。”她仍然微笑地看着我，友善如春风。微笑是最好的美容剂，一点没错，她在我眼中远比旁边那个木然的女人要美得多。

尽管早预料到应该不是难题，仍然难掩兴奋。虽然没有拿到驾照，但这张有着我驾照号码的纸就像个赦免符，我可以合法地开车了，即使要有人陪伴。Jay 开着车送我回 Santa Clarita，也一脸的耐心，虽然他不得不错过十一点的例行会议。

到家第一件事，打电话预约路考。

仍是要等候九十分钟才有可能有接线员回复过来。留下电话号码和语音后，唯一能做的事就是等。

还好，约一个半小时后电话来了。

可怕的是，我有时候辨不清电话里是男人还是女人，因为黑人女性的声音不仅厚重还低沉。有一次给银行打电话，我说“谢谢先生”，Jay 在一旁直冲我翻白眼，悄声说人家明明是女的好不好。

她（他）说明天有可能，问我要不要考。

我想当然不行，我还没甩开膀子练呢。

她（他）又在电脑上查，说二月十六日（十天后）上午九点也可以。

好！临阵磨枪，我不信十天还应付不了这美国十五六岁少年就能应付的考试。

虽然，那天是中国的大年初一。我从小接受身边朋友和家人的迷信灌输，说大年初一对一个人一年的运势至关重要，不能哭不能气不能不顺当，否则一年不顺。

人生不就是赌吗?换句话说，不勇敢地活着，有必要活着吗?

我为自己的豪情满怀所鼓舞。上午，上网看视频，熟记所有可能的失误；下午，出门练车，实践转弯、并线、过 STOP 标识的所有细则。简称 SMOG：SIGNAL（给信号），MIRROR（看镜子），OVERSHOULDER（扫视肩后），GO（走）。人家 DMV 都给你总结出诀窍了，再不留心体会，过不了也只能怪自己懒。

Jay下班回家，晚饭后让我开车带他到DMV那一带去重走他当年考驾照的路线。虽然网友留言说每个人的路线不尽相同，至少，这一带小区的路况街道要熟悉一下。

考试那天是周五，Jay干脆请假休息。他也被我的不安弄得有些没底。不知祸福，听天由命吧。

“我真希望遇到那个gay（同性恋者），网上说Santa Clarita的DMV监考官都很刻薄，只有那个gay除外。据说是个上了岁数的男人，说他极温和，好过。”路上我八卦地说。

“我们都知道那是不由得自己的，你只能听凭他人发慈悲了。”中国人说的“人为刀俎，我为鱼肉”，用来形容此刻最恰当不过了。

因为有预约，直接被指示去排队提交材料，等着考官来领人上路。

一位穿夹克的老男人，目光温和，拿着个夹子走出去了。我猜他也许就是那个网传的好男人。我指给Jay看，他说眼熟，好像多年前他考驾照就是这位监考的。但那是二十多年前，他应该没这么老吧。一会儿又有两个目光凌厉的女士，也在腋下夹着一叠文件走过来。我前边的三位年轻人跟着他们从侧门走了出去，像温顺的羊听从着牧羊人的召唤。

过了十分钟，我被告知可以把车开到待考区了。

我前边仍然有两辆车，分别坐着一个黑人男孩、一个白人女孩，都有些惴惴不安又无可奈何的样子。旁边都跟着一位成年人，也是不知所措的茫然表情。

一位女监考官看我站在车旁，问我是否也是考生，我说是，她似乎有些不满意我站的地方，但并没说什么。

她前后左右绕着第一辆车看了一遍，让那男孩用手臂打方向，左臂向左伸直，向上直举，向下垂直，分别代表左、右转向和停车。然后又问了车的转向灯、雨刷、雾灯、刹车等基本功能性部件，男孩都一一指认，最后鸣笛。

成年陪伴者离开，监考官坐进车去。终于，那车赴上了命运之旅，离开了。

然后是第二辆车，相同的模式，开走了。

轮到我了。

反而是在那一刻，紧张感突然消失了。当你没有一丝机会可能做任何反抗了，剩下的只有坦然。

正在这时，最初出发的三个考生陆续回来了。两位女监考官一脸不悦，似乎在埋怨自己的时间被浪费了，考生跟在后面忐忑没底气地走回大厅。读着他们的表情，我似乎感觉事情不妙。

这时那位老男人出现了。

看到我坐在车里冲他微笑，他走过来和气地问："你材料都齐备了?"

我说是。

他接过去看了一眼，便绕着我的车转了一圈，让我打着引擎，演示踩刹车，打左右转向灯。

然后他坐进车里，问我："你以前拥有外国的驾照吧?"我规矩答说是，中国驾照。但没敢自夸已经在中国开了很多年。

他让我指认了一些功能仪表，并说他叫 Jerry（杰里）。"你有什么想说的吗?"他微侧着脸问我。

"我会尽力开好，保证您的安全。"我认真道。

他显然有些惊讶于我的答案，愣了一秒，继续打量着我，没说什么。

"我们走吧。我如果不让你转弯或并线你就直开。"他脸色平静得像一潭水。

出大门，右转，开到我刚才停车的小区附近，左拐，有大车在运垃圾，我稍等几秒，等它经过后再右转回到大路上，左拐上坡进入一条树木林立的街区。他看往来车少，让我路边停车，直接倒车。我知道千万不能碰到马路沿儿，那算重大错误，只要有一次就会被告知考试失败。虽然我没打方向，还是怕碰到，又努力夸张地扭头看车后路况，倒得有些过于慢了。他没再坚持，退了几英尺，叫停。我们继续走。

再回到 DMV 大门口，直行到路口，左转。红灯，在这里我犯了个致命的错误。我先是踩刹车停了下来，过了几秒，我试探着把车开过停车线几英尺，打着左转灯等候。变绿灯，但正好有两个行人像被事先安排好了一般要过马路，我只能也必须礼让。过了两个街口，右转，直行了一会儿，他让我变线两次。"右转。"依言做了。我故意把车开得尽量快，50 英里的限速，有时甚至开到 51、52 英里，因为 Jay 提醒我如果车速过慢，那是没自信的表现。DMV 的视频也显示，车速低于限速 10 英里，自动被算作失败，与超速一样是很重大的失误。

到达一个路口，绿灯，我直行通过时，稍踩了一下刹车让车速慢了下来。"你有没有看到后面有辆车正跟着你，离你很近?"他问。

我从后视镜看了一眼，果然，一辆大卡车似乎就在我的身后。

我赶紧踩油门加速。

再左转，回到 DMV 的大门，驶入。停在专门供考试车辆停的区域。

他脸上仍是深潭一般没有表情。

“你在等红灯的时候为什么要驶过等候线?”他望着我问。

“我可能太紧张了。”我心跳加速，感觉完了，现在回想直觉得自己愚蠢。

“在直行过十字路口时，是绿灯你为什么要减速?”

“我可能过于小心了。”我嗫嚅道。

“你那样是很危险的，后面的车很容易追尾。”

他不再多说。

低头开始在那硬壳夹子上的一叠记录纸上龙飞凤舞地写着画着圈。

“那么，我……”我感觉气数已尽，肯定没戏了。

他没说话。半分钟后，写完了。

“You passed.”他看也没看我。

然后把他记录的失误都汇总了一下，大约七八处。

喜出望外，我情不自禁给了他一个拥抱（反正他是 gay)。“谢谢，你成全了我这一天。”

“你自己成全了自己。”他似乎并不领情。目光仍然平静得淡然。

“我朋友说他当年的驾照考试也是您考的。”我说。

“那是什么时候了？我在这里已经有二十年了。”他稍显露出兴趣地问。

我们一边聊一边下车。

“我会说一点点中文，你没听出来吗?”他问我。

我突然记起他让我左转时除了说 left turn，还会跟一个“zuo zen”，右转时会蹦出一个“you zen”，原来他在说中文左转、右转。

“你说的是粤语吧?”我问。

“不，是普通话。Mei li de wa。”他一脸急切地望着我。

他看我一脸迷惑，又重复一遍。

美丽的花！我恍然大悟，天哪，还真是普通话。

“我可以教你中文，如果你愿意学。反正我也没事做。”我主动示好。

“你应该有事情做的，既然你在这里生活。”他并不领情。

这时 Jay 走上前来。

"她过了!"Jerry 主动告诉他。"听说你以前也在这里考过的?我考的?"

我已经兴奋得不知如何是好了。

好像突然拥有了一个多年来都没有过的满足。

天地一下变得宽阔了。

把那个单子交给前台，一个很好看的年轻男子，告诉我半个月之内我就会收到驾照了。现在，他递给我一张纸，说是我的临时驾照，我可以自由地开车了。

一小时后，我们开车行进在去 Santa Clarita 的高速上。司机当然是 Jay。"刚拿到驾照，我似乎已经开了一辈子车，让我歇会儿，我太累了。"

我们大笑。

假如把美国女权主义者扔到中国

1

刚到美国有许多难忘的第一次，其中就包括第一次为自己的汽车加油。

在中国，无论是中石化还是中石油，只要把车一停，自会有穿着蓝色制服的工作人员上前来热情招呼。熄火，你甚至不用下车，只需从摇下的车窗里大声嚷一句："95号加满！"无论是用加油卡还是现金，一切几分钟搞定。

可美国完全是自助加油，空空荡荡的加油站除了几杆注油枪挂在那儿，根本没有工作人员。如果没有加油卡又不想刷信用卡，则可以走到不远的小卖部交现金，指明车停在几号加油机旁边，里面的售货员会遥控你加油的数量使其符合你交的钱数。如果是信用卡，则可以直接插卡加油，月底收到账单还账。

我那天参加完一个活动回家，注意到油量很低了，便开进路边一个加油站。插进加油卡，快速取出来，选择所加油的型号，拉过油枪插进车的注油孔，愣是不出油。再看那小屏幕上的提示说明，没错呀。重新操作一遍，仍是没动静。

我有些急了，天色开始暗下来。不久前刚看到报上说有一个劫匪专门在加油站抢车，往往是向独自加油的女人下手，趁车门没锁，钻进去开车就跑。劫匪已经作案十几起仍在逃。

想求助吧，偏偏没有其他人出现。我坐进车里，锁好车门，焦急地等了十几分钟，暮色渐浓，终于，有一辆越野车很快速地驶入加油站，从上面跳下来一个棕色头发的中年妇女，穿着及膝马靴的她像个中世纪骑士，利索地泊车，腋下夹着个男式公文包，快步走进旁边的小卖部。趁她走回来，我赶紧上前求助。

"你不会加油?！我的天哪！"她脸上的惊愕比遇到劫匪还夸张。

我有些难为情。

"你以前没开过车？谁为你加油?"她职业化的笑容仍挂在脸上，我发现她长得有点像演失忆大学教授的好莱坞明星朱莉安·摩尔。

"我丈夫。"我不想跟她解释一堆中国的加油站有多人文贴心，只好继续微笑着满足她的好奇。

"你丈夫?！亲爱的，你应该知道，作为一个女人，你应该独自会做任何事情。女人根本不能指望男人来帮助你。女人，根本不需要男人就应该搞定一切！"她睁大了眼睛望着我，一字一顿地说，像母亲在认真地叮嘱思想幼稚的孩子。

我点头说好吧。看着她接过我的加油卡，只一分钟之后，就有新鲜“血液”注入我的大蜘蛛侠（我对我古铜色爱车的昵称）。

“中国人？你们东方女人太依赖男人，这是一个大错误！”她突然看到我双肩背包上的红五星标志，好像法官找到了新证据一样双目放光。

开车回家路上，我突然有些愤怒于她对我的教训。

我想如果她哪怕曾经在中国生活过一年，跟普通老百姓一样地生活一年，她就不会跳着脚地大叫男人无用了。

还拿车说事吧。

我在北京的车位是在小区的地面上，沿人行道划分的固定车位。某个冬天的黄昏我下班回家，正要照常驶入车位，暮色中看到一个小男孩正从我车位经过，我踩刹车，想等他走过。没想到他立在那儿没动，望着我的车似乎想让我先过。于是我慢慢打方向准备驶进车位，突然听到车轮压在什么东西上发出嘎巴一声。我赶紧停车，心里一紧，因为那立着的小男孩突然弯下了身子。

难道车轮压到他的脚了吗？只这个念头，我已经感到冷汗刷地出了一脑门儿。

打开车门，黑暗中，我看到离车轮不远是一个小孩子玩的滑板，有一头已经裂开了，显然是我的车压到了它。

“你怎么样？没伤到你的脚吧？”我下车蹲下身体问那个只有七八岁的小男孩。他摇摇头，不说话。这时不远处一个女人突然奔过来，呼天抢地地叫嚷着：“天哪，你压了我孩子的脚！快来人啊，汽车压人了！”我才发现原来这个孩子是跟母亲在一起。

我说能不能让我先停好车，咱们好商量怎么办。她狐疑地望着我，可能感觉我就住这小区也跑不了，才放开揪着我胳膊肘儿的手。

我们一起到路灯下，问孩子脚疼不疼。他摇头，只说滑板车坏了。我说我来赔你一个好了，只要没伤到人就好。

那女人却不想就这么算了，说这事没完，不能走。她掏出手机，用浓重的乡音打给她丈夫，说出事儿了赶紧来！

我尽管是在这小区住了五年的业主，他们是从山西来的租户（后来我得知），可我因为没有丈夫没有未婚夫没有暧昧男友甚至没有闺蜜，孤身一人，明知人家要勒索也没有人可撑腰说理，只好站在那儿跟她一块等她丈夫。

过了半小时，那丈夫现身，生意人很精神又谨慎的神色，让我想起阿成的话，一副“不知道骗谁好，不知道谁好骗”的样子。他盯着我看了几秒，抱住孩子又脱鞋又揉脚，重演一遍他老婆已经操作过的动作，生怕有个万一错过了让我这肇事者担责任的机会。

“疼不疼？到底疼不疼？你说呀！”那孩子细嫩的脚腕已经被当爹当妈的给揉搓红了，“我疼！”

这还了得，孩子都嚷脚疼了。“咱们去医院吧，拍片子让医生看看，要不我们不放心。”爹妈开始一左一右挽着孩子的胳膊，跟我说立刻到附近的博爱医院看急诊。

片子拍了，大夫在灯下照着，说没发现什么症状啊。

“是不是没拍清楚，再来一张吧。”那爹真不愧是做生意的，这时候也不忘讨价还价。

再拍了一次，仍是没有问题。

他们坚持要开点药，因为孩子嚷疼了。

那位大夫可能早看到我们这一行四人的关系，无奈地摇摇头，开了点口服止疼的药。

除了所有看医生的费用，我又掏了三百块钱给孩子买新滑板，还留了手机号和门牌号，才得以放行。

说好如果此后几天孩子有什么不适，他们随时找我。

提心吊胆了几天，好在没有了下文。

说给一个朋友听，“明显的人家看你孤家寡人，不欺负你欺负谁？”听得我有点心酸心寒。

2

第二次，仍是因为停车，更暴力更让人毁三观，我先是惊掉了下巴，不敢相信应该存在于文学作品中的蛮不讲理之人真的存在，继而是气得只恨自己没有生就五大三粗之身。

我们小区院内有一个幼儿园，园门口就在我们这一行露天车位尽头。一到下午三点多，来接孩子的家长扎堆儿堵在那儿踮脚探头，希望早点接到孩子。有些人甚至把车直接开进我们小区，我的车位好多时候都被人占用，因为地锁坏了，虽然支架仍在，但精明人实在太多，很快被人发现没有钥匙也能放平，任谁都可以停进去。

那天我带患癌数年的父亲去复查。在301医院转了三圈都愣没找到一个停车位，眼看预约好的时间已经到了，我急得口干舌燥额头冒汗。看着别人都是由一个家属先陪病人去看医生，另一人转圈找车位，我心底涌起无助的悲哀，我羡慕那有人分担的人们，我嫉妒那有男人支撑天地的女人，我恨那不知在何方的我的 Mr. Right（白马王子）为何姗姗来迟。

这已经不是第一次为停车发愁了。有两次同一天跑了三趟医院，两次为膝盖有积液的母亲，一次为正在化疗的父亲，每次都既要找车位又要赶时间去看大夫，咬紧牙关，硬着头皮，可谓最好的注解。

好不容易一切结束，回到小区，发现车位又被占了，我就奇怪为什么每次我支起来了，竟然总有人相信自己的运气要试着去看锁是否失灵而把它放倒进而占用这个私人停车位。我下车，大声冲人群嚷：谁的车啊，请挪开一下！不一会儿，还真有一对胖而壮的年轻夫妇走过来。

“我就不挪，怎么着吧?!”那男的居然公然上来就要无赖。

“就是，看她怎么着。”那女的也一脸横肉在一旁帮腔，跟瘦小的我相比，他们真是动物世界里以强凌弱的典范。

“你们讲不讲理，这是我们的车位。”我父亲刚从医院做了化疗，虚弱得讲话都很费力，捂着胸口也跟着上前理论。

“你们的车位又怎么样？我就不挪地儿，你硬往里开呀，有本事撞我车试试。”那男的自然不拿这么一个老者的示威当回事。那女的也得意地笑着，叉着腰似乎在看笑话。不远处就是成堆的接孩子的家长，满心思都是早一分钟接了孩子回家吃饭，谁在乎这欺凌现场。有人即使听到了这显而易见的争执，也只是抱臂观望，带着几分看热闹的悠闲。

“老人刚从医院回来，你们也有老人，怎么忍心这么不讲理。”我急了，恨不得抽他个嘴巴，可我知道我不敢。

“谁爱上医院谁上，死了关我什么事?”他似乎非常享受这一刻的强大，尤其是一边有一群人开始围观这热闹。

我忍住眼泪，不想让父亲跟着遭受这当众的屈辱，让他先慢慢走回家。

那一刻，我想，要是有个男人，无论高大与否，只要他出现，是否这恶人就不敢如此造作?

绝望之际，我突然想到不久前刚认识的派出所的一个同乡，他正管我们这片儿区。

掏出手机，我打给他。

“刘警官你在派出所里吗？能来一下吗？我们这里有人占了车位不让……”我的话还没说完，那趾高气扬的一对突然像被针扎了的气球一样瘪了气。

“那啥对不起，我们不该这样不懂事。别叫警察了，我这就把车开走。”男的先满脸堆笑鞠躬道歉。

“是他今天喝酒了，大姐别跟我们一般见识。”女的也跟着说软话。

“你们把老人气得够呛，太过分了。”我有些意外他们的变化，但知道这是因为“派出所”这样的字眼吓住了他们。

“我们去给老人上门道个歉吧，实在对不住他了。”二人齐声说。

我说不用了，赶紧把车挪开吧。

回到家，告诉父亲最后的收场。“这帮孙子！”父亲似乎舒了一口气，但看着我的眼神没有愤怒，而是悲凉。

“趁早你还是找个合适的人吧。别总这样一个人出出入入的了，真不让人放心。”母亲担心地叹息着。

3

第三次，仍是和车有关。我的车位又被占，不像偶尔有人会在车挡风留一个挪车电话，这次我看遍车前后左右都找不到一丝车主线索，只好绕了一圈后把车停在自行车棚外临近出口的空地上。

年根儿了，侄子和儿子都到北京过年。刚恢复点体力的父亲提议全家去花卉市场买些花去。我们下楼还没走到车跟前，眼尖的儿子就发现车的后备厢上不知被谁划了不少细小的痕迹。

“是不是有自行车的人不高兴了啊，可咱们并没挡住出口啊。”母亲边猜测着边心疼地用手试图擦掉那恶意的划痕。

“这不是你们停汽车的地方，以后少往这儿停！”一对身形枯瘦表情狰狞的老夫妇突然推着自行车走出车棚，劈头盖脸冲我们抗议。他们一脸的愤怒让我们都相信正是他们划了车，作案工具很简单，就是自行车钥匙。

于是一场口角立即爆发了。一边是两位古稀之年的愤怒老者，一边是生病的老人与十二三岁的孩子。

“不就是奥迪吗，有什么了不起，我儿子开着奔驰呢!”他们扔下这句话，梗着脖子推上自行车走了，一边还不住回头骂。

大年三十的惹一场不愉快，真晦气。

我们互相劝慰着决定忘掉那两个老妖怪。

谁知第二天一大早，跑步回来的儿子气喘吁吁地说我车的后玻璃被炸碎了!显然是谁放了二踢脚之类很烈的炮仗。

“一定是那对老家伙!”侄子和儿子异口同声。可即使是又怎么样他们?我只好乖乖等到初三修车店上班后去换玻璃。

“碎碎（岁岁）平安!”母亲只能这般自我安慰。

这一幕幕，如果把当事人换作是那个美国女人，她将如何应对?她还会义正词严地指责我依赖男人吗?

“人为什么要结婚?因为在夫妻制的社会，夫妻就是合伙人。为了共同的利益，他们捆在一起，互为后台，共同谋利，二人的力量显然比一人要强大。”这是哪里读到的文字不记得了，但事实似乎确实如此。

人们势利，不仅包括以权利、金钱为利。有些女人，很多时候，甚至可以仗着身边的男人而强化自己的力量，她们视一个共同进退的男人为自己的能量延伸。

在洛杉矶工作四年，小小的只有40人的单位却是钩心斗角的小江湖。谁得领导赏识大家有目共睹，谁后面有人，领导也另眼相待。“这里很复杂，要小心为妙。”一位即将离任回国的同事临行善意相告。

“我一不指望提拔，二不希望涨工资，有什么可担心的呢?”这是我的本意。可树欲静而风不止，某天，一位同事的年轻的太太到食堂来打饭，看到我穿着V领连衣裙，众目睽睽之下，当场捉奸一般冲我嚷：“你是不是非要露出胸口让大家看才过瘾哪?!”

令所有人都不解其意。我则被弄得满脸通红不知如何得罪了她。

后来才听另一位跟他们夫妇走得比较近的同事说起原因：“她丈夫在她面前不止一次表达过对你的欣赏，打翻了她的醋坛子，于是就找机会撒泼。反正她知道你是孤身一人在这里，再怎么过分也没人扇她大嘴巴子……”

女人可以欺凌另一个女人，只因为仗着她有个男人当心理和生理的保镖?

除了苦笑，我能说什么?

我从来不否定男女生来权利平等，可在一个人心不古、弱肉强食的所谓竞争时代，有多少没有男人相伴支撑的女人能够活得像波伏娃一样自由无碍?“女人不是天生的，而是变成的。”即使嚷着“我厌倦了贞洁郁闷的日子，又没有勇气过堕落的生活”的她，如果在出席某个上流社会聚会的途中遇到流氓，我相信也会本能地抓住萨特的手。

在我们的社会还没有彻底进化到依靠智商和才华而论高下的时代，体格上先天的劣势仍将会是女权主义者们不得不直面的真实。

租屋记

1

春天的风吹拂着正盛开的罂粟花，在灿烂的加州阳光下，那橘红色的叶片如丝绸般细滑透明。

千挑万选，踏破铁鞋，终于在幽静处选定了一处院落，建于1991年，已经20多岁的旧宅。下了决心买下，实在是喜欢那两棵老爷爷一般沧桑的漆树，还有可以种花种菜的院子。兴奋之余，我们突然发现，首先要操心的不是搬家，而是如何把原来的住房租出去。

我和Jay像守着一筐自家地里产的土豆盼着买主光顾的农民，满怀期待地等着约好的房客来看房。

Jay 12年前买的这套联排别墅，两层小楼，30万美元，3居室，月租金可达2000美元。我越发理解为什么稍微有点闲钱的美国人都投资买房子。Jay的理想不高，就是当个美国地主，他非常羡慕的人生是像John那样，毕业于斯坦福的那位退休律师如今有闲有钱，不是靠律师费，而是靠他先后投资的20套房产。Jay昨天又说他的一位同事居然在印第安纳州有六套房子出租。“他把洛杉矶的一套大房子卖了，开始先在印第安纳买了两套，后来发现那儿房子实在性价比高，就又继续投资，现在已经六套了。因为距离实在太远，他委托一家房产公司负责打理。”

可能作为中介的Ken有些过意不去，他帮我们买房至少赚了一万多美元，不好意思再按所谓公司要求收6%的年租金替我们找住户。某天他打电话给Jay，说有一个熟人介绍的朋友想租房子。那人叫Francisco（弗朗西斯科），在离我们这里有两个街区远的一家比萨店当店长。“电话里他声音听着还挺年轻，却有四个孩子，他想租这房子，好像对2200美元的月租金也没什么异议。约好周六来看。”

Jay的朋友Mike也好心介绍了他的一位手下Glen（格伦）。“Glen快60岁了，一直租房住。不久前他母亲去世，他继承了一笔遗产，但不打算在洛杉矶买房。他有关节炎，计划退休后到北边的沙漠地带的小城市买套房子。现在的房东打算卖掉Glen租住的这套房，所以他正在和新过门的太太四处看房子呢。”

从40英里外的Lancaster（兰开斯特）那名为“谷仓里的古董店”回家的路

上，Jay 接到 Glen 的信息，说他和太太希望看房，约好周六下午两点。

可到了周六上午，突然收到比萨店长的信息，说他们来不了了，因为还有另外两家房子要看，他们急于搬家，现在已经是三月中旬，可 Jay 告诉他，我们这套房腾出来的时间是五月初，他们怕等不及。

我们都有些失望，毕竟这潜在的第一位主顾就这么失去了。

Glen 两口子倒是准时，下午两点整，就听到门铃叮咚声。他们是特别标准的美国夫妇打扮，穿着拖鞋，T 恤大裤衩，不修边幅的样子。大家带着微笑互相握手问好。但在他们四处转着看房时，却一脸审慎甚至有点严肃，左右上下，每个角落都不错过。

Jay 带他们到二楼看卧室，我则独自坐在一楼上网。一会儿那位丰满的卷发太太先走下来，跟我搭讪着夸桌上的花漂亮。我问她是否和他先生一样在 Mike 的公司工作。“不，我在华纳兄弟公司做事。”哇，我有些夸张地说那可是国际知名大公司呢。她显然很开心，脸上开始有了笑容，主动拉开玻璃隔门走到后院去看看。

“我们有两条狗，不大，但跟我们很有些年头了。你们不介意吧?” Glen 明显比太太要苍老不少，短发黑肤微突起的肚子，像他所说的自己是给 Mike 的法律事务公司跑腿儿送信的。

“我们也喜欢狗。”我的回答让认真打量着我的 Glen 露出了笑意。

“2200 美元一个月？有没有商量余地?”他问。

我没想到他会面对面地议价，这个价格是 Jay 告诉 Mike 的。

“我们商量一下吧。”我更没想到当着面，Jay 居然这么回答。Glen 夫妇都望向我。

“哦，我们还有几位要来看房的人。当然，我们还是希望租给熟人的，至少放心。”我只好支吾着解释。

“好吧，咱们再联系吧。”开门送客。

嘿，他们喜欢这房子！我和 Jay 都不约而同地笑了。“他们好像只是担心我们是否租给他们了，也没有提地毯不够新墙面不够白。”我兴奋地说。

“他们很满意二楼的格局，尤其是那个宽敞的衣物贮藏间。Glen 还问我是否可以把他母亲留给他的一些东西直接寄到这里来，好像是一张大桌子……” Jay 也信心满满，他打算周二打电话给 Glen 就说愿意把房子租给他们。

事实证明我们天真地犯了个老错误，Count the chicken before it hatched（在鸡蛋孵成小鸡前过早点了数），这高兴只持续了没几个小时。

晚饭后我们照例去小公园散步，Jay 手机有信息进来。“这什么意思？”他看了一眼嘀咕着继续举着手机读。

“Glen 说他们打算 pass（过）了。”Jay 难掩失望。

我的直觉反应就是，为，什，么？

他们明明那么喜欢啊。“你不知道吧，Mike 说他现在租住的房子只要 1800 美元，显然他嫌我们要价高。”

可是他们根本没有讨价还价啊？

“租房不像去跳蚤市场，你既然要了价，人家就当真的。”他的解释仍然让我不能释然。

想到他们的微笑和小心求证是否介意带狗入住的样子，我只能说他们的教养太好了，喜怒不外露。

Jay 告诉了 Mike 这一结果。Mike 几天后出差回来，打电话给 Jay：“还是把房子重新刷一遍吧，把地毯清洗一下或干脆换掉。一楼换瓷砖，二楼还用地毯……”Mike 不愧是生意人，满脑子主意。

Jay 说 Mike 还提到房间猫的气味儿问题。“天哪，太荒唐了，难道猫比狗还有味道吗？”我开始视这对夫妇的教养为虚伪。

“也许只是 Mike 自己的猜测，因为我出差时他来过家里不少次，为火球换猫砂，可能那气味让他记忆很深吧。”Jay 有些困惑地解释。

但愿吧。

于是，这唯一的潜在租户就这样没了。几个月后，非常意外看到电视新闻，Glen 18 岁的继子参加完中学毕业舞会，在路上被一辆飞车当场撞死，后座上是他的女朋友，已成植物人昏迷中。我当时的第一反应是：天哪，如果当时租赁成交，是否这一切都不会发生？如果我们降价以求他们首肯了入住，一条年轻如小树的生命也许就根本不会发生意外。

跟 Jay 说起，他也一脸肃然沉重，像自语地说了句，谁知道呢？

2

与其这样守株待兔，靠熟人零星介绍，不如干脆花钱找中介。买房子两三万美元的中介费都能承受（虽说是卖方出，但也相应地加在了房价上），区区1000美元中介费实在不该计较。

再说，没有租户，白白损失一个月的房租更不划算。

我想到了Kathy（凯茜），几年前认识的一位华裔房产中介。既然买房子时Jay把赚钱的机会给了他朋友的儿子Ken，租房总可以交给中国人吧。“如果有人通过中介找到我要租房，收你们800美元，对方中介和我平分。如果租户直接找到我，只收你们500美元。”别看Kathy是文文静静的小家碧玉，谈生意却很痛快。

我把她要的房屋信息和十几张我用手机拍的照片发过去，只一夜功夫，就有十几个电话打来说想看房。看来中介公司的平台不可小瞧。

“看了如果满意，想租，我会让对方提供信用背景报告，如果没有的，我会代查信用，30美元，租户自己出。如果信用没问题，就双方签合同，一般是一年为限。”不愧是专业人士，一步步都有板有眼。

我嘀咕是否可以租期长一点，否则第二年又得忙活这一套。

“我的经验不是越长越好，因为有些麻烦不断的租户，租期太长你都不好终止合同，时间太长并不利于房主。相反，即使只有一年合约，如果双方感觉都不错，他还会再续签的。再说，若直接签两年，等于失去了房租在一年后上涨的空间。”Jay说得倒也有道理。

为便于互通信息，我们仨还开启了微信群聊。

“你们希望接受Section 8（第八区）住户吗?”她问。

“我不太确定。想想看。”Jay答。

“你不知道Section 8是什么意思吧? 就是一些穷人没房住，由政府补贴一部分钱交房租。好处是这些人往往会及时支付房租，如果推迟或没付，政府就会惩罚性地取消对他们的补助。不好的地方是因为经济条件不好，随时可能会有许多不同的人进进出出你的家。另外，一旦有房客投诉房主，说有些什么可能导致危险的因素，房主没有及时解决，政府会站出来替他们说话，总之会有麻烦的。”Kathy很善解人意地解释。

那干脆直接说No好了。谁愿意摊上一个穷横的房客呢。

“在美国说No也没那么容易，要小心对方告你歧视。一旦被抓住了歧视的把柄，就更麻烦了。”Kathy见多识广，成天和不同的人打交道，深知江湖险恶。

当晚散步时，和Jay再次商讨这个Section 8的问题。

“我的理解是，如果我们说不介意Section 8，可当我们最后选择租给别人而没租给这些穷人时，可能会被视为歧视，还不如一开始就说清拒绝Section 8。”这是他的意见。

正说着接到Kathy信息，说她问了律师，房主有权利直接拒绝接受Section 8。同时，她通知我们第二天下午两点，有一位叫Nicole的女士前来看房。

“不用紧张，即使你自己在家。知道的就回答，不好定夺的就说你不是房主，以后再商量。”Jay可能看出我有些担心自己是否可以应对。

第二天一大早，我就开始收拾房间，把被火球当褥子的Jay的旧T恤从床上收起来，把家具全部擦拭一遍。

我们知道我们守着的这筐土豆并非完美，甚至有明显的短处：地毯，原本白色的地毯如今到处是黑色污渍和白色浅斑。尽管在我的力喝下，Jay已经养成了进屋脱鞋的习惯，但太晚了，毕竟他自己在这里住了十来年了。美国人大都理直气壮地穿着鞋到处踩，不仅地毯、沙发，甚至床，都不是鞋的禁区。

“我男友居然把鞋和衣服混在一起用洗衣机洗！”Kathy这老移民也曾瞠目结舌于这令中国人无论如何也难以接受的生活习惯。

地毯上那白色浅斑则来自Jay的猫火球。吃进肚子里的罐头，刚变热乎，有时就被它莫名其妙地呕吐在地毯上。Jay用一种特别强劲的去污剂清理，每擦一处，就留下一片浅白，像癣一样让人看着比那污渍还不舒服。

差一刻两点，手机响了。“我到大门口外了，可以让我进去吗？哦不用了，有人正好开门，我跟着进去好了。”一个声音好听的女子自称Nicole（妮科尔），热情地打招呼。

我出门去迎候，只见一位金色直发穿着淡绿连衣裙的女子踩着米色高跟鞋朝我走来。

“很可爱的房子，虽然多出了一间卧室，但还好。我想知道地毯你们会清洗吗？还有墙面会粉刷吗？”她只花五分钟就把上下楼看了一遍，很快抛出问题。

我说要看房租，如果要做这些工作，恐怕不会只收2200美元了。同时也要看对方住多久。

“你知道，我在一家建筑材料公司工作，如果可能，我们可以商量一下，从我公司买建材，比如地砖，我出人工费……”她那好看的大眼睛望着我。

我说可以考虑啊，等晚上先生回来商量一下吧。

同时我这当记者的忍不住好奇："你从好莱坞过来，那不是短距离呢，为什么要来这里租房子呢?"

"哦，我和我先生离婚后，女儿一直在这个城市随他父亲住，我想离她近一些，就打算在这里租房子，至少等她高中毕业了，我就可以搬到任何我想住的地方了。她还有一年半就毕业了。"她爽快地告知我理由。

我得到的信号是，她在这里顶多住一年半。

挥手道别。这就是我接待的第二位可能的房客。

我急忙在三人微信群聊中汇报结果。

"无论谁来租，都要考虑清洗地毯的问题。"Kathy 一针见血。

Jay 马上在网上搜索信息。"30 美元一间房，根据我们的房间数需要 240 ~ 270 美元。"并且他说他知道从哪儿可以得到打折券。

于是"常委会"三人一致通过，承诺房客清洗地毯。

可一晚上过去了，再没接到那个叫 Nicole 的联系电话。

3

Kathy 再次微信通知我，周五周六都将有人来看房子。"准备好接待吧，阿庆嫂。"我回了她一个笑脸。

Jay 不明白，问谁是阿庆嫂。我说就是"sister-in-law"，这更让他莫名其妙。没办法，文化背景的差异，说好听就是差异导致吸引，说不好听就是鸡同鸭讲永远隔着一个物种。

第二天是周五，Jay 下班一赶回家，我就急急地汇报自己已接待过的两拨看房者。

第一拨是一对只有 20 多岁的年轻夫妇，带着个长得很可爱的顽皮的 3 岁小男孩。也是屋前屋后楼上楼下很认真地看了，也笑着说喜欢，但我的直觉是他们不会租，因为当我问他们有什么问题时，那长相斯文、有点害羞的丈夫说没什么问题。他是一个空调安装工，那画着很重的眼线、染着棕黄色头发的年轻太太好像无业。

"他们很可能负担不起 2000 多美元的房租。"Jay 听说了也不抱希望。

第二拨敲门的则是三位中老年妇女。递上名片的那位面容和蔼的是中介，身后跟着的两位让我不由得多打量了几眼，因为最初我实在有些疑惑其中一位的性别。像美国著名的女同性恋主持人 Ellen 一样的干练短发，穿黑色衬衣黑色中裤，有趣的是从腰部开始还裹有一条既像围裙又像装饰的黑布。

直到开口才明白是她，不是他。

“哦我喜欢这个小院子，我曾经种过西红柿，结了好多果实……”中性女士很爽快，说喜欢这房子，和其他找房者的原因一样，“现在的房主打算把房子卖掉，我们已经在那里住了八年了。对了，我的大 Van（厢式货车）可能停不进车库，可以停在小区停车场吗?”我解释说原则是这样的：家里的第三辆车或超大不适合驶入自家车库的，可以找物业得到许可证，停在院里的露天车位上，免费。

“你有租房的合同吗?”面容沉静、像一位有涵养的中学老师的中介女士突然问我。我有些奇怪这明显有意租房的信号，因为并没有听见她们三个商量。

我告知她们最好联系 Kathy，她是我们的中介。

看着她们离去的背影，我告诫自己不要抱太大希望。“许多人只是表达客气而已，千万不要当真。”这是 Jay 给我打的预防针。

没想到只有一个多小时后，那中介女士真给 Jay 发了信息，说希望往前推进。“我的客户收入非常有保障，很认真可靠。我会和你们的中介联系。”

这本是好事，可 Jay 突然有些为难，告诉我说他突然接到了比萨店店长 Francisco 的电话。

“他和太太对上周看的几套房子都不满意，还是打算租咱们的，押金和第一个月的房租都准备好了。”这也是好事啊，先到先得，我不明白有什么可为难的。

“可是我几天前担心没人租房时，给 Francisco 发了个信息，告知他我们把租金降到 2100 美元了，如果没有合适的房子，他还可以过来看房。”Jay 是心软之人，绝对不会见利忘义到出尔反尔又涨租金的。

“先不要为难，毕竟他还没来看房子，不知是否挑剔地毯不够新，或者户型是否满意，甚至窗外马路是否太吵，或火车鸣笛声是否能忍受……”我突然发现，这房子原来有那么多毛病可挑。

Jay 也说那就等等看吧。

周六一早，从上午十点到下午三点，我们接待了八拨来看房的人，还不算一位银行委派的房屋评价员。“半年前银行刚派人来做过评估啊，当时我是申请调整这套房子的还贷方式，因为担心美联储（美国联邦储备系统）加息，我申请了由浮动利率改固定利率。”Jay 无奈地说，这不仅意味着时间上的占用，还意味着另交400 多美元的评估费。看来买房除了房费，其他花费也不可忽视啊。

“这么快我又来了。”那个须发皆白、高大健硕如退役运动员的老者敲门进来，前后总共花了不足十分钟就离开了。

第一拨看客是比萨店的 Francisco 一家。一脸安静地微笑站在面前的，就是让我有些意外的比萨店长，浓密的黑色寸头、方脸大块头，与其说抱着，不如说是肩上扛着一个眼睛黑亮的小娃娃，旁边是他丰满的妻子和另外三个小家伙，两个女孩都七八岁样子，四五岁的是儿子，个个都好看得像玩具店里的洋娃娃。Jay 试图记住他们的名字，萨曼达、琳达、杰夫、妮可……可还是很快就张冠李戴，把妈妈的名字安在了女儿头上。我只记住了那个像小考拉一样被父亲扛在肩上的小东西，挪亚，这是那个救世人于洪水中的圣者之名。

“我喜欢他们一家，上周他本来说要看房，但要在全家去过教堂之后。这年头，像他这年纪的人逢周日带全家去教堂的，并不多见了。”同样信主的 Jay 就很少去教堂做弥撒，但他对主的信任从未动摇过。

记得某天晚上散步，在黑暗中我不知何故突然问 Jay：“你从小到大，遇到过什么神迹吗?”

“没有，但我相信我拥有的一切都是神在护佑。”他轻声说。

失业两年，被警察吊销驾照两年，20 多岁就丧母，孤孤单单直到 40 多岁才遇到我，这些也是神的护佑吗？我没问出口。我欣慰，他有精神寄托。

孩子们都有些过分的安静，但因为好奇而略有些紧张地打量着我们和这个全新的环境。

Jay 问他们在哪儿读小学。

“他们在家里受教育。”太太琳达回答。以前也听 Jay 说起过，有些母亲专职在家教孩子学习。孩子不去学校可能会有诸多好处，可总让我感觉有些怪怪的，至少，他们对家庭之外的世界有些隔膜。

“你们谁能找到猫咪在哪里?”我逗他们。

小脑袋后拖着条金色长麻花辫的老二开始踮着脚张望，电视机背后火球的小耳朵泄露了它的藏身之所。

“我会把信用调查申请电子版给你们，如果有意要租房的话。”Jay 边送他们出门边说。

“对了，我们申请过 Chapter 7，后来想中止，可是来不及了。我不知道信用背景报告上会不会提到这个，但我们目前的经济状况还可以。”妻子睁着灰蓝色大眼睛赶紧解释，“我们是真想租房，你不知道，现在的房子很抢手，看了还没决定有时就被别人租掉了。”看来这是太太做主的一家，从头至尾都没听到丈夫讲太多话，虽然他是那个养家糊口的人。

挥手道别，Jay 关上门轻声说：“我开始有些担心这家人了，你知道吗，Chapter 7 是破产申请，他们这么个大家庭，只靠一个人的收入……”

本来一直看好他们，看来也要小心慎重了，我知道 Jay 的朋友 Mike 的公司就是专门负责送递各种民事纠纷通知的，其中很多时候他们送达的是责令付不起房租的人限时搬出的通牒。

“万一人家还是赖着不搬呢?”我不禁忧心起来。

“那就只好让警察上门执行了。”

唉，看来凡涉及钱都会有麻烦。

一小时后，进来的是一对克罗地亚夫妻，都高大养眼，衣着时尚。很有夫妻相的一对，不仅脸上都挂着明星式的魅力微笑，连讲英语的口音都一致。“我说呢，电话里她话很少，不仅没提任何有关房子的问题，回答我的问题时也含含糊糊的，我都怀疑她是否真的想来看房，原来是英语不太好。”Jay 终于搞清楚了原因。

“你们的家很温暖，你，设计布置得很艺术。”男人笑眯眯地跟我示好。第一次，听到有人关注我在房间里的陈设，尤其是我从跳蚤市场淘来的那些画，其他所有人似乎都视而不见。“鲜花在牛羊的眼里只不过是饲料。”谁说不是呢?

甚至看到我种在后院里的那些半尺高的土豆，他也极喜欢。“我出生在农场，父母家里就有菜地，我喜欢在那儿玩。”

留着莎朗·斯通式干练短发的太太也一脸笑容。“呀，我喜欢可以种菜的院子，不只是草地。”她的英语发音轻柔，很好听，只不过有时卷舌音太多。

“我们以前和房东签了三年合同，可最近他打算卖掉房子。我们也计划买个房子，可现在经济上还不允许，你知道，夏天到了，我们一家要带孩子飞回去过暑假，机票很贵，要一千多美元一个人，可还是值得的，我不想让孩子们忘了自己的母语。”男人自动交代起家里的情况，三个儿子都在读书，两个中学一个小学。他们夫妻都在一家度假游轮公司工作。

都道别了，男人扭头回来问：“你需要我的工资证明吗？我可以给你。”Jay说暂时不需要，待做了信用背景调查再说。

这是一对体面的夫妻，看起来比较可信。我和Jay一致认为可以考虑。但由于有前边几次干打雷不下雨的有始无终的接客经历，我们都有点杯弓蛇影，不敢贸然乐观了。

后来，我们又陆续接待了：

一对黑人母子，开始我还以为是夫妻，男的50多岁，瘦高背有些微驼。“原先的房主死了母亲，要去夏威夷奔丧并陪父亲，房子不出租了。我和两个儿子只好再找地方。”母亲是典型的任劳任怨型妇人，两眉间的川字纹像是贯穿了岁月的辛酸史。两个人把各屋和院子都看了，说会和中介联系，客气道谢离开。

一个扎着金色短马尾的敦实男子，领着四个5～8岁的男孩热热闹闹地挤进门来。让人以为是足球教练带着几个孩子刚结束了训练。“我们还有一个儿子，跟他妈妈去了一个聚会。不过最终搬过来的会是四个孩子……”他说之所以要搬走是因为和以前的房东关系不睦，“报修多少次都不理睬。”打量着那四个异常活跃、各有主见的男孩，我则想着那个房东是如何头疼，说不定三天两头就出问题。“我喜欢这大冰箱。”“我不喜欢这小院子，我在哪儿踢球啊？”当爸的问一直没精神的大儿子是否喜欢，他眼皮都不抬摇了摇头。

一对刚从印第安纳州搬来才半年的年轻夫妻，牵着抱着两个金发小孩。男的在梦工厂当电工，女的无业。他们一直租住在房车里，每月一租，最近开始四处看房，准备从车里过渡到地上。

一个抱着婴儿牵着幼儿的年轻护士，“我跟孩子的爸分手了，打算搬出来。地毯你们会清洗干净吗？你知道，孩子会在地上爬的……”

一对安静的老年夫妇，丈夫是黑人，妻子是白人。表示很喜欢房子，要跟中介联系。

另外有三个失约没有露面的约定，没有任何提前告知或解释，只是到点了不来了。

“人们会变卦。”Kathy见怪不怪。我们只好接受现实。

4

周六晚上，我们去John家参加圣帕特里克节（Sant Patric）的聚会。Jay和John在他书房里关上门正经八百地聊了半个多小时，面授机宜，告知他当地主的所有注意事项。

“John的20套房产都是他自己打理，难怪那么有经验。”Jay本来就佩服John这位早年名校毕业的退休律师，一番谈话后更如醍醐灌顶。“要提供信用调查申请给可能的租户，对方签字认可，请专业机构调查其信用状况（费用25～30美元，理应由房客出，可John都自己负担了，毕竟这是为了减少出租风险）。合同最好不要超过一年，以免不好清退不良租户。房客入住当天一定要在场，要双方都在时现场拍照，把一切既有的破损都拍下来，并签字证明除此之外房屋无其他破损，将来一旦有了纠纷好有证据。最好不要有大型犬，但又不能彻底拒绝宠物，否则潜在租客会大减，毕竟这是个几乎家家养宠物的社会。”

第二天，Jay把从John那里得到的电子版信用调查申请寄给了墨西哥比萨店长和克罗地亚夫妇，很快得到了对方的签名认可，其中也包括历次租房地址、房主姓名电话、工作单位和收入来源等。

结果克罗地亚完胜墨西哥。在轮渡公司就职的这对夫妇年收入达16万美元，尽管有三个儿子是纯消费人群，可至少比那有破产经历的比萨店长一家更令人安心。

“很开心你们选择了我们!”交钥匙那天，这对和我们同龄、高大俊美的夫妇对我们道谢不已。帅老公说自己是个手巧的人，一般的小问题都能自己解决。美妇说她会照顾好我种在院子里的土豆们，等收获了会通知我一起挖土豆。那三位个个都比贝克汉姆的儿子们养眼的小伙子有教养地微笑着，让我不禁羡慕这一家子，同时也欣慰找到了好的房客。

“你不知道我在火车上认识的律师有多恼火，他的房客三天两头找他报修，不是冰箱不能制冰了，就是微波炉不转圈儿了。前些天说空调又坏了，下着大雨，他说过两天再去修，对方张嘴就吐脏字儿，说这是人命关天的事，必须24小时内修好……他说打算租期一到就把房卖掉。看来，咱们还是很幸运。”

Jay的余音还在绕梁，就接到女房客的信息，说一间客房洗手间的马桶冲水的扳手坏了。他放下吃了一半的晚饭立马开车前去看查详情。

不到一小时就回来了。“我去买了个零件，换上就好了。花了不足十美元。”理工男的长处是动手能力还比较强。

“那先生不是说他是个手巧的人吗，这点小故障还通知你跑一趟?”我揶揄道。

“我宁可希望他们告知我去修。我倒不希望别人自行动手换这换那的。再说，这只是小毛病。”看来美国人的思维方式就是跟中国人不同。

小毛病多了似乎也挺耗人。后来，垃圾桶不见了，他们问何时能得到个新的。再后来，家里去了客人留宿，他们让 Jay 报给物业车号好免费停车。最意想不到的是，热水器不出热水了。

刚好两天后是 Memorial Day（美国阵亡将士纪念日），我们已经定好旅馆要去 Palm Springs（棕榈泉）度假。Jay 急急地去了，回来告诉我说他修不了，不是换个零件就能搞定的。他在网上找了几家专修热水器的电话，打过去的结果是多数不给报价，要上门看情况再说，只有一位报价 158 美元。约好第二天一早上门去修。

Jay 又专门跑了一趟，去送支票给租客，说已经约好了工人来修，修好了交支票给那人。

第二天是周五，我正在家里跟上门来的耶和华见证人真珠学圣经，就接到 Jay 的电话。

“那人倒是去家里了，但说修不好，只能换一台新的热水器，他手头就有一个厂家的，1100 美元，连机子带安装。”

“这显然是敲竹杠！我昨天在 Home Depot 看到 Smith 牌的热水器，最大容量的才 500 美元。他居然敢要上千美元，卖个杂牌子给你。不用他!”我气不打一处来。

“可就算不用他，我也得支付他些钱，毕竟已经上门了。”

“那是不是所有人都可以借故说修不好，索要一笔上门费呢?”

“你要相信别人，看来是真的修不好了。他说这台热水器已经有十年了，也该报废了。”

“能不能我们自己去买个质量好些的热水器，付费给他安装?这样他也不用白跑一趟了。”

“可我们马上就要出门去度假了，哪有时间折腾这些？再说，买一个还要花运费，也不省钱。”

“我不相信运费加上安装费会和买一个机子的价钱相同。他要 1000 美元，太多了，能不能还价？”

“不能，他说少一分也不行。我看就用他算了。”

顾不得一直微笑地听我们中美电话会议的韩国女人真珠在场。我的愤怒之火开始从那个讨厌的修理工蔓延燃烧到 Jay 身上，“你怎么那么轻信啊?! 你不懂得如何保护自己的利益，真让我失望……”

急得真珠直冲我摆手摇头。

“上帝不是说了吗？不要为钱活着。就算真上了当，让他花钱买个教训也好。不要真生气，不值得的。”这一切似乎给了这位虔诚教徒一个现场的生动案例，看我没好气地挂了电话，凑过身子，食指伸进嘴里沾下唾沫，飞快地翻找到某页圣经，给我念教义。“妻子应该服从丈夫的意志……”

“不是男人女人平等吗？为什么一定要听从男人？即使他是错的也要听吗?”我的怒火又蔓延燃烧到上帝见证人的身上。

当天 Jay 下班后，回家拿了支票，直奔旧居，半小时后回来。“一切都解决了，四年保修。”

木已成舟。1000 多美元就这么花掉了。

很快，一年租期到了。

“我在网上查到，今年房租大涨，同样的区域，比我那房子还小的已经涨到 2600 美元了。咱们不行可以涨一点房租。可是我又不想涨太多，还是希望他们继续住下去。”Jay 说。

“可是如果他们想买房子搬走，就算房租便宜也不会留住他们的。”我说。

最后我们决定如果续租一年合同，则每月涨 200 美元；如果没合同，单月租，则涨 300 美元。

Jay 发信息给女主人。“既然一年租期已满，你们还打算住在这里吗?”

“我们很开心住这儿。还打算多住一段时间。”对方很快回复。

被告知涨房租后，她答复：“我会告诉我先生，商量后回复你。”

第二天，接到了男主人的电话，仍是有些难懂的口音很重的英语，问是否可有商量余地。“涨 100 美元行不？”Jay 有些难为情，扭头望了我一眼，讷讷着说："150 美元好了。"成交！

对方说要续租 15 个月，理由是他们七月至十月要在海上漂三个月，那段时间不可能搬家。我猜测也许是怕又涨房租。

几天后我跟 Jay 正式地道歉，对我曾经的火冒三丈。因为在那家卖热水器的店，我们找到售货员打听一台热水器的购买和安装费用。"无论哪种型号，上门安装费 500 美元，外加管道和一些必备零件……"听到此，我有些脸红。Jay 则微笑地望我一眼，安静地没说一句责怪我的话。

我们算了笔账。这套房子每月还贷款 1650 美元，物业费 250 美元，全年房产税 4800 美元。也就是说，不算任何意外的维修费用，每个月要收入 2300 美元才能够收支持平。

我在北京的朋友曾打算投资美国房产，但考虑半天还是决定投资中国房产，理由很简单，每年交纳一次的房产税是不小的一笔成本，加州的房产税约为房总价的 1.5%，物业费 200～300 美元每月，保险 700～800 美元，再加上美国人工太贵，修理维护成本太高。七扣八扣，真正到手的收益并非那么可观。

当我把我们出租房子的经历说给朋友听后，对方更是坚定了决心，宁愿买美股，也不当房东，因为美国地主实在不好当。

施粉黛，换新颜

1

一个人的经历越丰富，想象力就会越退化吧？因为生活真的远比小说更富有戏剧性，你根本不用去让大脑的想象力轰鸣。

人到中年，开始在异国生活，那种种意想不到的事，那形形色色让你瞠目结舌的人，都足以填补所谓的文化差异导致的寂寞。

每次去一些小城散心度假，我都会惊讶于许多建筑的色彩之美。比如在太平洋沿海小城圣芭芭拉，毫不起眼的一层或二层房子，新旧都没什么两样的蛋壳色主体墙，透露着主人的漫不经心或不事张扬，可再看那一扇扇门窗，橄榄绿、葡萄紫、海蓝、橙黄、宝石红、松石绿……最简单的样式，却好看养眼如美学教授的艺术构思。吸引得我总是边驻足贪婪地用目光掠夺那丰沛的色彩之美，边对那几乎从不露面的房屋主人欣羡不已。

下决心如法炮制，给我居住的已经有27年房龄的宅子也换新颜。“虽然是独立住宅，但物业委员会却有许多规定，不能随便给房子刷漆。要刷也可以，但要申报，所用的颜色要得到批准。”Jay的话如一盆冷水顿时让我这一向热爱天马行空的射手座非常不爽。

“美国不是倡导自由的国家吗？居然连自己刷墙的权力都没有，还不如中国的农民，在农村你想把房子刷成什么样都没人干涉你。”我愤愤不平道。心中暗自思忖不知是否真的如此，我儿时记忆中的村子一律是土褐色的，近些年似乎添加了瓷砖外墙的白色。

“这些规定不是国家或州的法律，而是小区业主们共同通过并同意执行的。看起来是限制自由，实际上也是在保护大家的利益。你想想，如果你对面的邻居突然把房子刷成极鲜艳的粉红色，你不喜欢也得天天面对，这叫视觉污染。不仅有碍观瞻，也会影响到这个街区的房价。你想卖房子？买主看到你对面有这么一个eyesore（刺眼的东西），谁还肯付钱？”Jay的一大优点是特别善于换位思考。

“那也是，自由面前人人平等，如果你要享受绝对自由，就得准备为之付出代价：接受别人在自由的名义下所做的任何你难以接受的选择。”我心中释然了，但刷漆之心不死。

某天散步回来，打量着西侧房的墙，Jay 突然发现那本是奶白色的墙漆居然一侧深一侧浅。于是他也打定主意加入刷漆行动。

先是在 HOA（业主委员会）网站下载了表格，写申请。又按要求举着相机拍了目前房子前后左右外部的颜色，拍了相邻的两户邻居家的房子颜色。打印出来，一式三份。"万一他们没通过我可以重填。"我暗笑他是个忧心忡忡的人，没想到事实证明他是对的。

房子的所有边框，都必须是白色，这是 HOA 的硬性规定。所以唯一能够做文章的就是房子墙体的颜色。"不能是鲜艳突出的色彩，不必和你邻居的颜色完全相同，但又必须得和整个小区基本色调吻合。"读到这儿我的圣芭芭拉色彩之梦已经残存无几了。

白天没事，我上网做功课，先用优选法，再用排除法，决定房前的木板外墙用瓷粉色（其实是一种极淡的杏黄），房后身的泥墙面用咖啡乳灰色。

Jay 一向不太考虑与艺术有关的问题，晚饭后，我们俩前往 Home Depot 的油漆部，蹲在地上对着琳琅满目的色卡又花了近一个小时对比研究，有趣的是，所有色彩都可以在旁边的电脑显示屏上的虚拟房屋上显示，效果还真生动，虽然那年轻的女售货员告诫我们那软件的颜色失真率很高。

Jay 从信封里掏出表格，在空白处填上我们选用的颜色，一分钟也不耽误地开车前往 3 英里外的 HOA 的办公楼交表。

虽然 HOA 那负责建筑事务审批的家伙 Sam（山姆）就住在我们一街之隔的斜对面，Jay 却说不能去敲门送表格，那样显得不尊重。他已经打过电话给 HOA 了，办公室一位叫 Lisa（莉萨）的女士说即使他们下班了也可以交表，塞进门缝里就行了。Jay 问我想不想白天趁他们上班去交表，我毫不犹豫地说 no，在中国长大的人没有一个不理解我的心态，谁愿意看职能部门那些人的脸色呀？即使只是小小的 HOA 这本该是为业主维权的地方，但凡有点小小权力的窗口，我都避之不及。不是说不要考验人性吗？我承认自己是把头埋进沙子里的鸵鸟。

"这颜色那么朴素，一定没问题的。"我们边往家走我边给自己打气。

"看看吧。"Jay 开着车，口气似乎没有我那么肯定。

回到家，就着车库昏暗的灯光，我把拿来的样漆刷在几块碎木板上。第二天早晨就着阳光打量，还真跟色卡相差不小。可是，仍是好看的。就像百花各有秀色一样，我想这世界上其实没有完全丑陋的色彩。

2

那个周末，亚美尼亚邻居一家三口来我们家吃晚饭。作为第一户向我们伸出友谊之手的邻居，我永远感恩于心。刚搬到一个别人早就居住了20多年的街区，就像一只小羊闯入了陌生的林地，一切都是陌生的、疏离的。人家在暗处打量你，你在明处像一只还没摸清地形的异类。

“我们就住在对面，在这里住了15年了，去年刚翻修了房子，面积扩大了1/3，欢迎有空去家里喝咖啡。亚美尼亚咖啡，比美国的好多了。”个子都不高、面容有些发灰的父子俩就这样成了我们的朋友。

父亲Grand本是职业画家，来美后在珠宝店当设计师；母亲无业，英语有限，是以儿孙丈夫为轴心的家庭主妇；儿子Arthur离婚两次，搬回家与父母同住。

说是来吃饭，其实吃为次，聊天融洽感情为主。

母亲在美多年，实在迫不得已要去亚美尼亚以外的餐馆时，只点一样食物：炸薯条。在别人家做客也基本不动筷子。

“看我猜得对不对啊，你妈吃了饭才来的，你爸临来也略微吃了一点，只有你Arthur真像个King（王），愿意冒险一试这个中国女人的手艺。”围桌而坐，我笑道。

可能被我道破真相，络腮胡子刮得很干净的Arthur笑得眼睛都眯成缝了，吃了一口红烧羊腿，他大赞好吃。

坐他对面夹了一筷子酱牛肉的艺术家父亲说“even better（甚至更好）”。

自然我们提到刚开始的刷房之事。

艺术家看了那几块木板上的色块，说“挺搭的”，“它们本质上属于一个大的色系，只是一个浅一个深”。

“HOA还真挺拿自己当回事儿的。我们当时翻修房子的时候，住在我们旁边的Sam有一天突然冒出来嚷着让工人们停工，理由是我们的房檐倾斜角度不够。我把他拉到你家的房子前，告诉他这个小区已经有这样的房檐存在了，而且如果角度太大，根本起不到遮阳的作用，你知道这是阳光猛烈的加州。后来他妥协了，我们继续干。工程结束第三天，就收到一张以HOA的名义寄来的通知，说我们前院的建筑垃圾没及时清理。要知道我们从没在路边堆放过一点垃圾，全是在自家院子里。跟他理论，他说因为家家前院都没有围墙，即使堆在自家院里也有碍观瞻，要赶紧清理掉……要是你们这样暗淡不起眼的颜色都通不过，你就在小区随便拍些照片跟他们较较真儿，你们留意到街拐角那家明黄色的墙了吗？还有路尽头那果绿的房子，这都显然不符合 HOA 的要求，人家还不是刷了就刷了。”Arthur30 多岁，离婚两次，有一个 13 岁的儿子，也跟他和父母同住。他在一百英里外的棕榈泉和表弟合伙开一个汽车维修店，每个周末才回家，可能生怕人瞧不起他和父母同在一个屋檐下，动不动就说“我的房子”如何如何。

这家人因为翻修房子花了小一年时间，邻居们有些不喜欢他们，至少这样大动干戈有些扰民。除了我们这新来的一户，他们也鲜少与邻居们来往，尤其母亲特雷莎，语言不好，更是逢人微笑着低头走过，即使她的小京巴狗罗密欧咬了人家拉布拉多犬的鼻子，也只是用一张笑脸和连声的 sorry 化解。

这家人有些古怪，可往往古怪的人更真实可信，起码没有那么多为了迎合大众而披挂在身上的道具和假象。可能看我和 Jay 都是实在人，他们家宴亚美尼亚亲朋的时候，往往叫上我们去家里同乐。在他们宫殿般的家里，堆满桌子的奶酪、酒水、烤肉、水果、点心，彰显着主人的实在好客和慷慨富足。虽然如特蕾莎告诉我的，珠宝设计师收入并不高，4000 多美元还是税前，她又一直在家没出去工作过。

我从心里喜欢这家人，但当几天后 Jay 接到 HOA 通知说我们提交的颜色都被否定了时，我们并没采纳 Arthur 的做法去争个说法。“我曾在以前小区的 HOA 干过几年，我建议作为个人，最好不要跟一个机构对着干。即使我们争赢了，我们甚至根本不理他们，像其他人家那样，房子刷了就刷了，可你想想，以后但凡要做任何需要 HOA 审批的事情，都可能会格外的麻烦，因为他们已经把你列入黑名单了。”Jay 的话令我这反抗意识极强的人也决定偃旗息鼓了。

又跑了两趟油漆店，如 HOA 办公室那位 Lisa 小姐的建议，选了七种近似的颜色，好让他们有多种通过的余地。第一次在油漆店我们为选的两种颜色要人家配了两小罐样漆，第二次又选了四种，不大，8 盎司（1 盎司约等于 0.03 升），但刷一扇门窗足够了。我当时还纳闷：“这免费的样品可否会被某些人利用了总来占便宜呢？”看似不多，可家里小修小补根本就不用买油漆，只要张嘴说要某个颜色，人家立即给你配好，还细致周到地用手指蘸一点涂在好看的铝盒上，不用打开就知道是什么颜色。第三次，我们再要了两罐样漆，同时买了两口袋火山岩碎石来铺路面，在自助结账机前付款后正准备离开，一个年轻壮实的黑人店员指着购物车里那两小罐样漆，微笑着说这个你们忘记付款了。

“这不是免费的吗?”我一脸困惑写在脸上。

他并不多说，而是拿起扫码仪扫了一下，屏幕上立即显示：3.75美元。还没含税。

“可是，我们以前都没让付款啊。”我目瞪口呆，还想解释，自知理亏，下意识地捂住嘴。

“嘿 Emma……”一向缺心眼儿的 Jay 此时反倒比我周全，微笑着看了我一眼，似乎想制止我发布更多“黑暗历史”。

“不会，这样漆从来没有免费过。那你们……还想要这漆还是……”那店员也不急不躁，好脾气地打量着我们。

“要是收费也许我们就不会要这么多样品了……”我仍然不遮不拦地自曝小算盘：“可是，这已经配好的颜色，别人也不一定会买它们哦。”

Jay 则没吭声，看我在那儿急赤白脸地大惊小怪。

“这样吧，这次就送给你们了，以后再订样品记得付费就好了。”那店员看起来并没什么高深的学识，可很快下了这人性化的解决命令，让我着实佩服，不禁对 Home Depot 这美国人离不开的连锁店好感大增。

几天后跟华裔加拿大女友 Kimberly 当笑话说起此事，她笑着一脸释然，说：“我还说呢，怎么我们前些天去同样的店买样漆都被要求付款，你们就可以免费呢？你知道吗，我刚来美国一年就非常不愉快地被种族歧视了两三次，感觉非常委屈，甚至想搬回加拿大，要知道我在那里居住二十年，从没有一次这种因为我是华裔导致的不开心经历。我以前怀疑你们的样漆之所以免费也许因为 Jay 是白人，所以……看来这次是误会，我多虑了。”

Kimberly 说她某次和一个美国女友同去星巴克喝咖啡，本来她站得更靠前，可那金发的女店员居然跳过她问那女友想喝什么。咖啡做好后，“她微笑着递给那美国女孩一杯带着纸袖的咖啡，我那个则什么也没有，烫得我自己赶紧加了一个。而且她只把我的往吧台上一推，看也不看我一眼”。

每逢听到这样的种族话题，我唯一的选择就是沉默。有什么好说的呢？不喜欢的人不习惯的待遇无处不在。有些人就是这样狭隘，法律和爹妈都奈何不了，我们又能做什么？昨天刚看到一个超速开车被警察开罚单的三十多岁女子给警察的开脱理由是：我是白人，很纯正的血统，不要处罚我。那警察惊得眼球差点掉出来！

3

好事多磨，事缓则圆。这是人类多么阿 Q 式的自我安慰。可如果能起到安慰的作用，也还是不错。

再次递交七种颜色的色卡几天后，Jay 接到电话说有两种颜色通过了，淡蘑菇乳色，用在房屋后墙与侧墙的灰泥面上，浅南瓜皮色，用在房前的木头墙面上。同时还指定，暗白色，用在房屋和所有门窗的木头边框上。

“他们也太不通情理了，要是换了我，根本就不理他们，程序走完了，该刷什么漆就刷什么漆，我就不相信他 Sam 就能看出颜色间的细微差别，明摆着，你们提交的这些颜色根本就没太大区别，他们却苛刻地只给一种选择……”从棕榈泉回来过周末的 Arthur 为我们大呼不公。

我虽然不想硬跟 HOA 为敌，可听了 Arthur 的话也有些心动，经过在木板上试漆，我已经深知一种颜色在卡片上和在木头上、泥墙上显示出来的颜色差异非常大，我就不相信还真有人拿着那纸卡片来对比较劲。

可当我把几种想用的颜色小面积涂在不起眼的墙根，等晾干后一看，结果却有些出人预料，HOA 指定的颜色还真比我们自己所谓喜欢的看着顺眼。

Jay 也深有同感，于是我们决定做好孩子，乖乖听从 HOA 的指令，只是把暗白色换成了比之前那个更亮一个级别的白。

接下来就是找油漆工。

我主动请缨来招募。虽然人生地不熟，可好在有黄页电话簿在手。找到油漆那一页，几个电话打出去，立即有公司答应来上门免费估价。

第一个，是 Kimberly 用过的一个韩国小公司，一个面相腼腆清瘦的韩国男子，4300 美元，不包括油漆，价格不能再优惠。

“可是 Kimberly 说她的房子里外都刷了，才 6900 美元，还包括油漆呢。为什么我们只刷外墙就那么贵？”我问。

“因为咱们这是两层的楼房，比那一层的要难刷……”人家乙方还没说啥，甲方先起了内讧，Jay 自作主张给人家找理由。我白了他一眼，真恨不得把这进化不够彻底的美国男人蔑视到尘埃里。

第二个，也是一个韩国公司，说好了下午六点钟来看房子估价，直到七点也没人影。电话打过去，一个口音像墨西哥人的男子大呼抱歉，说他完全忘了，正在去接孩子的路上！说他会派他的经理尽快赶过来。我想，一个除了赚钱还顾着接孩子的老板想来也不至于那么可气。一刻钟后，一个长相俊朗的像韩国艺人裴勇俊的男子微喘着气来摁门铃，路旁是一辆顶上架着几个梯子的小货车。Kevin（凯文），是这个私人小公司的业务经理。虽然是火急着被临时派了赶来，他的脸上仍是干净地微笑着，淡灰色帆布裤子上有着调色板一样的油漆，他刚从五十里外的一个工地干完活回来，家也在这个山谷里的小城。他和前面那位韩国人一样，一点都不急吼吼地游说接活儿，带韩国口音的英语，声音低缓，始终面带微笑。“3200 美元，不含油漆。”他在纸上条理清晰地列出了所有工作内容和款项，字迹和行文简洁，让我这以码字为生的人平添好感。

第三个，来自以色列的帅小伙，名字古怪，我根本记不住，但他那健美的身材和好看的脸让我想到 Ryan Gosling（瑞恩·高斯林）。劳动面前人人平等，可看到好看的男子靠纯体力活谋生仍让人不由自主地惋惜。想起多年前回中国宣传《我在美国当警察》一书的作者接受我采访后一起去吃饭，经过王府井商场看到一个年轻导购时的感叹：“这么帅的男孩，在这里当店员，多可惜！他该去当警察。”

油漆工 Gosling 前后左右极为仔细地察看房子的每处细节，告诉我们说刷油漆之前，这里那里他会如何修补，甚至后院的木廊架，即使是去年新搭建的，他也建议重新上油漆。“我们是专业的，一定比你们自己漆得好。”他也是脾气很好地不急不慌，中途还叫来了另一个伙伴加入讨论。他甚至还带了色卡，让我们选颜色，又播放随身带的 iPad 让我们看他以前做过的活儿。

“我感觉他不太靠谱，你看他名片上的经营范围，橱柜订制、地板维护、屋顶漏水修补什么都干……”Jay 悄声跟我说。

面对两个来自文明古国的年轻人不肯放弃的游说，我虽然也没底却不忍心打发他们走人，我想到正在北京四处投简历面试人生中第一份工作的儿子，真希望这个世界给年轻人一些机会。

“我们的报价？我保证会做一份细致彻底的工作，13500 美元，我给你们打个折，12000 美元，包括油漆在内。”他们眼巴巴地望着我，一脸坦然真诚。

“天哪，我相信你们能做得不错，可这个价格太让我意外了。”我坦率地道。

“别人报价多少？你愿意告诉我们吗？”他们似乎反而比我更意外。“三四千美元？怎么可能做好活儿呢？我们会先用高压水枪把房子清洗一遍，把每一道裂缝和每一个小洞都修补好，再……”

“别人也都承诺会做这些。抱歉。”

暮色四合，我都听到 Jay 肚子咕咕的叫饿声了。

起身离开经过室内，他们仍不想放弃这个机会。“我们可以先刷一个角落给你看看，不收任何费用……”一个说。

“你室内的墙也该刷了，我们可以先刷一个房间……”另一个道。

看我们仍然不为所动，Gosling 似乎忍痛割肉了，说可以给我们 9700 美元的最优惠价，低于这个就真没法干了。

我们道谢说权衡比较一下再跟他联系。

自然，我们再没找他。

这一行，还真不是靠脸吃饭的啊。

第四个上门估价的是一家本地的公司，4300 美元，包括油漆。“至少需要 35 加仑（1 加仑约等于 3.8 升）油漆呢。你们花了 500 美元已经买的这 17 加仑漆，可以从总额中减去，你们只需付 3800 美元，不够的漆我们提供。”听上去不错。但当我问这位一身油漆的老美同样的颜色在木头和灰泥上的区别时，他说没什么不同。我不禁怀疑他是色盲。

之后 Jay 给邻居 Garry 家以前的油漆匠打电话未通，留言三天后才接到回复，这么低效透着不可靠，自然 pass 掉。

另一个当地油漆公司居然迟到了三小时，自称拿到的地址邮编有误，找错地方了云云，听着就不可信，当地人即使邮编不对，看街名也该八九不离十，花不了三小时找地方啊。他倒是报价了，也是 4000 多美元。

Jay 迂腐地相信一分钱一分货，说怕太便宜的活糙不给力。我却更相信对人的直觉，像 Kevin 那样利索干净的人至少不会太差。

Jay 每天去上班，自然不可能亲力亲为，最终大权旁落让我做主。另外，他对自己不太擅长谈判这弱项也心知肚明。

于是 Kevin 成了首选。

4

因为大家都是怀揣着自己的母语，挺胸壮胆地说着他国的语言，口头交流远不如书面文字来得更准确和有思考余地，所以我发信息给 Kevin。

他很快回复了，但说会晚些答复我，因为在陪孩子们在影院看电影。

又是一个顾家的男人。看来我的直觉不错。

最后达成一致，房子所有外墙，再加上屋子正门、车库门和通向后院的旁门，3500 美元，先用我们自备的十七加仑漆，不够的由他们购买。

几天后他上门进行最后的核实，我让他进屋小坐。

他十八岁和父母一起移民来美国投奔先在此地的舅舅，如今有十几岁的一儿一女，在这个城市十年了，因为太太的好友住在这里，偶尔来聚会喜欢上了便离开 K Town（韩国城）来这里定居。仍每周开车半小时去韩国超市购日用品。

喜欢打听别人的出处，我惊异地发现自己的职业病。可身在异国他乡，同是天涯沦落人，即使像他这入美籍多年的人，此生此世即便白发苍苍恐怕也不会忘记自己的移民身份。Kevin 喝着我递给他的一瓶冰水，坐在那个吧台椅上，安静地和我聊天，聊彼此的经历，聊这个城市好玩的去处。“我上小学五年级时全家便开始移民美国的历程，花了七八年时间才成功。如果我再年长一些就不能以投靠亲友的身份来了……别看不远的北岭市也有韩国超市，可我们仍是要去韩国城的那个店采买食物，很明显，因为那里周转快，东西更新鲜。”

空调机偶尔启动，轰隆隆就在耳边。那一刻，我们好像不是雇佣关系，都像偶遇的新朋友。

临走，他承诺会派一个干活比较好的组过来，周一就开工。对于爬了半墙的那架爬墙虎，不同于其他油漆工建议的从墙上揪掉，他说可以让工人先盖上塑料，在近旁喷漆，然后用刷子局部补漆。

今年的洛杉矶奇热，动不动就是三位数高温，相当于摄氏四十五六度。好在是干热，而非北京的桑拿天气，只要躲在屋里不出门，即使上午不开空调也还算凉爽。可从下午一两点到晚上八九点，屋里屋外都被聚积的热气所笼罩。

周一早上七点，还在朦胧睡眠状态中的我就被门铃声吵醒，还没来得及反应，很重的敲门声又响起。

忽然想起该是干活的工人到了，我赶紧起身下楼。

一位瘦小干枯的上年岁的亚裔男人冲我打招呼，“Good morning，Choi”。他脸上堆满笑容，点头哈腰。

我知道Kevin所在的这家油漆公司的名字就叫Choi Painting，也知道Choi是韩国的一大姓氏，相当于中国人姓崔，但不相信这就是老板亲临，只不过重姓而已。后来证明我是对的，这位不仅与老板没有半毛钱关系，也不姓Choi，他看到我自称Choi，其实是说他来自Choi公司。

旁边两个年轻人，都穿着和他一样的帆布工服，一个圆胖脸矮个子，像日本宪兵，另一个高大些的斯文白净，长得像歌星高明骏。俩人都冲我微笑打招呼。

真开始干活，我才发现这三位的英语都不超过扫盲班水平。除了偶尔必要的几个英文单词，几乎没有办法交流。

好在大家都意识到可以比画。他们示意让我关好所有门窗，他们要挪开所有放在墙根处的花草和杂物，对房子进行高压水冲洗。

我依言照办。半小时后听到动静渐小，开门出去巡视，房子似乎经过一场透雨，确实干净了一些，可我悲哀地看到，侧门空调机旁那株已经有一米高的黑金刚居然被拦腰折断了！

跟人类越来越疏离、和植物越来越亲近的我，自然心疼不已。指给正在给墙洞补腻子的“高明骏”看，他一脸吃惊地打量着那截还在土里的木头和横陈在地上的尸体，连声道“sorry”。

“请小心一些对待植物。”我除了提醒似乎没有更好的办法。

韩国人来了，我这中国人的日常生活被彻底打乱了，不能在后院做瑜伽，不能进进出出侍弄花草，甚至不能开窗通风，因为被他们用胶带封住了。甚至看书写字也成奢望，他们不时会敲着玻璃高声叫着“excuse”，让我弄这干那。

猫咪Fireball也吓得不敢出门，除了那叽叽咕咕的陌生声音，围绕房子铺了一地的塑料布、封住所有门窗的胶条塑料、无所不在的梯子架子、大大小小的油漆桶、带着发动机的喷射水枪，整个房屋似乎都已经被“外星人”占领了。它多半时候在楼上睡觉，不再睡平时的床和地板，而是躲进衣柜某个角落。即使偶尔下楼喝水吃食，也警惕地瞪圆双眼，隔玻璃门打量着外面。

只有一天早晨，趁“外星人”未到达，它被我连哄带赶地踱进后院。可直到下午三点油漆工人们离开也没回家，五点多，还没见它踪影。我赶紧四处找寻，要知道这小火球可是Jay的小伙伴，相依为命十年了，要真丢了我可就罪孽深重了。

“Fireball!”我叫道。

只听见几声猫叫，不再是那脆甜如孩童的声音，而是干巴巴地带着凄怆，像个流浪街头的老乞丐。声音来自一墙之隔的Ginger家方向。我奔过去再叫它，只见一道琥珀色身影跳墙而入落在草坪上。

这四十度的炎夏，它居然在外面游荡了十个小时而不敢回家。看它迫不及待地滋滋有声地喝水，我的心又疼了。

对陌生人要友善，对上门来为你干活的陌生人尤其要友善。这是Jay一向的做人原则，在他身上看不到丝毫赤裸裸的资本主义的金钱雇佣关系。他的良善也让我近朱者赤。

他们早上七点到，下午三点离开，十二点午餐。我通常送两次水，午餐时一次，离开前一次。我好奇地打量过他们的饭菜，各带各的，大同小异。一小袋泡菜、几片炸猪排、一小盒海苔，一小碗米饭。都用深蓝色的保温盒包装着以隔绝炎热不致变质。喝的各不相同，老人带着保温杯，里面是咖啡，年轻人则带着甜饮料。一瓶冰镇的凉水似乎是他们期待的。

“Thank you ma’am.”“高明骏”不仅人好看，嘴也甜，只是英文水平有限，谢谢、对不起，是他说得最多的词，每次，在后面都要缀上一个ma’am（女士），表示尊敬。

我永远不可能知道他们的来路，从韩国到美国，怀揣着一腔热情和美梦，他们预想到自己会在这异国他乡靠刷油漆谋生吗？看得出两位年轻人都不是干得惯体力活的人。英语越差，说明他们出来得越晚，至少都年过三十的人了，早先是否也是衣履鲜亮的教师或办公室职员？如今却要像毛头小子一般被这个老男人指挥。“日本宪兵”爱用一块白布包着头，脖子后面也披一块以遮挡明晃晃的毒日头，可一到下午，他完全没了早上的好脾气微笑，累得无经打彩如晒蔫了的茄子。Forman，就是中国人说的工头，是个老烟鬼，干活挺利索，上上下下一点也不输年轻人，却总要停下来走到路边去歇口气抽根烟。“高明骏”一到下午也没了早上刚到时的精神，一张脸上全是灰粉，他开始负责清洗屋檐下的木廊。我告诉他帮我把二楼厕所外的小纱窗也用水枪喷一下，他“OK”利索答应了，可不知是一开始就没听明白还是阳光刺眼根本看不清是否清洗干净了，我站在屋里望过去，那窗子还糊着一层蛛网。听我说没洗干净，他比画着要进屋，不等我反应过来，已经在门外两个脚后跟一蹭把鞋脱了。他噌噌上楼直奔那洗手间而去，站在淋浴房还湿着的地板上踮起脚尖双臂用力要把那窗纱摘下来。看无论如何使力都无济于事，他又大步跑到另一个浴室，如法炮制。这次倒摘下来了，却发现那尘垢全在外面，又按回去，歉意地跟我比画着说他再登上梯子从外面冲一遍。

不一会儿，窗明檐净了，他的脸上却脏得看不到肤色了。

知道他们的作息时间后，我特意去买了哈密瓜回来，切成小块放冰箱，候到他们的午餐时间，端到前廊下，给席地而坐的三位解解暑。

老男人只点下头，“日本宪兵”圆脸含笑说“thank you”，“高明骏”则使劲点头大声说“thank you”外加永不忘掉的“ma’am”。

三点钟一到，我总能听到敲门声，是他们收工道别。

早上来时的三个黄皮肤不见了，眼前是三个黑人，肤色全都深了好几度，看得我心里又是一阵不好受。

“你这一天可够煎熬的，先是为植物，后是为猫，最后又为人难过。”Jay 边吃我烙的牛肉饼边笑道。

“这些人也真不容易。”我由衷地说。

“因为他们是亚洲人？让你想起中国的亲戚了吧？”他又笑。

我承认，即便非我同族，可同是黄皮肤黑头发，同是那谦恭有礼貌的表情，在我看着就是比一些高鼻大眼的西方人亲切。

5

第三天，整个房屋外墙已经基本换了新颜。我打量着那前廊下的木板墙，有些失望这浅南瓜皮色不够明亮，相反，太灰暗了点，像腌渍过久的黄瓜皮。但既然颜色是自己选的，也不好跟人家说什么不满。

“什么时候刷车库大门啊？”我给他们递上水。每天六瓶的速度已经令我没有了库存，Jay 专门去超市又买了两箱。

“已经刷好了。”工头志满意得地指着车库说。

不会吧？车库应该也是和木板墙面一样的南瓜色呀。

“啊，不是要白的吗？”他一脸困惑。

天哪，我这才想起来，他们根本看不懂合同上写的颜色要求，也许根本没看一眼合同。可他们刚来的第一天，我明明把所有颜色的样本，那小桶的颜料都交给他们了呀，还一一指明哪个地方用什么颜色，结果……

“不要刷白那刷什么颜色？”三个人都知道问题严重了，围上来望着我。

“浅南瓜皮色啊，和木板墙一样的颜色。”我说着，却发现工头脸色更凝重了，对我的回答他像木头人一样没有反应。

“那你告诉我，木板墙刷的是什么颜色？”我反问。

他仍是不说话，只顾低头掀开前廊下长长的布单子，下面存放着未用或用过没用完的几桶漆。

我指着那桶问他，究竟用的哪个颜色在木板墙上，他仍是沉默不语，脸色却越发不好看了。

我本能地知道出错了。

用手指蘸了一下那浅南瓜皮色我就要往墙上涂，被“高明骏”no no 地制止，意思是那都漆好了的，不能涂抹。

“可是，你们用错了颜色，把刷灰泥墙的淡蘑菇乳色用在了木板墙上！”我心中甚至一喜，怪不得颜色那么暗淡呢，原来刷错了！

工头抓起一根木棍，在两桶漆里都搅动几下，各刷在他的旧手套上一笔，虽然两个颜色都很淡，但仍是不同色系，果然，刷错了。

本打算再干一天就彻底收工的他们，一下像泄了气的皮球，脸色更灰颓了，那意味着又要爬高上低重新干一遍。叽叽咕咕，句尾声调总上扬，像吵架一样，几句韩语对话后，他们收拾东西离开。我跟他们道再见，他们也没像平时一样堆着一脸笑，反而绷着脸兀自朝路边那小货车走去，只有“日本宪兵”敷衍地挥了下手，似乎连回头看一眼的力气都没了。

我照例检查当天的工程进展，心疼地发现墙角的几株瓦松都被踩烂成泥面目全非了，一株金银花也被披盖在上面的厚重的布单子压得只剩下主干还挺立着，所有细弱些的枝条全断了。

唉，这是刷房子必然的代价吗？

Jay 下班后巡视一圈，很不满意他书房外窗的边框居然腻子都没抹匀，豁牙露齿像年久失修一般，车库檐下几处雨水的污迹都还清晰可见。他决定第二天晚些去上班，一定要见见这几位“短工”。

第二天一早才六点半，Jay 就起床洗漱，然后下楼候着。本来七点左右就准时到达的三位却迟迟不见踪影，一直到八点半，我们才听到人车动静。

“谁是负责人？”Jay 问了三遍，却没有人吭声。

还是“日本宪兵”脑子好使，从这位戴黑框眼镜的大光头的脸上猜到一二，他愣在那儿没说话，只是指了指那老汉。

我赶紧上前给他们做介绍，工头堆上一脸的笑，比画着说今天重新刷木板墙，漆他已经带来了。

Jay 发现他基本没法跟对方交流，只好跟着打哑语比画。

“这就是你选的人啊？Kevin 呢，他从开工都没出现过，我开始还以为是他来干活呢，他只不过到处秀那张好看的脸揽活儿罢了……”一向极少抱怨的 Jay 有些沮丧。开上车，他上班去了。

第五天，终于彻底完工了。我再挑毛病，他们总会用比画加英语单词告诉我就这样了，改变不了什么啦。最后我打算放弃，兀自开始将花盆归位，“高明骏”过来帮着抬，脸上是即将解脱的轻松。

“Check（支票）!”所有梯子工具都搬上车了，老工头走上前来微微一笑道。这个词倒是发音准确。

我还真没有，支付款一向都是 Jay 的事，我是不能代他签支票的呀。

我解释说会给 Kevin，让他放心。他却并不罢休，而是给 Kevin 拨通了电话。

半小时后，我正在后院用水龙头冲刷地面，Kevin 从侧门走了进来。

“折断了花草，天啊，这可不好……木板油漆不匀？我想可能是那木板本来就这样了，你看它旁边就是水龙头，是变形了呢，不是刷漆的问题……”他检视一遍，自然避重就轻站对位置。

我不想跟他辩解，虽然那纸合同直到现在我们也没签字，遇到无赖是可以视为无效的。这一切就像是不受法律保护的事实婚姻。既然人家都没让你签合同就开始干活，还一干五天，还好歹干完了没出太多幺蛾子，我也该给人家点信心，相信人家心里除了钱，还装着点其他的东西。

我们约好第二天一早他来取支票。

晚上去打保龄球的路上，我跟 Jay 说要是 Kevin 能给我买一棵植物来就好了。“工人们对植物的践踏完全是可以避免的，只是他们根本没有那个意识，他们应该得到点教训。我应该告诉 Kevin 让他们一起给我买一株植物。你说可行吗?”

“你让根本不在乎植物的人给你去买植物？算了吧，还不如扣他们 50 美元，你自己去选一棵呢。”一向大大咧咧的 Jay 居然也有细心的时候。

给 Kevin 发信息告诉他这个想法。两分钟后他回复“我同意”，旁边还有一个笑脸。

那株新西兰蜡花如今在院子里开得粉一朵白一朵，极是淡雅。每次看到它，我都会情不自禁想起那三个韩国伙计，心里是柔软的，一如陈忠实写他那让人既恨又爱的二货弟弟。

猫在洛杉矶

FLORIST

初 见

在认识 Fireball 之前，我似乎从未真正爱上过猫家族。

忠诚是人间日渐稀缺的美德，它的演绎和再现被狗无比完美地实现了，所以，几乎没有人不喜欢狗。而天性不同的猫显然不在其列。更多的时候它们在人类爱心泛滥起来时充当接收宠爱的玩物。它们智商不高，显得没心没肺。它们情商不够，对主人也不冷不热。在生人面前更是没有安全感的孤傲警觉。

曾有过两次家里养猫的记忆。儿时生活在重庆的部队大院。每周去我们院里挑泔水的农妇小杨总要挨到我母亲下班了去家里摆会儿龙门阵（聊闲天），顺便吃碗我母亲煮的北方手擀面。“你吃你吃嘛！”每次从母亲手里接过碗时，她都龇着一口大板牙客气地推托。弟弟不止一次在背后滑稽地模仿她。听说我家里几天前刚领养了只小猫，她叹气说乡下宅子太老旧，总闹耗子，要是有一只猫就好了。慷慨好施的母亲正嫌我弟弟爱猫过度，立即让她揣着走了。放学回来的弟弟得知后大哭，虽然那小家伙在我家待了也不过一周时间，可每晚它都钻进弟弟的被窝去睡觉。

另一只真正我养过的猫叫努努。十五年前我初在北京漂着的时候，在报社当编辑，某晚去设计平台看大样，在一位设计人员的电脑旁边有一个纸盒子，里面躺着一只出生刚三天的小猫崽，除了脑门上有一绺淡琥珀色外，全身雪白。设计人员说是他家猫咪一胎新生的三只猫崽之一，原本打算上班路上给一个朋友送过去，没想到那朋友湖南老家突发意外，火急着坐夜车走了。那巴掌大的一团不知如何触动了我的软肋，当晚，它就睡在了我的家里。

我从未查看它的性别，却毫不怀疑地认定它是她，并欣然沿用了她母亲的名字，努努。她安静得像个家教良好的小姑娘，喜欢趴在沙发背上看电视或打瞌睡。她总是干净如新生，每周一次，乖顺地让我捧着它在调好水温的水龙头下洗澡，然后用大浴巾擦拭毛发，如果是冬天，还用吹风机吹干。即使噪声分贝很高，它也好脾气地忍耐着不避不逃。

偶尔打量着它，我会想，也许我从此就爱上这喵星人了。尽管它血统不名贵，跟折耳猫、波斯猫相比，它普通得和我一样，草根一枚；尽管我跟它的情感交流并不比我养在玻璃缸里的“美人儿”（那只南美红玫瑰蜘蛛）多；甚至，我们极少有别人家主人与宠物搂抱着对视的瞬间。但至少，我下夜班回来，看到它这小活物的身影，远胜过冷锅冷灶的清寂。于我而言，不热情、不亲昵的努努像大多数的熟人，是相看两不厌的陪伴。

然而，不幸的一幕还是发生了。某天我下班后发现：那只小小的圆形金鱼缸破碎在地板上，水流了一地，两只金鱼只剩了一只，绝望地睁着眼，似乎仍在惊恐之中，已经死了；另一只则消失得无影无踪。这鱼缸原本是在电视柜上，已经一年多了，好端端地突然坠落，自然是有肇事者的。我突然看到努努，好整以暇地窝在沙发上舔着尾巴上的毛。难道是它野性发作？先是逗鱼玩儿，一跃而起的瞬间，鱼缸滑落，鱼的惊慌蹦跳激发了它的斗志，一口上去，囫囵吞枣，那可怜的鱼儿不明不白地葬身猫腹。

这公案自然不了了之。

随后我出差频繁，好在小区有另一个养猫的同事小 P，他心细善良，对猫比对女人还有耐心，不时在我一个电话的招呼下，提着大笼子过来，戴上黑皮手套，摸爬滚打至少半小时，才将惊慌绝望的努努捉住带回他租住的公寓。几次这样的痛苦经历，干脆，我们决定让她暂时就客居在那儿，等我工作稳定下来再接回来。这一放就是两个月。之后是过春节，小 P 回天津老家过年，给父母的礼物就是左手一只猫，右手猫一只。和所有北漂者一样，他也正面临着换工作、换女友、换活法的状态。于是那两只猫就被他父母好心收留了。我们不时仍在 MSN 上交流，看到已经做了妈妈，继而又当了奶奶的努努的照片，那一脸的满足和疲态，竟然让我在欣慰之余略微心痛，就好像自己的孩子送人时还是少不更事的童颜，再相见，她已是被时间和生活磨砺过的沧桑妇人。动物和人类一样吗？但凡做了母亲，当年那个青涩纯净的生命就彻底消失了。

某天翻出来我早淘汰了的诺基亚手机，屏保仍是不足一岁的努努。它乖乖对视着镜头，眼神干净无辜，像刚剥开壳的一枚鸡蛋，我不太敢看它。我有些难过，我的那个努努，虽然仍活着，还活得不错，可于我，已经不存在了。

就是在这样的一个养猫背景下，在努努离开十年后，Fireball，一只听得懂英语的猫走进了我的生命。

它住在洛杉矶郡的一个山谷小城，据推算，它出生的年代和我初到美国的时候差不多，因为父母是流浪猫，具体生年不详。和它的主人 Jay 一样，照片优先，我在电脑上见识了他们主仆二人的尊容，两个毛茸茸的单身大男孩。Jay 被他的朋友们戏称乔布斯，戴眼镜、穿黑 T 恤、光头、IT 男，无论冬夏都穿牛仔裤、T 恤衫，不用放大照片，就能看到两只胳膊上全是毛。Fireball 蹲伏在桌子一角，一身虎皮色的毛，活脱一只迷你老虎，高傲而又独立的眼神，完全不像总一脸微笑的主人那么随和。

在我看来，没有太多文学素养的 IT 男实在不会琢磨出这么形象又有几分诗意的名字，火球。“当时，我养了五年的猫死了。我很难过，那是只母猫，我叫她 Denis（丹尼丝），那是我母亲生前的名字。在动物收养中心，我一下子就被这个小家伙吸引了，它只有巴掌大，在笼子里无助地看着我，很安静，不像其他猫狗那样见到人就直叫唤急于被带走。我把它抱在怀里，它一身琥珀色的绒毛让我想到火球，就这样，它成了我的 Fireball。”

第一次跟 Jay 去他家，像许多美国人一样，不走正门而走车库。推开一扇小门，是洗衣房，洗衣机、烘干机像两个庞然大物，占去了一半空间。我留意到洗衣机旁是一个猫砂盆，足有 1/3 个浴缸大，里面的猫砂被刮抹得很平滑，透露着主人对它的在意。

“你可能没机会看到 Fireball，它独自待惯了，是胆小鬼，很怕生人。”Jay 突然停住了，一开灯，脚下那一团不正是小火球吗？看到我，它不仅没躲，还好奇有加地踱着轻巧的步子，用审视地眼神打量我，好像久别的熟人，在故作冷淡的打招呼说“你来啦!”。

更令我喜欢它的是，和我一样，小火球无限痴迷地喜欢树!

Jay 的后院不大，一半是水泥地，一半是草坪，沿墙种着些灌木和小树。只要打开客厅通往后院的推拉门，Fireball 都会小跑着冲进后院，先是四处逡巡一遍，然后支着后腿坐在那株刚高过围墙的山茱萸下，禅修一般，在阳光下一坐就是半天。偶尔饿了，回到屋里咯嘣嘣地嚼几口猫粮，就又回去打坐。人家是面壁，它则是面树。

“估计它只是喜欢看树叶被风吹动的样子，或者，有鸟儿飞来叽叽喳喳，它好奇。”Jay 的解释如此。开始他还担心它会跃过围墙玩失踪，要知道墙外就是马路。可喜欢蹿到冰箱和橱柜上俯瞰世界的 Fireball 还真没尝试过当个骑墙派。

Fire boy，这是我为这五岁小男孩取的新名字，火娃，或者，红孩儿。虽然 Jay 每次都好脾气却执着地纠正我，not Fire boy，it is Fireball（不是火娃，是火球）。

恩宠

我读大学时和所有“70后”一样，一度迷恋席慕蓉，连带爱她的私生活，甚至她写先生的文字我至今仍记得，“爱猫的先生一定爱太太……”，于是她嫁了让她至今幸福的先生。

Jay独自安静地生活了四十年，没有急着去找女人，却先后养了两只猫，疼惜它们如孩子一般，甚至宠爱到让我咂舌的地步。家里昂贵的真皮沙发上，触目惊心的全是猫的粗粝爪痕。本是洁白的地毯上，遍布着如印象派画作一样或深或浅的不规则污痕。那自然都是喵星人的杰作。“我爹地家的沙发也都被猫抓了，可他告诉我，你不感觉这些抓痕让沙发更有个性吗?”

有一次正在享受我爱抚的火球突然扭头怒目张口作势咬我，我惊出一身汗，立即本能地挥着手中的书惩罚它，没想到Jay几乎变了脸色。“嘿，不要这样!”他说我应该学会怎么让猫有安全感地接受爱抚。“不能突然就摸它的头，它会很紧张地自卫。你应该让它看到你的手，再感受你……也不要上来就摸它的屁股。”

我知道美国人几乎家家都养狗或猫当宠物，把它们当成家庭一分子来对待。宠物店卖的各种吃食玩具价格比小孩子的同类东西贵一倍以上，可生意照样兴隆。Jay的朋友Liz收养了六只流浪狗，在我看来只只都是歪瓜裂枣，外形一点也不讨人喜欢。可Liz宠得比对她孙子辈还有过之无不及。每次Liz和她丈夫John出门，都打电话让Jay去帮她遛狗，不仅换水喂食，分批牵着狗们去户外遛，直到它们排便，用随身带的塑料袋收好扔垃圾箱，还要在她家的客房过夜，说是怕狗们寂寞!

我开始还没太大惊小怪，直到某天我和Jay一起去替Liz遛狗，才知道这些被宠坏了的狗们有多闹腾。还在开门，就听到一阵高低不齐的犬吠，急切而热烈，而且丝毫不见外不认生，看到我也亲热地半立起身子往我脸上蹭。看我蹲下来抚摸其中那只白色长毛母狗，另两只吃醋了，挤上前来哈着气伸出舌头就讨好地舔我，湿乎乎的长舌头居然舔的是我的嘴! 我一边下意识地擦嘴一边想，这想必是它们跟主人秀亲密的方式之一。簇拥着我们进到厨房，对Jay散发给它们的零食，有的闻一下就放弃，有的抱着开始大嚼。一听到Jay拉开抽屉的声音，一下子都急急地奔过来，争着把脖子伸向他，它们已经知道最先给套上索绳的就是可以最先出去遛的。

分两批，花四十分钟好不容易遛完了回来。地毯上，某个没在外面排泄完毕的家伙开始留下脏物，Jay 得戴上塑胶手套去清理，再喷上专门的地毯清洁液。

这让我头一次感到狗对人类的依赖程度也可以是一种负担。它们小小的心脏似乎有着无穷的能量，促使着它们去和人类交流。

“这只眼睛鼓鼓的家伙，总跑到我的床上去睡觉……”Jay 指着一只像小京巴一样的狗说。我知道有时 Liz 会为它们洗澡，可并不是每天。

“没什么啊，它睡在我脚边……”Jay 不以为然，万分理解 Liz 让他在这里陪伴它们过夜。“你知道 coyote（北美西部特有的豺狗）喜欢半夜结伙四处流窜吗？它们专捕捉小狗和猫当晚餐。”

对别人的“孩子”尚且如此照顾，Jay 对自家的宠物自然更是万分在意。

火球有自己的两座城堡，小的像半个立柜，大的如一个双开门冰箱，都是三层，有带门的房间，有平坦的阳台，可供它上下跳跃玩耍和睡觉，城堡从上到下的柱子都包着地毯绒和麻线，供它随时随地磨爪子。

“小的是我买给它的。去年圣诞节，我爸又为它网购了一个大的。”Jay 说周末要去给它再买个专门的磨爪柱，以前的有些旧了，火球不新鲜了不喜欢了。“要不它怎么总在地毯上和楼梯上磨呢？”

好吧，至少这不是每天都消费的东西。

但当我某天打开厨房的柜橱准备做顿饭时，立即被眼前那密密麻麻码放整齐的罐头食品给惊呆了，还以为自己打开了某个超市的储藏室。

“你不是说不再吃罐头食品了吗？对健康不好。”

“那不是我的，是火球的罐头。”

“它不是吃干的猫粮吗？”

“光吃干粮不行，得配合着喂湿的鱼肉和鸡肉罐头，还有这些零食……”他拉开抽屉，也是层层码放整齐的漂亮包装袋，别说猫，人看一眼都忍不住撕开大嚼。

洗碗池里有两个扣着的干干净净的玻璃碗，刻着细细的花枝，很精致。他说那是火球的餐具。且慢，这同我上次过来时和 Jay 吃冰淇淋的碗似乎一模一样啊。

“一共六个这样的碗，四个我用，两个火球用。”

我记得他上次把我们用过的碗也是放在水池里这样洗了倒扣起来。也就是说一不小心，我很可能与这只火球共用一只碗吃饭……“别担心，左边的水池是洗人用的餐具的，右边那个是洗火球的餐具的。”

那湿罐头像我们小时候吃过的午餐肉，有拉环，打开，用勺子挖出一半来放在火球的小碗里，搅碎。还没放在地板上，它已经开始喵喵叫着在蹭人的腿，似乎在说“饿了，饿了，快点啊!”，只是它分不清罐头在谁手里，不时蹭错了人腿。我笑它和吃炒花生也要先用牙去咬碎壳的 Jay 一样笨。看它大快朵颐的样子，显然这罐头比干猫粮更香甜。另一半，用一个专门的塑胶盖子封好放冰箱，晚餐时拿出来，用微波炉加热五秒钟，再倒在碗里给它吃。这个程序几乎雷打不动，五年来天天如此。如果 Jay 出差或旅游，就把钥匙交给 Liz 等朋友，过来给火球喂罐头。

“寄养到宠物中心？我只做过一次，捉它进笼子的过程太残忍，我不想它心灵受伤。”Jay 的车库一角有一只黑色的帆布笼子，四处都开着透气孔和塑料窗，布满灰尘。

他的朋友都对喂养火球的许多规矩耳熟能详：

别让它舔罐头盒里的残渣，以免它被锋利的边缘割伤舌头。

喝水的碗一定每天洗刷，气温高时要用杀菌水消毒。

饮用水一定要用净水器过滤。

尽量不要让陌生人进屋，自小独处的火球胆小。

这最后一条我真是见识了。不管是来打扫卫生的墨西哥小巧女佣，还是来维护无线网络的大块头工人，只要有外人进屋，火球都会惊恐万状，不是躲在二楼床底下就是一楼电视机上的贮藏架后。一次两个工人来送床垫，听到敲门动静的火球赶紧往楼上溜，可能没等到动静，又打算下来，在楼梯口正遇到带领工人上楼的我。“快点！火球，快去躲起来，陌生人来了!”它瞪着圆眼睛看着我，似乎读懂了我的话，立即回身钻进卧室藏起来。

让我没想到的是，除了陌生人，它还特别怕吸尘器的嘶吼声。每次只要看我打开贮藏室的小门，拿出吸尘器，它就一溜烟逃往二楼。待我吸到二楼，它又忙不迭逃到一楼。

随着出门时间增多，也不好意思麻烦别人来照顾火球了，于是 Jay 在亚马逊网买了自动喂食器和迷你饮水机，虽然只能用以喂干粮和水，但至少大大解决了火球的生计问题。

日　子

在我介入这主（Fireball）仆（Jay）二人世界之前，他们的生活是这样的。

早上 Jay 起床，睡在他脚边的火球也跟着跳下床，蹲伏在浴室玻璃门外，看里面哗啦啦的水珠飞溅，大概十分钟后，洗漱一新的男主人穿衣下楼，几步之外是火球欢快地带路，几个跳跃它奔到一楼，走到楼梯拐角处还不时驻足回望一下，确定主人在后面没停下脚步。直到走进厨房，仰脸看 Jay 打开橱柜门，取出一听罐头。世界上最悦耳的音乐在火球看来一定是那小不锈钢勺子敲打玻璃碗的声音，睡饱了，伸个懒腰，等着一餐美味开启全新的一天。

晚上，出门挣钱的 Jay 回来了，各自吃着罐头，蜷在沙发上慵懒地看卡通片。《辛普森一家》，是 Jay 这个大男孩的最爱之一。鼓眼睛的 Homer（霍默）就像是美国这个民族的男人性格象征，大大咧咧，好心，贪大求全，自我，不羞于认输……

周末，Jay 总想多睡一会儿。火球先是醒来独自发会儿呆，跳到浴缸边的窗台望会儿街头轰鸣而过的汽车，再回到床头柜上打个哈欠，扭头望一眼仍在床上的人类，清脆而短促地"喵"一声，观察，如果人类还是不睁开眼，便再叫一声，稍微高一个分贝，还没动静，则举起它的小爪子，试探着，极轻地拍一下沉睡者，或手臂，或肩头，或脸蛋，总之，要他有动静回应。

Jay 往往把手伸出来，闭着眼睛应付差事一般搔搔火球的脖颈，继续睡觉。

火球有时知趣地跳下床，去楼下自娱自乐。没早餐，没玩伴，晒会儿太阳也好。偶尔，会有一只过路的苍蝇不知怎么闯进玻璃门里，火球则会大喜过望，又跳又蹦着去捉它。按理它是没有任何优势与苍蝇玩一场战争的，可偏偏苍蝇死心眼，总在那玻璃门上努力，想飞到外面的自由世界。火球由好奇变得兴奋，两只后腿着地，前爪左右扑打着，还张着嘴，发出"呀呀"的声音。最后的结局就成了力量博弈，火球杀死苍蝇，并把它吞下肚去！

Jay 自然不想让火球吞食苍蝇，特地在玻璃门外装了一整面墙的移动窗纱。可又想让火球自由出入这道连通着客厅与后院的门，便又自己动手为纱帘剪了个四方的洞。

当我第一次来家里好奇那洞时，他告诉我他打算再换一个没洞的窗纱，理由是他发现即使这么小的洞，苍蝇还是能飞进来。

被 Jay 宠坏了的火球从不洗澡，虽然它不时从头到脚舔自己。Jay 曾试着带它去宠物店洗，可每次捉它进那个有着透气孔的大黑提包都似乎比经历一场战争还可怕，人类气喘吁吁同时自责不已，猫类心跳通通同时左躲右闪。于是这洗澡一事从此就封尘不提了。

我告诉 Jay 努努的故事，说那是一只爱洗澡的猫，他怀疑地看着我，一脸的不可能。我试着用人类的方式清洁火球，在它安静享受着我的爱抚的时候，用温水打湿纸巾轻抚，每次它都机敏地感知到纸巾与手温度与湿度的不同，当即一跃而起毫不犹豫地逃走。

上网查"如何给猫洗澡"，解释是"要从小养成洗澡的习惯，否则很难培养"。

我也只好放弃。

可能是我终日在家的陪伴，火球越来越习惯依赖人。我在书桌前写字，它会在城堡上睡觉或看着我；我在沙发上看电视，它会挤在我和沙发背之间打瞌睡。即使在床上它也丝毫不见外，静待熄灯后，在黑暗中窜上床，开始还睡在我的脚边，不知何时移到了我的枕畔。半夜醒来，看它那么安心踏实地睡在那儿，屁股半伸进我的枕头下，我实在不忍心让它换地方，虽然它的毛四处都是，让我这有洁癖之人实在难受。

从此每天清晨我多了一项工作，用胶带纸把床单枕套都粘一遍。有时刚粘完，百无聊赖的火球就又回到楼上且跳上床去，四处踱步。

"Fireball，给我下来！"我的大声呵斥没吓到猫，倒是把 Jay 给招了过来。"怎么了？它是猫，又不懂它不应该这么做。你不应该那么大声吓唬它。"

Jay 脸上的不悦很认真，像看到邻居呵斥了自己的孩子一样决然地护犊子。

他唯一大声叫"Fireball，stop it！"的情况只有两种时候：火球半蹲伏着准备窜到电视机上方的搁架上时，它的利爪轻易就可为液晶电视毁容；火球在地毯上磨爪子。

从北京到洛杉矶，我的行李里唯一的一本书就是《小王子》。对它的喜爱让我可以背诵一些章节。

"我不能和你一起玩，"狐狸说，"我还没有被驯服呢。""这是早就被人遗忘了的事。"狐狸说，"它的意思就是'建立联系'。""我的生活很单调。我捕捉鸡，而人又捕捉我。所有的鸡全都一样，所有的人也全都一样。因此，我感到有些厌烦了。但是，如果你驯服了我，我的生活就会变快乐的。我会辨认出一种与众不同的脚步声。其他的脚步声会使我躲到地下去，而你的脚步声就会像音乐一样让我从洞里走出来。再说，你看！你看到那边的麦田没有？我不吃面包，麦子对我来说，一点用也没有。我对麦田无动于衷，而这真让人难过。但是，你有着金黄色的头发。那么，一旦你驯服了我，这就会十分美妙。麦子，是金黄色的，它就会使我想起你。而且，我甚至会喜欢那风吹过麦田的声音……只有被驯服了的事物，才会被了解。”[①]

作为成年人，我对小狐狸的驯服理论非常认可，但往往把它引申为人与人之间，甚至是爱情的层面。我没想到，小王子与狐狸的驯服故事，有一天会发生在一个中国码字女子和一只美国猫的身上。我原先总认为 Jay 过度宠爱的火球，不知不觉间驯服了我，成了我最牵挂的小伙伴。

每天给 Jay 做完早餐，陪他吃完目送他开车离开，往往只有六点半，洛杉矶冬天的早晨还黑着。我便回到床上再睡回笼觉。火球也已经吃过早餐，也回到床上，睡在我专门为它铺好的小小疆域：靠近我枕头外侧，我用 Jay 的旧 T 恤铺好，睡在上面火球的毛就不会四处都是。它似乎理解了我的用心，无论有没有人在床上，它从不越雷池一步，总乖乖睡在那深蓝色领口磨破了的 T 恤上。某天为了给 Jay 补牛仔裤上剐破的洞，我还从那 T 恤上剪了一条当衬布。“火球这下更像个难民了，睡在破 T 恤上。”Jay 开玩笑。

我醒来打个哈欠，它会被惊到睁眼，看我一下，任我把手放在它背上头上摩挲。不洗澡的火球也真是不显脏，老虎皮一样的花纹，四个粉嫩得如新生婴儿的爪下小肉垫，高兴起来就轻盈舞动或旗杆一般竖立起的尾巴。我甚至喜欢把脸放在它的背上去轻蹭。

它的“喵”的叫声，甚至我也能按音阶长短和音量高低区分出情绪的不同。拉长声的，往往是饿了或想出去玩儿；表达不满足，短促清脆的一声，则是寻求爱抚。它在院里巡视，和正在地里拔草的我目光相遇，我唤一声，火球！它立即在嗓子眼儿里回应极轻描淡写的一声：诶！

谁说猫不通人性？火球给了我最有力的反证。一次是半夜醒来，梦里全是父亲尚在的光景。他跟我道别，一如既往地慈爱地微笑着，似乎下一次相聚并

---

① 安东尼·德·圣埃克苏佩里：《小王子》，方晴译，吉林美术出版社，2014。

不遥远。醒来知道是梦，知道那道别即是永别。坐在马桶上我无声地哭了，伤心堪比刚获知他去世的消息时。火球的小脑袋探进洗手间，小脸上写满了好奇、不解与担心。似乎在说，你怎么了？

还有一次是在我父亲的祭日，火球走近了，用同样的眼神不安地望着流泪的我。它的在意或不解，让我抱起它哭得更恣意。

某次我们去北加利福尼亚州旅行了四天回来，开门进屋，悄无声息。不像每次一开门火球都仰着小脑袋迎候在客厅里。

我大声叫了它几遍，才见它从楼梯顶端尽头探出半张小脸，眼里是宅居的空巢老人才会有的孤独、无奈和无助。

它已经过了五天四夜不明不白的幽禁生活，迫不得已地让自己去适应没有温情的世界。

抱它在胸前，听着它委屈的叫声，我鼻子发酸，差点掉泪。

但经验告诉我，永远不要拿猫当完全的宠物。你可以宠它，但它不是你的。它是它自己的主人。好几次，本来在沙发上闭着眼睛半睡着接受我抚摸的火球，也不知怎么了，会突然伸出爪子袭击般挠我一下。

“猫是半驯化的动物。”寒假来临时儿子来小住，他自小就爱猫如命，对火球却也只能是爱恨交加。“它需要你的时候，又是蹭你的腿又是‘喵喵’叫着望着你，你的心轻易就化了。可它不需要你的时候，高高在上地蜷伏在它的小小城堡里，打量着你的眼神那么有威仪，好像它是你的神……”

火球的威仪在它踱步时最淋漓尽致，活脱脱一只小老虎！

Jay 自然也是比谁都清楚。“小心它啊，别太信任它了。”好多次在我展示火球多么可爱时他提醒我。“它从不像我以前的猫一样蜷在我腿上看电视或睡觉，火球从不。它依赖我，却永远保持着距离。”我曾试着抱火球到我腿上睡觉，正舒服享受着我的爱抚的它突然扭身回头咬了我一口，好在只轻轻地一下，并没出血。

我不知道什么时候是火球最快乐的时光，但我相信后院无疑是它的乐园。“喵！”往往是上午，阳光开始变得耀眼，它会从它的小城堡上跳下来，站在通往后院的玻璃门边扭头望着我，试探性地轻轻地叫那么一小声，眼神里也充满了期待与征询，意思是“出去一下，可以吗？”。

我则会停下正在打字的手，走到它身边，问它：“出去吗？”它仍是抬头探询地望着我，短促地“喵”一声。我伸过手去，它仰脸静候着那熟悉的触摸，挠几下它的小脑袋，把推拉玻璃门打开一道缝，它立即从那四方形的窗纱洞里跳出去。

在水泥地上左一下右一下打滚儿，在新翻了土的菜园里蹑手蹑脚巡视小虫小蛾，在沿墙的树丛中打量风吹草动……它最喜欢的还是蹲伏在树下，晒着太阳，等候偶尔歇脚的鸟儿。它们雀跃着，蹦跳着，唱歌，离开，从不跟它打招呼，也不道别，却让它感觉那么开心。

只要我不叫它回来，它可以在那树下静静地蹲坐半天，如禅修一般，让我这心起伏不定之人倍感羡慕。

“Fireball！”每次我都会叫它一声，趁它扭头看我的时候，把玻璃门关上，再打开那道缝，它立即飞奔着回到屋里。

有几天风大，担心水泥地面凉，我把Jay的一件旧T恤铺在树下火球禅修的地方。可它却并不理所当然地享受，而是避开那T恤，谦卑地选了另一个小角落打坐。

渐渐习惯了火球的一切，习惯了它带给我的快乐和麻烦。

某天我正在做早餐。就听到火球喉咙里发出一声来自腹腔的痛苦喘息，嘴大张着，背一起一伏，一摊东西吐在地毯上。走近一看，大惊，在那暗红色的食物中，分明有着两条黑色的像虫子一样的东西！

我大叫，正在楼上举哑铃的Jay以为着了火，看我神色慌张，他用纸巾收起那秽物细看，才发现那虫子原来是我扎头发的橡皮筋，被火球咬断吞进了肚子！

灾　难

那年三月八日，这个令许多女性在微信上大晒幸福的日子，没想到却是火球的受难日。

照样是六点，起床给Jay做早饭。火球照例跟着我像个小球一样滚到楼下。我照例打开猫罐头倒进它专用的小玻璃碗里，在微波炉加热，放在它的水盆边。一切都简单平常，可突然听到它一声惨叫，我才发现居然踩在了它的尾巴上！

在我的连声道歉中，它很大度地原谅了我，继续去吃猫罐头。

“我以前也踩到过它的尾巴。”Jay倒没有过分怪我。

我不知道这只是它那天灾难的前奏。

下午四点左右，一向很少在这个点儿和我通话的Jay打来电话，也只是闲聊着刚看中的那套房子的手续，我突然听到火球无比凄惨的叫声，那绝望痛苦的声音里充满了极大的恐惧。

还没明白是怎么回事，就看到那个梅西百货的大塑料购物袋，像个被恶魔附体的怪物，沿楼梯上上下下飞快移动，还带着哗啦啦的声响。再细看，才发现火球整个身子都被套在里面。这牢牢围困住它的白色魔怪彻底把它吓傻了，不仅如影相随，还发出奇怪的声音。我赶紧打断电话里正在说话的Jay，走到蹲伏在二楼楼梯拐角处大塑料袋中的火球面前，想帮助它解脱出来，没想到它已完全被恐惧附身，一双惊恐的眼睛透射出发疯一般的光，喉咙里咕噜噜地发出瘆人的吼声，吓得我进退维谷。

正不知如何是好时，只见它如一道闪电，腾空而起直接落在了一楼地面上，好在终于抓破那塑料袋脱身出来，一头扎进洗手间，连续发出长长的哀鸣。

我奔过去，发现地上居然有血迹，瞬间也闻到了空气中的一股腥甜。天哪，它受伤了！

“不要紧张，让它自己待一会儿。随时观察它，看是否睁眼是否呼吸正常。”Jay在电话那端也紧张起来，说他尽早赶回家。

我唤它的名字，Fireball，得到的是它痛苦的哀号，那声音之苍老，像个病重的老人。我不相信这是那个像小姑娘一样总羞怯试探地轻声喵叫的火球能发出的悲惨绝望之声。

为它打开灯，关上门。让它安静一会儿。

看表，已经五点，如果是往常，我该是在厨房忙活，火球也总用小脑袋蹭我的腿，轻声喵着要罐头吃。

我热了猫罐头，试探着打开洗手间的门，放在地上，再半掩着门。不一会儿，它居然凑近开始吃了起来！

赶紧告诉Jay，说他不用急于赶回家了，火球至少还能正常吃饭。

隔着门缝，我却发现不大的洗手间地板上，全是它的小脚印踩出的血痕，说明它伤到了脚趾。

我去楼上拿了云南白药喷剂下来，却见它居然蹲伏在厨房吊柜上了。心中又是一喜，可见，它没伤到筋骨，且还能跃到那个接近天花板的高度。

用纸巾开始擦拭地板，那甜腥之气让我几次想吐。

那个充当了罪魁祸首的大塑料袋，虽然被划出了几道口子，可仍显示出很强的韧性，怪不得会伤到火球的脚趾。

我把几个卧室的门都关好，以防它带着血跳到被子上去。

我使劲摇晃着一袋它爱吃的零食饼干，希望引它下来，却是徒劳。它只望了几眼我手中的袋子，便缩回到角落里，用舌头舔着那受了伤的右后脚。

在 Jay 回到家里时，火球已经又换到了电视机上的贮藏架后面。好在不再发出哀鸣。

让 Jay 抱住它，我给它喷了药。却见它急速逃开，并用舌头不住地舔那伤处。

自此，本就敏感胆小的火球更加风声鹤唳，总喜欢躲在某个角落里，睁着圆眼睛打量着四周。

当晚，它照例跳到了床上，安静地伏在它小小的地盘上。

解下我扎头发的橡皮筋，像每天晚上熄灯前的必做游戏，我抛向它。它本来两眼开始放光，已经在盯着那紫色的皮筋流露出兴奋了，却并没像小老虎一样跃起来用两个前脚掌抱住，而是在那皮筋落在它面前后，才象征性地用一只前爪碰了碰。

“它的脚趾还肿着呢。”Jay 凑近去观察，不无心疼地抚摸着它的头。“我相信它会没事的，猫有九条命。”我说中国也有这种说法。

值得庆幸的是，几天后它很快恢复了正常起居。又开始到后院去，打坐般在那株它最喜欢的山茱萸树下沐着阳光，听着一墙之隔的马路上车往人来。

新　居

Jay 买了新居，朋友们过来帮忙搬家。火球和它的饮水、干粮被一起放进了衣帽间。关上门后 Jay 又打开，为它开灯。但愿它能忍着不需要排便。

半天下来，家空了。Jay 和朋友去还租来的卡车。带火球去新居的重任就落在我和亚裔女孩 Maryann 的身上。

经历过把猫塞进笼子的斗智斗勇和身心俱惫，我心有余悸地拎起那黑色的猫笼，Jay 已经做好了除尘，如崭新的一般。我研究了一下，发现有两种方式可以请猫入瓮：要么从这面包型的笼子一侧打开拉链，竖起笼子，使之成为一个水井，把猫灌进去；要么把横贯笼子的长条拉链打开，像打开一扇大门，把猫塞进去。

也许是被半禁闭让火球很郁闷，我捉它时并不费力。它“喵喵”地叫着无助地任我抱住它。看到那个黑乎乎的笼子，也没逃走的迹象。我采用第二种方法，倒是很容易请它进去了，但因为拉链太长，还没来得及拉上，它已经钻了出来！

只好试灌井式，结果出人预料地顺利。五分钟后，我们已经在 Maryann 的车里。我坐副驾驶上位，把装有火球的笼子放在我的腿上。车启动，它开始不住地“喵喵”叫着，却并不是惊恐之声，反而是不解与纳闷。似乎在说：“这是干什么呀？我不想待在这里面像个蠢货。”

熙来攘往的挪动家具声音中，新居卧室的壁橱成了火球首选的藏身之地。直到所有人离开，它才探出小脑袋，楼上楼下地巡视，打量这完全陌生的世界。

第二天，我放它进后院，比原先大了五倍的园子让它好奇，兴奋无比。春日迟迟，天空如海般湛蓝。枝干虬劲根部结着树瘤的漆树像饱经风霜的老汉，可一树的枝条却柔嫩如女子，细碎如眉的叶子更让它比柳树还有媚态。紫色、黄色的鸢尾在树下开得正艳烈。

草坪的草很深，火球开始小心地迈着猫步行走其间，似乎有些讨厌那草叶摩挲它粉嫩脚掌心的粗砺感。随即它开始飞奔跳跃，弧线流畅，像在非洲草原上奔驰的一只老虎。

我很欣慰小火球开始享受更接近大自然的生活。回屋收拾一地狼藉的书房，刚蹚出一条可以出入的通路，去院里透口气，我才惊慌地发现，火球不见了！

房前屋后找了几遍，四处叫着它的名字，仍是踪迹全无。Jay 扩大了寻找范围，在相邻几家的院落四周查找，也无功而返。

想起那天遛狗的邻居提醒一定要小心豺狗，因为小区四周全是小山和灌木林，那是野狗和浣熊们的领地。有一户人家本来有两只猫，有一只就突然失踪了再没回来。

“既然它可能上墙跑出去，以后多留心一下它吧。”Jay 脸上写满担心，本来就瘦长的脸更像个无助的耶稣。

“可是不让它进院子显然不可能。而它在院子里玩儿，全神贯注盯着它也不现实呀。”我道。

“也是啊。”他双手撑着用力，一跳跃上了和左邻之间的砖墙，朝里面打量着，同时叫着火球的名字。似乎也在告诉邻居，我这么失礼是在找猫啊。

“我看到火球啦！在邻居家的院里呢！”Jay 兴奋地跳下来，起身去敲邻居家的门。

被捕获归案的火球还一脸的无辜，似乎在说，世界这么大，我想去看看啊。

从此，找猫，就成了我们的另一种日常活动。火球作为外交大使，比我们俩都更快更广泛地被邻居们认识了。

它玩得最惊心动魄的一次失踪，我至今记忆犹新。

晚上五点多，火球出去巡游未归。我们急着和一个朋友见面，便关门闭户离开了。原本以为一小时的会面，意外延长到了三小时，回到家里夜色漆黑，以为火球会和平常一样在后院的推拉门外蹲坐着等我们，可安静得没有一点声音。

我们打着手电四处去找，Jay 甚至敲门去问了几个邻居，有的说之前看到过，但不知现在的下落。折腾到半夜，仍是没有一点线索。

“如果最坏的事发生了，也平静地接受吧。”站在前廊下，我说。我相信我们这次真的失去了它。

Jay 点头，脸上的焦虑不易察觉。在黑暗中，我第一次看到他在闭目向上帝祈祷。

刚迷糊着入睡，听到 Jay 突然惊起，说他听到了火球的“喵”声。

他赤脚下楼。我听见他打开推拉门的声音。然后是上楼的脚步声。

那走丢了的小老虎正在他怀里打量着我。

谁也无法考证火球近八个小时的夜晚历险经历。至少有一点可以确定，那次被动的野外生存激发起了火球的野性。

以家为据点，它飞墙走壁，四处游走，饿了回来吃干粮，吃相也不再斯文，而是大嚼大咽，猫粮的碎屑从牙齿间四处迸射。渴了低头咕嘟牛饮。

某天火球甚至开始了暴力行动，嘴里叼回来一只蜥蜴！

把它放在地上，火球居高临下打量着那灰树皮一般的蜥蜴，大有踌躇满志、庖丁解牛的快感。然而那蜥蜴并没死，想寻机逃跑。火球闪电般一掌拍上去，可怜的蜥蜴立即不动了，可小眼睛却机敏地搜寻下一个生机。蜥蜴不知道只要它保持不动，火球是不会再碰它的。而正是它身体的运动，激起敌手的进攻欲望。如此几次较量下来，那蜥蜴的尾巴已经断了，在地板上兀自抽搐，让人心惊。最后蜥蜴如一段枯木，奄奄一息，鲜有余力逃走。火球也对它失去了兴趣，走开去趴在地上闭目打盹。

在墙根树丛石缝一带的捕猎显然成了最吸引火球的生之乐趣。随后某天它居然逮回来一只蜂鸟，这世界上唯一可以向后飞的鸟儿只有我的拇指肚大小，羽翼未丰，每秒能快速拍打翅膀 80 次的“森林女神”竟然没能逃开火球的魔掌。

对火球的猎物，我由最开始的心惊胆战、恻隐之心逐渐变得麻木不仁起来。见多不怪。虽然只要有可能，我仍是会忍着恶心找硬纸板把那或断了尾巴或肠肚外翻的蜥蜴营救到院里的草丛灌木中。有一只居然在第二天又被火球捉回家来，可见真是运气太衰了。

我唯一鼓励火球去捕获的就是蚂蚱。那腿长善飞的鼓眼睛家伙总是把我橙子树上的新叶饕餮得一片不剩。火球有一次逮回来一只，也是上演了一逃一捉的游戏，那蚂蚱强有力的后腿弹在火球的脸上，火球可能感觉生疼，干脆一不做二不休，三口两口，竟然把那蚂蚱吃得一干二净，可能感觉味道不错，连掉在地上的一条腿都捡起来嚼了吞了。这场面看得我心惊肉跳，那惊险似乎让我体会到中世纪欧洲人看斗牛的情形。

某次度假回来巡视院子，我发现一只拇指大小的蚂蚱，正在啃食月季新生的花苞。恶从胆边生，我捉住它进屋，扔在地上。火球兴奋地跟它搏斗起来。蚂蚱显然比蜥蜴要难对付，因为它会飞，且速度极快。

我正在给火球鼓劲加油，Jay 闻声过来。

“你们太 mean（坏）了，欺负一只蚂蚱，那也是一条生命呀。”说着他不由分说地捡起那好运的蚂蚱，打开推拉门，大步走到后院，隔墙扔进了邻居院子。拍拍手进屋，一脸恶作剧又开心的笑，似乎很确信那蚂蚱长了记性不会再飞回来。

“可每次你看到草坪里有蒲公英都要拔掉，我跟你说那也是生命，你怎么就不听呢?”我笑着揶揄他。

“你们佛教徒吃素不杀生，可并没说不吃蔬菜。可见动物比植物的命更珍贵。”他 tit for tat（以牙还牙）。

芳　邻

别以为火球除了一中一美两个仆人就没有朋友。不管它承认与否，Jack，当是它生命中最重要的一个成员。

Jack 是邻居家的猫（不知道为什么美国人特别喜欢这个名字，我还认识两条叫 Jack 的狗）。初见它是在路边，我和朋友去散步，它居然颠儿颠儿地从街对面跑过来，蹭我们的腿。我首先惊讶于它的肥胖，足有火球的两倍大，像发育过于良好的美国早熟女孩，白底带有褐色斑纹，走路肚皮贴地，活像一块滚动着的太妃巧克力。

朋友断言这是只怀孕的猫。几天后才听邻居说人家 Jack 是公猫。

我不知为什么对 Jack 竟有几分戒备，甚至怕它。它黄色眼珠打量人的眼神，像个老辣的江湖术士，比我这人类都更老谋深算。

也不知哪天起，Jack 搞清楚了火球的起居住地，开始一天三趟地穿过两户人家跑来串门儿。对火球来说，Jack 也许是同类，但肯定，不是朋友。

相见伊始，Jack 趴在墙上，不动声色地盯着在树下全神贯注地捕捉蜥蜴的火球。待火球看到了这硕大的家伙，会示威性地发出嘶吼声，想让 Jack 离开自己的地盘。从心底，我知道它和我一样，对这只大肥猫心存畏惧。没有安全感的一方，往往是想先发制人。可 Jack 哪吃这一套，趁我不备，跳下墙来逮着机会冲上前去就开始撕扯火球。

我唯一能做的自然是赶紧放火球进屋，关上推拉门，任 Jack 后腿蹬地，前腿使劲拍打，似乎想用利爪在纱门上划道口子钻进去，嘴里还不停地发出喵喵的凄厉叫声，让门里的火球和我胆战心惊。

甚至有一次我正在厨房做饭，忘了关推拉门，Jack 径直进屋，追踪火球上了二楼。直到听到火球的绝望嚎叫，我才慌张地上去驱赶 Jack。即使我这人类在场，Jack 亦是不动不摇浑然大将风度，被我逼急了，它居然张开嘴露出一对獠牙，冲我发出蛇一般的嘶嘶声，吓得我倒退几步，以为它随时可以跳上前来像狗一样在我腿上咬一口。

“Jack 也不是那么邪恶。它只不过想找伴儿玩，看火球不理它，有些不高兴罢了。它的主人 Seth 是个好人，有三个挺漂亮的小女儿。还记得那只四处流窜的野黑猫吗？是 Seth 想法子捉住了它们送到动物收容中心去的。”Jay 为了向 Jack 示好，在它来访时还特意爱抚它，同时也给门里紧张关注着的火球看，Jack 不是坏蛋哦。

“爸，我其实天天看到你！”在我们去访问 Jay 在德克萨斯的父亲时，Jay 跟他爹地开玩笑，并同时给他看大肥猫 Jack 趴在墙上虎视眈眈的照片。他爸的名字也叫 Jack。

“别说，这猫还挺可爱呢。”彼 Jack 倒是对此 Jack 不无好感。

“其实论品种来说，Jack 当是比火球更珍贵的一类吧。火球就是普通小家猫。”我跟 Jay 向来实话实说。

“就算是，我还是喜欢火球。”他也直来直去。

人家说看一个男人是否真爱你，就看他给你花钱的态度。这一试金石对宠物也无比适用。

Jay 带火球去打疫苗。两种疫苗加起来不过 30 美元。医生问他是否要给猫做一个全身体检，五分钟摸来摸去的手检，加上一支体温计插进肛门的体温测试。结果说发现火球有一处牙龈发炎，给开了四周抗生素。一共收费 350 美元。比 Jay 自己一年看病花的钱还多。

猫牙膏 9 美元一小管，软毛带柄牙刷和可以套在手指上的乳胶牙刷套 5 美元买了两套，火球从未给过我们一次使用它们的机会。

搬家已经一年了，Jack 和火球这对朋友间应有的友谊仍是没有任何进展。

神　性

日夜相伴，进出于同一个屋檐下，我常不由自主地把火球和人相比。

它不贪婪。把罐头舀一勺放进玻璃碗里，多半勺它也会剩下。记得一位当老板的朋友说，他从不知道自己的饭量，“手下端给我多少我都把它吃完”。佛经和圣经里有一点让人惊奇地一致，都点破人类痛苦的根源：欲望之手想要的太多，远远多于身体的真正需求。

它不谄媚。我多次想靠抚摸它唤起温情，像小王子与狐狸一样，“建立起驯养联系”，它多半会从我身边逃开几步，跳上沙发，或坐在地板上，边舔毛边警觉地望我一眼。甚至我想用食物拉拢它，都失败了。

它耐得住寂寞。尽管不喜欢热闹，尽管有着孤独的天性，它仍不喜欢被关在屋里几天几夜没有人声。但你要真一连数天让它独处，它也能吃睡自如，不像狗类一般发疯至抑郁。

它的弱点，又跟人类无二。

我明明在后院，它想从后院进屋，便用力挠推拉门。一挠就是几分钟，虽然它从没靠这挠进去过一次。总是我看不忍心了，上前用力推开那关乎它命运的门。人类不也是如此吗？明明是根本不能改变的事实，却总以为“人定胜天”，闭着眼睛跟命运较劲。

它明明怕 Jack，可当两猫一个在门里一个在门外，卧在地上互相对视打量，它自恃安全，总忍不住从那狭小的门缝伸出前爪作势去抓挠Jack。或面露狰狞状，张大嘴喉咙里发出低沉的怒吼，表示自己的强大。而一旦Jack靠近或做攻击状，它立即浑身筛糠般发抖，绝望地号叫着屎尿直流。虚张声势，欲盖弥彰，不正是许多人的写照吗？

"如果我可以选择来生，我倒愿意做一只火球这样的猫，至少它的生活是安逸舒适的……"听我问及如何看待火球的生活，Jay说。

岁月静好，可总有尽时。越喜欢火球越不无担心那个时刻的来临。Jay是经历过那一刻的。在火球之前，那只以他母亲的名字为名的猫丹尼丝，跟了他三年多就走了。

"你把它葬在后院了吗？"

"没有。它死在动物医院里。我带它去看了好几次医生，最后一次它没跟我回来。他们给它安乐死了……"说这话时，Jay脸上已经没有太多悲戚，但他说开始那阵子真不知道是如何走出来的，直到他领养了火球。

他没有为丹尼丝留下一张照片。我却为火球拍了足足不下一千张照片。如果那天来临，我要记住它和它带给我的那些美好瞬间。

老舍曾撰文写他理想的家，大意是除了几间房子，一个夫人两个孩子，有树有花的院子，他要有一只在晒太阳的猫。

Jay的母亲也是爱猫如命的女子。从大学毕业就没工作过一天，相夫教子，被所有人都喜爱的她据说心肠极好，她四十多岁死于脑瘤。未能谋面，但照片上美丽端庄的她如黑白影片中的好莱坞明星般让我惊叹。其中一张她捧着花猫的照片盖住了半张脸，我把上面的灰尘擦拭干净，把照片摆放在书桌的正中央。

认识Jay不足一个月时我们就去了墓地看望她。我愿意相信，她冥冥中的首肯与护佑，让我和Jay的世界平安和睦。

我爱这对爱猫的母子。

窃 喜

风之乐

搬家后，我常站在二楼卧室窗前打量近邻后院。长方形的院子很大，有着碧蓝的游泳池，沿墙是一年四季都盛放的玫瑰花，主人是约翰和戴碧一对老夫妻。据说他们唯一的女儿吸毒多年，虽早已成家为人母，对三个幼小儿女却无力照顾。退休多年的老夫妻只好再次担起责任，领养了一个外孙女，与其同吃同住，还每天接送她上学。如此慷慨的父母，在小区名声却不甚好，邻居说他们自私，只关起门来过小日子，不在乎社区事务。但凡有公益活动，也鲜有人敲门问询。

某天我在后院喝茶，看到一墙爬山虎茂密碧绿，不由满心欢喜。因为这在少雨的南加州很少见。它们其实不是中国常见的传统的爬山虎，而是叫薜荔，叶片椭圆，如枚枚绿色钱币，许多博物馆用它来装饰建筑，很是壮观而艺术。这一墙绿波是从约翰家翻墙爬过来的，擎着椭圆的叶片，用细小的爪子攀缘探索，似乎有意在昭示生命力的顽强。它们已经如毯子一般覆盖了我们这一侧的半个墙面。我突然发现有一枝像被谁扯了一把一样，远离了匍匐前进的伙伴，突兀地伸出墙皮支棱向空中。我回屋取了胶带，打算帮它粘回到墙面上。正在专心做粘连工作，忽然听到有人隔墙说话，一眨眼，两个陌生人已经如天外来客，立在了墙上。

看到我，他们似乎也吓了一跳，随即用浓重的西班牙口音解释，说他们受雇来砍我们家的树。“只砍伸到约翰院里的那些树枝。”我呆立在那儿看他们利索地挥动长木杆，顶端的砍刀利刃“咔咔”作响，所到之处，枝叶坠地，扑簌有声，它们来自我们墙根那棵一人环抱不过来的漆树。

我知道在美国领空不可侵犯，你的树伸到邻居家，人家是有生杀大权的。除了眼睁睁看着，我尽管不愿意也别无二话。

“能不能不要砍那主干啊？”看他们如庖丁解牛般砍完细枝砍粗枝，我忍不住了。

他们停住犹豫不定，微笑着，为难地望望我，再望望墙那边。

约翰花白的脑袋探过墙来。“没事，这漆树怎么砍也不会死的……”

“万物都会死哦……对了，下次再砍树，可以，只不过希望你跟我们说一声。”也不知道哪来的勇气，我一股脑儿倒出来满心的委屈：要知道我在维护你的爬墙虎，你却雇人来砍我的树！

他有些惊讶于我的不满，他道歉，说不知道家里有人。

此后相安无事多日。忽然某天我惊讶地发现，那一墙绿波已经枯萎成了褐色。跑近细看，却原来它们早已被拦腰斩断！当然是从墙的那一侧。老约翰为什么要如此大动杀心？

自然不得而知。

我唯一能做的就是花了半天，收拾那些干而脆的爬藤尸体。

你可以选择爱人，你却不能选择邻居。因为他们不会给你验证、了解、选择的机会。

跟另两户邻居说起这一幕，他们亦是摇头苦笑。

秋天了。风吹树动，草坪也泛黄了。某天蹲在地上为一棵多肉倒盆儿，忽然听到“叮叮当当”的悦耳声音飘来，是风铃！还不止一串，此起彼伏，像一个小小的乐队在演奏，诡异的风婆婆是指挥，淡定从容，让听者倍受诱惑，又对那乐符琢磨不透。没错，那声音来自约翰家的院子。

搞不清那些风铃系在哪个方位，只感觉它们距离我的耳朵刚刚好。太远会模糊不清，太近则会吵闹聒噪。

拂一下发丝，任那音乐自耳朵流淌进心底。对这一家邻居，我突然心生感激。

再见面时，我在前院给夹竹桃剪枝，约翰刚送了外孙女回来。我冲他微笑，道了早安。他愣了一下，随即咧嘴挤出一个笑容，大声地留下一句“祝一天开心”。

药之花

早晨起来，先跑步一英里。回到家，铺开瑜伽垫做瑜伽。倒立时，忽闻甜香扑鼻，我才知道是那株金银花在盛开。

带有花香的空气密度会更大吗？因而会更重吧？否则怎么在口鼻贴近地面时那馨香才更浓烈，像沉淀下来的酒糟，实在是醉人。

那株金银花还是偶然淘得的。有天去 Home Depot 买鸡粪肥时，偶然看到在一个角落里，有一堆半死不活的植物在打折处理。细瘦的一枝，在黑塑料盆中萎靡不振，查看那筷子粗细的主干，还是碧绿的有活力，于是我花 15 美元半价买下，种在屋西侧的空调机旁。除了喷灌自然浇水，再没悉心打理，没想到一个冬天过去，从五月份开始，花开不断，金色银色细长喇叭状的花，不声不响地，绽放在一片繁茂的绿丛之中。

植物就像人，秉性各异。有时你付出再多，也得不到回应。反倒那不经意的交往，却能得到意想不到的惊喜和收获，令你感慨唏嘘。

前段日子我做了一个妇科手术。医生嘱咐一个月内不要乘飞机长途旅行，以免大出血。他居然没开任何药，而在中国这类手术是要服抗生素的。

每天早餐后，我摘几朵金银花，丢进茶杯，里面是一周前晒干的蒲公英（来自后院草坪，Jay 极不喜欢看到它们杂陈在草丛中）。至第三个星期复查时被告知，伤口已经愈合了。

告诉那个做手术时都哼着小曲儿的男妇科大夫，他微笑着说“你们中国人总有神秘魔术”。

当然。

Jay 和所有美国人一样，只要不伤大雅，在哪儿都喜欢赤脚走来走去。从客厅到厨房，再到卧室和院里，夏天光脚板如赤脚大仙，冬天则穿着棉袜子。他火力壮，天气再冷脚都热得出汗，有人说美国人从小喝牛奶吃牛肉，因此体壮如牛，也不知有没有道理。反正他的脚有些让我吃惊：十个脚趾都如婴儿般细腻白净，脚后跟却粗糙如谷糠。让他抹点护肤液等于是杀了他。脸和手都一年四季不做任何护理，更不要说脚了。

有一阵他迷恋看 *Fear the Walking Dead*（《行尸之惧》），因为白天上班看不了，他就在电视上设置了自动存录，每天晚上看两集。我去院墙角那棵大漆树下剪了几把艾蒿，加水煮上十几分钟，倒进专门新买的洗脚盆，让他边看电视边泡脚。仅一周时间，他自己都吃惊，一双脚白净如嫩姜。

当他又用那灰蓝色的大眼睛佩服地望着我时，我的内心却是对我们先人古老智慧的感激。

“你要感谢一个中国人，也姓李，叫李时珍。”我说，想给他普及点中国古代文明知识。

“你爷爷?”他认真地问。

我知道，除了告诉他这是五百年前的一个中国医生，其余的我最好还是打住。

跳蚤市场的 Tiffany

母亲节受一马路之隔的亚美尼亚邻居邀请，去他们家吃家庭晚餐。我大中华历来讲究礼尚往来，上门自然不能空手，虽然厚道的特丽莎大婶用她有限的英语告诉我，什么也不需要带。

我和 Jay 去 Trader Joe's（一家私营的杂货连锁店，中文有人戏谑地翻译成"缺德舅"）打算买束鲜花，却发现花卉区空空如也像被洗劫过。看来美国人民还是相当尊重母亲们的，都不肯错过这个表达爱意的机会。

我们只好去甜点区买甜点，选了一个苹果派。有促销员让我们品尝新进的海盐焦糖冰淇淋，这一直是不爱吃甜品的我的最爱。因此我果断买下一盒，相信特丽莎的孙子孙女一定爱吃。

走出店门时，与一个金发碧眼的年轻女士擦肩而过。"天哪，你好可爱!"那衣着很有品位的女子，突然停下脚步瞪大眼睛打量着我们。我条件反射地随口谢了她，表面淡定，内心还是快乐如花朵绽放。来自陌生人的夸赞，永远比情人爱人的更令人开心，因为那是笃定真实的欣赏。

"她在夸我吗?"并肩与我走着的 Jay 用刚学会的中文小声道，脸上是恶作剧的微笑。

"我喜欢你的衣服，尤其那项链，衬着你的脸，非常完美。"我也打量她，她也是个美人儿，因为性格直率单纯，那好看的五官更有股纯净之美，似一股清风，让干热的五月顿时有了凉爽之意。

再次道谢，我们挥手离开。

"现在我知道人家真是在夸你。"Jay 继续话题，眼里不无自豪。

我低头摸摸脖子上那银质的链子。"还记得我从哪儿寻得这宝贝的吗?"

"当然，旧货市场。你哥们儿的摊位。"

那是个阴云笼罩的周日。早上照例跑步锻炼，做早餐，洗澡更衣，开车出发，去火车站相邻的露天旧货市场。逛这个露天市场，早就成了我们日常生活不可或缺的一部分。Jay 对艺术、古董都没兴趣，却喜欢在阳光下随意走走停停，他最爱驻足的地方有两处——卖书的摊位，卖工具的地方。虽然都是二手货，他也不见得买，可就是喜欢看，如同女人喜欢逛服装店一样。我则盯着旧罐子老油画，偶尔也淘些尘垢满面的木头和铁制品。美国人民也爱逛这类市场，东西既便宜又实用，遇见什么都无法预知，因而所得全是惊喜。

我们极少空手而归，因为总有或多或少的东西让我们爱不释手。有一次我一无所获，去旧书摊找立在那儿翻书的Jay，突然发现有一摞颜色泛黄的书杂陈在一起。随手翻看，却让我如获至宝：1923年出版的*Beautiful Joe*（《漂亮的Joe》，写一条狗的故事）；《查泰莱夫人的情人》，1959年版；1928年诺贝尔文学奖得主Sigrid Undset（西格里德·温塞特）的精装三卷本小说集，出版于1946年。

“1美元。”那黑瘦的老人显然是摊主，冲我伸出一个手指。

一美元一本。我掏出五美元纸币，递给他，并数给他看我手上那摞书。

“不对，你数错了，是三本。那个文集装在一个匣套里，算一本。”他厚道地微笑着，在我错愕的表情中，低头从口袋里摸出两美元递给我。

“我下周不在这里，要去休息一段时间，过两三周就回来了。”他朴实得像一根树桩，让我情不自禁地想起大洋彼岸我的父老乡亲。越是贫穷的人越慷慨，越是富有的人越小气。这是我那刚经历了婚变的朋友Liane的观点，她那儒雅富有的前夫为了争离婚财产，每次见面谈财产分割都要带上一箱子法律文件。

我望着他，走上前给了他一个拥抱，感觉他那已经泛黄的汗衫上的污渍一点也不难看。

“你看他，一定是去买个汉堡吃，因为终于挣得了几美元。”Jay望向正走近卖热狗摊位的他，叹口气说道，脸上不无悲悯。

自那次起，只要老人的书摊在，我们都要去站上一会儿，带几本书回家。

那个阴云密布的周日也不例外。在我们踱向其他摊位时，我一眼看到两口姜黄色的老式手提皮箱，走近蹲下细看，原来是Samsonite（中文译作“新秀丽”）品牌，虽然皮面早已被岁月打磨得不无沧桑感，金属提手和边边角角却都没有损伤。

“多少钱?”我边问摊主边打开箱子，里面干净整洁，如新的一般。

“10美元一个。不过，那个女士已经买了。”摊主也是个朴实如农民的瘦高汉子。他抱歉地微笑着，指指不远处一个中年女子，她正猫腰挑剔地打量着其他货物。

那一刻，我只恨自己没早点“扫荡”这一带。

Jay看我一脸沮丧，好脾气地安抚我：“别急，你还没去你哥们儿那里看看呢，说不定他今天有什么宝贝呢。”

他说的这位“哥们儿”是一个墨西哥男子，摊位总摆在市场西门不远处的那棵大杨树下。旧货市场虽然是看似简单地出让二手物品，却有不少摊主以此为业，从不同渠道低价收购一些旧物，再四处找寻这样的露天市场出售。虽然全是杂货，但每个人的侧重仍有不同。像这位矮壮的墨西哥大哥，他似乎有些品位，摸到了有些人对艺术品或古董的喜爱，总设法摆上几件，吸引如我这样人群的目光。我曾买过他几幅小油画、一本邮册、两个铜盘子。“你要的话……”每次报价给我，他都特别声明给我的价格格外实惠。一来二去他就成了 Jay 嘴里的我的“哥们儿”。

我们互相打个招呼，他坐在那儿沉默地微笑着，从不主动展示任何物件。东西都在那儿，五六平方米的地盘，有些放地上，有些放简单支起的桌子上，只有金贵的才有资格被放进那个有着玻璃盖板的木头盒子里。

一道熟悉的蓝色映入眼帘，那精致的小盒子不是 Tiffany（蒂芙尼）吗？我曾从专卖店买过这个品牌的一枚戒指，一条珍珠项链，价格不菲。

他点头说是，随即递过来那色泽暗淡发着锈迹的链子。“你要的话 100 美元。”他期待地望着我，露出他惯有的客气笑容。

“这是真的假的？”我问着，边狐疑地掂着那链子。说实话，除了色泽，手感、做工都不错。可这是旧货市场，不是说许多产自中国的假 LV 包都漂洋过海来美国了吗？

“是真的。”他轻声道，也不想信誓旦旦地说服我。

很巧，Jay 在火车上认识的 Richard（理查德）正好陪他太太逛市场经过，他是梅西百货商场的珠宝部经理。他拿在手里细细打量一番，又摘下眼镜仔细看了一下那串字母。“这个我想是真的。这些银环的造型和扣法是假货造不出来的。”

回到家，用牙膏涂抹揉搓一番，在水龙头下冲洗，然后用棉布擦拭，这个污手垢面的灰姑娘立即摇身一变成了公主。

于是，某天，它给母亲节的我带来了惊喜与快乐。

龙　树

女人年龄渐长，往往越来越喜欢侍弄花草，我想，也许是因为阅尽浮云苍狗，如哲人般顿悟“人生不过如此”，心态放松，转而寄情于自然。一枝花，一根苗，一棵树，一盆草，你付出时间与关照，结合自然的造化，它就会给你呈现一个真实的生命。

自从有了院子以后，我就成了一个不知疲倦的花农。

“我是以前这家的园丁，每周三过来修剪草坪。如果你需要，我下周就过来。”刚搬家没几天，听到敲门声。打开门，映入眼帘的是一张黝黑皮肤的劳动人民的脸。

“我们考虑一下好吗？谢谢你！”我客气地回答，关上门，心里不无歉疚，我明明看到了他脸上的失望。他得和我父亲年纪相仿吧？每户人家的工作意味着每月80美元的收入。这对他来说意义重大。

可是Jay很喜欢自己推着那隆隆作响的机器在草坪上锄草。“那会唤起我的儿时记忆。当年我爸我妈在后院烧烤，闻着肉香，我在修剪草坪，我弟弟在游泳池游泳……”修剪草坪之外就是栽花种树，他不是很感兴趣，我则越干越来劲。

这加州晴朗少雨、昼夜温差大，最适合种植的植物是多肉。我不喜欢家里陈列着几十上百盆多肉的阵势，每株单看都不错，但地上架子上码放一大片，怎么看都像批发卖货的摊位。我喜欢用大一点的旧陶罐或泥盆，把不同类型和色彩的多肉混搭，效果往往惊艳不俗。

然后是各色玫瑰，月季，攀爬上墙的，直接坐地开花的，大红、艳粉、瓷白、杏黄、淡绿……“这个院子越来越有色彩了，没准过几天就有电影剧组来租用了。”邻居Micky（米基）进来参观时不吝赞美。据说每年有近两百部影视作品取景拍摄于这个山谷里的小城，单我们这个小区就有三户被租用过。

和几位同好的朋友交流当园丁的心得。“我对待花草树木像养孩子，既尽心尽力，又不溺爱娇宠，完全是适者生存。如果我百般呵护，你仍动不动就死给我看，那就拜拜了。我以后不碰不沾你就是了。”一遍遍重申，我都感觉自己像祥林嫂了。

每次出行，我的目光再也不会是衣物鞋帽珠宝首饰，甚至护肤品都鲜有关注，植物和适合植物的器皿，反倒是我最在意的目标。

晨跑，黄昏散步，打量欣赏各户人家前后院落的植物陈设，当是比逛街更放松的单纯快乐。不记得是哪个瞬间，它让我一见倾心。袅娜娉婷的灰白色细瘦枝干，雕塑一般伸向天空，形状似竹叶的碧绿叶片只恰到好处地点缀在枝头的顶端，那么简洁而富有诗韵。每次不期然遇见，我都驻足欣赏片刻，似少年在打量心仪的女孩。有时还四顾搜寻主人，想探究更多细节：植物芳名？何处可觅？可从来无果。

去多处苗圃也未寻见佳人踪迹。后来再遇见干脆拍了照片，见到园丁和卖花者就满眼期待地给人家看，对方往往盯着手机端详片刻，摇头说不知。

越不可得心越痒，越感觉它实在是尤物，像犯了相思病的情种。上网找加州树种，眼睛都看花了也没找到。要在 Google 搜索的话，最起码名字需要知道吧？

“我们探险俱乐部周四是 Lady's Day，对女士开放，你要是愿意可以开车到我家，咱们一起去俱乐部。”Steve（史蒂夫）曾在中美洲的原始丛林里探险十五年。在那毒蛇猛兽出没的密林深处，他率众发现了一座上千年前的人类古城堡，因而有幸成为只对男人开放的洛杉矶探险俱乐部的一员。由于入会制度严苛，成立一百年来，Steve 的会员号才到一千多位。

酷暑下我开车一个小时，七拐八绕找到帕萨迪纳的一个林木蔽日的小区，正碰到骑自行车健身回来的 Steve。刚进院门，我就被惊呆了：高过房顶的仙人掌，擎着巨人厚掌威武如金刚；顶着几枝孔雀翎正怒放的白色天堂鸟，茎部已经粗壮高大成木质；三四层楼高的古松直插蓝天，如出自古老的中国画；日本修竹翠绿挺拔，成为与邻家相隔的围墙，甚至竹林中有一条小溪潺潺流淌。更让我迈不开步子的，是那众里寻她千百度的尤物，Steve 居然有三株，种在室外的硕大陶罐中，一人多高，数条枝干舒展自如，不食人间烟火地立在那里宛如仙人身后的童子。

“养了多年，我不知道叫什么。某次我去买花，人家随手送了我几段枝条，回来插土里居然就活了。”年近七旬的探险家也爱好园艺，偌大的院落，得有半英亩，他都是自己打理。

“你要喜欢，我可以剪一枝送给你。”有人说犹太人小气，可 Steve 似乎是个例外。也许是我对这植物的痴迷打动了他。

从俱乐部回到家已是凌晨时分。尽管困倦不堪，我还是记得把这细长足有一米的枝条从后备厢取出，扛在肩头走去开门，突然觉得我像那费尽周折终于拿到芭蕉扇的孙悟空。

踏破铁鞋无觅处，得来也是费工夫。那名字尤其难得。从不发微信朋友圈的我只好借助网络可爱又可恨的强盗功能，贴照片上去。不足五分钟，水落石出：dragon tree，龙树，龙舌兰属，原产地马达加斯加，所以也叫马达加斯加龙树！

现在，我的这条出水小蛟龙，已在后院落户，沿墙而立，静如处子。每次坐在餐桌前大快朵颐，隔窗望见它，那不食人间烟火的清丽，都让我辈自嫌粗俗。

窃 笑

自诩为阅尽沧桑的中年女子，竟然仍不时发孩童呆痴，比如昨天，我竟又在本无笑料的场合，背转身窃笑了两次。如有第三者在场观望，定以为我是精神病患者。

上周六一大早，就赶去 Maryann 家会合，我们说好一起去圣地亚哥逛每年一届的夏季集市。两小时的车程，因为她先生 Bruce 开着客货两用小卡车，即使走拼车快车道，也花了三小时才到。所谓集市，有点像中国的庙会，货物五花八门，从锅勺菜刀、围巾皮具，到床垫按摩椅、淋浴喷头、护肤品，只有你想不到的。不同于三个超级大棚里的各路商品销售，一望无边的露天市场几乎全是吃货们的天下。从牵手情侣到成群结队的少年，从推着童车的父母到牵着宠物的老人，几乎没有人手里嘴里没有吃的。民以食为天，在哪儿都一样。

"一切似乎都是油炸的！我唯一能吃的就是烤玉米。"Maryann 是亚裔，作为非典型美国人，娇小玲珑的她吃喝都比较讲究，而她先生 Bruce 则完全相反，自称"我不是在食物上放点糖，而是在糖上放点食物"，没有冰淇淋和可乐不能活，非垃圾食物不吃。尽管下周就要做膝盖手术，他仍兴致勃勃地开车来逛，因为他网购的电动轮椅头天刚运达，他可以省去走路之苦。

"今天这步散得不错"，一天都开着他的电动轮椅游逛，步行总数不超过五十（去厕所）。回家路上 Bruce 边开车边故作夸张地说，大家都乐了。

我想买花盆和植物，只有一家摊位有售，价格还奇贵，却不期然买到一只土耳其彩色玻璃落地灯。奢华的西域风情，温暖甜美的东方色调，令我一见钟情。要价 350 美元。Maryann 悄声提醒我可以讨价还价，她也看上了一个。发挥射手座行动优先的人马精神，我上前跟那对有着土耳其口音的兄弟理论。"你的 280 美元，她的 150 美元。"对方话音刚落，在一旁眼巴巴指望我还价的 Maryann 凑上来，一脸果断地仰脸跟人家说："我的那个，要是 160 美元我就买下！"我瞪眼望着她片刻，缓过神来才把她拉到一侧悄声告诉她人家已经答应 150 美元了。

成交买下，皆大欢喜。逛这类集市的好处就是，你永远不知道会邂逅什么。这特别像人生，平凡庸常，很难轻易被所遇打动，可明明又充满伏笔，不期然的电光石火般相逢，开启了缘分，自此相伴相守。

到家迫不及待地组装好，当然放置于我唤做茶室的小屋（其实是我的书房)。黑暗中，一开灯，如灯笼般的红火艳丽，似乎一下把我带回那富丽堂皇的大唐后宫。

“我认为值得，才不到300美元。”我道，想安慰除了一肚子汉堡炸鸡什么也没买到的Jay。他这理工男对美和艺术一向都不敏感，吃饱喝足有游戏玩有史蒂芬·金的悬疑小说看就很满足。

“嗯，是不贵，比起你从中国买回来的那柄小茶壶。”他边收拾一地的包装边附和道。

那把在北京马连道买到的紫砂壶也就一个男人的拳头大，人民币2400元，几乎400美元。我像保护十世单传的婴儿一样带到美国。“天哪，为什么这么贵?”Jay万分不理解。跟他没法谈用料、工艺，只好解释说“用它煮茶喝对身体有益”。

第二天是周日，不顾劳顿的我仍雷打不动地嚷着要去逛本地的旧货市场。O型血的男人实在好脾气，Jay二话没说就开车出发了。

这回我们头一次看到有个卖室外遮阳伞的。天气干热加剧，我们曾四处寻找这可以支在后院的伞，但不是太难看就是太大。这家的似乎正好。125美元，还包括那个60磅（1磅约等于0.45千克）重的底座。

果断买下。摊主是个红色眼球的中年汉子，还让他那个戴着牙套和眼镜的儿子帮忙用平底四轮车给送到停车场。

摊主的儿子19岁，有一个姐姐，都出生在美国。父母是来自危地马拉的难民。他向往某天能去中国看看，尤其喜欢日本文化。至今他只回过一次危地马拉，那里的人都很穷很善良。

他有些害羞地微笑着，安静、懂事。他父亲是一个伞厂的库管员，平时上班，偶尔厂里有些打折或下架的伞，他便买下找地方去卖。这个市场，他一年也就来五六次，因为并不总是有货。

把伞装上车，他摆手道别离开的刹那，我叫住他，塞给他两美元。是小费，又不全是。

回到家三下五除二把伞立在院里。Jay 学着摊主教的方法，摇动把手，伞张开。再摇，伞盖应该可以倾斜一定角度，可似乎并没达到目的，摇把明显卡住了。我正欲找出原因，Jay 继续摇了一下，只听嘎嘣一声，似乎什么断线了，那伞盖扑棱垂下来合上了，像断了翅膀的鸟。

再摇，没有反应。

我们都明白是 Jay 最后一摇把轴线摇断了。

“你真笨！明明摇不动了还摇！”我气得口不择言，转身进屋了。

Jay 继续试了几下，自然无果。也进屋了。

“都怪这便宜货，质量不过关，否则怎么可能被低价处理到旧货市场来卖。”他也口气喷火。

五分钟后，我们已经又在去旧货市场的路上。

“不能工作？刚才不是试了还可以吗？”少年又去送货了不在，只有那父亲在守摊儿。

Jay 有些难为情地解释了操作过程，说不知为什么就坏了。

那汉子把伞从塑料袋里撸出来，支在地上，埋头摇那把手。只听到“哗啦啦”响声，那伞盖像睡着了一般没有动静。

我和 Jay 互相看一眼，他紧张又略显无辜的眼神像做错事又不知如何补救的孩子。白人不禁晒，夏日阳光下，他的后脖子一片粉红，让我想起美国鄙视没见过世面又固执的人叫的“红脖子”。旁边，那个男子仍在继续反复摇那伞把儿。接近正午，热闹的集市已经人声渐稀。这一幕，突然感觉像小品。扭转头，冲着路边，我抑制不住地乐了，尽量压抑着不发出声音。

我想起儿时犯了错误，我和弟弟被父母大声批评指责，不知为什么，成人愤怒扭曲的嘴脸总让我忍不住想笑。又不敢明着笑，便扭转身体偷笑，有时被父母发现，或被弟弟告密，便引来更多斥责。

拿着新换的伞回到家，小心翼翼地摇动，这一次，伞盖如愿倾斜，成功。

那一刻，我们同时感慨那个卖伞男子的厚道。也如释重负，125 美元没有只买了个响声。

待到傍晚时分，毒日头威力大减，我走到后院，开始给我几天前买的火龙果树安家落户。

“你能帮我挖这个坑吗？需要一个深坑。你没见邻居泰国人 Leslie（莱斯莉）但凡在院里种什么都是请园丁挖坑吗？这是力气活儿。”院子里的花和树越来越多，草坪则越来越小且不规则，Jay 已经颇有微词，不时抱怨他的割草机越来越行动不便。怕他不肯，我想先下手为强。

“可是以前我去上班了，那些树和花不都是你自己种的吗?”他反问我。

“那些都比较浅（其实不都是）。”我道。

他熄灭割草机引擎，回工具房去拿镐和铁锹，脸上又显出那委屈又无奈的神情，像个被大人逼迫驱使的孩子。我又忍不住笑了，这次没憋住，笑出声来。

已在低头挖坑的他望过来。

“对不起，我刚才不该骂你笨。”我笑着跟他道歉。

“我也不该那么跟你急。读不吸。”他灰蓝色的大眼睛四周都是汗水。

“不是‘读不吸’，是对不起。”这次，我们一起笑了。

去污记

搬家时没留意，住了一段时间才突然发现，主卧淋浴房的地板居然很脏。斑驳的黄色水渍难看而固执地点缀在本是白色的塑料地面上，玻璃推拉门也被水渍覆盖得不再透明。

买来强力多功能的洗涤剂，再加上粗糙硬如猪鬃的大刷子，但无论多么卖力，愣是没有一丝效果。

我开始羡慕那些上门做清洁的墨西哥女人们。记得两年前住 town house（城区住宅）时曾雇他们去家里做保洁，三四个人，一两个小时，自带各种清洁工具，三下五除二，七里咔嚓，一会儿就让各处锃明瓦亮，厨房灶台、厕所边角更是干净如新。

三人行必有我师。这样的清洁工朋友我如果认识一两个该多好，至少可以讨教这清洁大法。

Jay 说要不再请保洁工来做清洁，一次 100 美元，每月一次，也还行啊。我有些心动，可突然想起邻居特丽莎大妈的话：“我也有俩孩子（外孙子女）需要照顾，可我都是自己打扫卫生!”她在影射她的近邻约翰夫妇以孩子小为由不干家务，凡事都雇人来做。我要是连保洁都花钱请人是否更不像话? 既没孩子照顾，又没朝九晚五的工作要忙。一年 1200 美元，也足够买不少东西呢！比如折合成菲律宾超市肥美的螃蟹，得有 120 磅呢!

还是心疼。思来想去，感觉以旧换新似乎是最佳出路。

Jay 说以前没装修过浴室，得好好打听一下，估计预算至少要一万美元。偶尔跟一对华人老夫妇聊天，说他们正在四处选材料，要重新改造洗手间，经人介绍找了个越南匠人。“比墨西哥人便宜，工时费才 8000 美元，材料自己买。估计都下来要 25000 美元。”听得我心惊肉跳，我早就领教了美国人工之贵。但凡体力活，无论电工水管工、瓦匠木匠，都贵得令人想跳起来，rip-off（敲竹杠）这个词再也忘不了。瓦裂了，换一块儿，顺便把下面油毛毡刷一下，500 美元，瓦片单算，35 美元一片。水管换一根，每小时工费 250 美元，材料自理。空调坏了，上门费 150 美元，不管能否修好，到家就收费……逼得我只恨自己没在国内多报几个蓝翔技校培训班。

好在 Jay 还不懒，又喜欢鼓捣。比如他想把木工当成自己的爱好，花了七八百美元给自己配备了各种电动工具，一年来只大刀阔斧地给我做了三组约 20 厘米高 1 米宽的木头栅栏，又锯又量又切，耗时两天。他后来偷师 YouTube，学会了怎么修马桶冲水的部件，也搞懂了怎么换淋浴阀门儿，许多修修补补就自己光膀子上。我也学会了如何给旧家具打磨刷漆，学会了怎么给过长的牛仔裤剪短改裤脚。

可有些活儿不是谁想干就能干的，需要有资质证明。比如后院的木廊，明明连过家家的小孩子都感觉非常容易，四根柱子插地里，上面钉些木头板子。我们却花了七八千美元雇人，还得自己刷漆。

车库外的车道是水泥路面，上面被前住户撒了油漆，锈迹斑斑。我们打算用砖石墁一下。去圣地亚哥逛夏季露天集市的时候，在种种小吃和首饰衣物中间居然有家铺路公司揽活儿，人家承诺免费派人来估价。一个黑人中年女士面带微笑慢条斯理地给我们测量面积，又拿出几块样板石材，无非是砖粉压缩成的形状各异的砖块儿。“14000 美元，还打了折，因为你们得到了集市上的促销优惠，机器除掉的原有水泥碎石，我们拆除后给免费清理走，否则单这笔运费就得 3000 美元。”她似乎在居高临下给我们恩赐。

“你没有真的石头材质吗？你给我看的全是压缩的人造砖。”我不解地问，拿出手机把在网络上找到的照片给她看。

“开玩笑，用真的石头，造价得比这高五六倍，你不介意？”她似乎惊讶于我的幼稚。

她本来承诺回去发给我们一份电脑效果图，却再也没了下文，可能看我们幼稚可笑又诚意不足，不想瞎耽误工夫吧。

我只好死心塌地接受那不完美的车道了。年近半百，还跟这个世界索要完美，真是幼稚可笑。

可是那浴室的脏污令人比较难以接受。逛完集市回洛杉矶时已是黑夜。60多岁的 Bruce 总喜欢锋芒毕露地展示他年长者的智慧，又因为娶了小他 15 岁的亚裔太太 Maryann，被我们戏称为“Mr. Older and Wiser”（老而精先生）。那天他开着客货两用卡车往返洛杉矶和圣地亚哥给我们当司机，Jay 感觉过意不去，主动请缨给他们买了入场券，所以一天下来大家走走逛逛都很开心。

“Bruce 我要感谢你，去年在你家里开烧烤派对，我发现你家草坪很绿，你告诉我半夜浇水，因为温度低，蒸发少。我们照做了，果然今年草坪好看很多。”我优点不多，但一向勇于表达自己的谢意。

“那是!”他得意地接口。

“淋浴房你们怎么打理? 刚才在集市有公司可以重新安装玻璃推拉门，但人家是一条龙，要求必须重新贴墙面瓷砖，打包服务。可我们不需要瓷砖啊，人家就摆手不肯上门了。”我抱着试试看的心思问。

“买个像雨刮器一样的塑胶刮条，蘸着醋，洗澡后趁热刷到玻璃上，水渍很快就没了。地板也可以，铺上一层纸巾，把醋倒上去，浸透，过一晚上拿走纸巾，如果清洁不彻底，再来一次。”哇！不愧是“老而精”，难怪 Maryann 嫁给了他。我还没来得及赞叹，他加大油门超过几辆慢吞吞的汽车，补充道：“醋去 99 美分店买，三升一大瓶，足够了。”

我是急性子，第二天就遵嘱照办了，只是在开车去 99 美分店的半路上看到 1 美元店，进去搜到同类的清洁用醋，回到家呼啦啦开忙。第二天起床第一件事就是直奔淋浴房。天哪，我真以为有仙女下凡，悄悄给我换了人间：整个浴室玻璃明亮地板洁白!

欣喜万分地抓起电话就拨过去。

“祝贺！不过跟我比，你还是输了，你多花了一分钱买醋!”Bruce 哈哈大笑起来，我似乎看见他那花白的胡茬都笑开了花。

列车上的“神秘杀手”

her
COLD
COMES
NIGHT

1

耐不住Jay的劝说，我终于加入他参加了10年的保龄球队。Summer League，夏天赛季，自5月中旬始，至9月初结束。每个球队4个人，要求至少有1名女性。球队总数依每年报名的人数而不同，今年是15支队。每周五晚上7时开战，每晚都和一个不同的球队抗衡。我们的球队编号是6，依惯例各球队自由选择一个名字。Orient Express（东方快车），这是Maryann和Mike俩人的主意，意在彰显我们球队一半的亚裔血统。别看Maryann个子娇小不足1.6米，但和身高1.82米、体重250磅的Mike一样，极具挑战精神和好胜心。他们都是保龄球高手，三局下来往往都是200分的平均水平，而我这一只菜鸟，平均成绩只有95分，还极不稳定，不时铆足了劲却眼睁睁看着那球滚到两侧的凹道里去。在众目睽睽之下，开始我还真难为情，可每次Maryann都鼓励我："没关系Emma，你今天的得分已经高于你的平均分数了……这种devil horn（恶魔犄角，其他瓶都被击倒，只有一左一右最外侧两只瓶还在，像两只犄角）确实最难打，不怪你。"甚至一向粗声大气的Mike也不时教我："投球时不要转手腕，这样会改变球的运行方向……"当我偶尔击出一个全中，他更是毫不吝啬他的鼓励："这才是我的女孩!"

相对于本队球友的频繁互动，其他球队成员基本都是相同的表达方式：看到对方击了好球，会投以赞许的目光或微笑或击掌相贺；若没击中或如我这样总"走麦城"的，人家多数时候都低垂着目光望向别处，似乎善意地为对方避免不自在。

说实话，对我来说，看别人打球真是一种享受。这小小山谷里的居民中居然隐藏着诸多高手，貌不惊人，不声不响，一出手却似武林高手，个个身怀绝技。其中最让我瞠目结舌的是，许多人球一出手明明落点在球道一侧，可那溜光水滑的球似乎带着灵性，快速滚动出一条弧线，到达终点时已经在球道另一侧，利索地"哐啷"一声，不偏不倚，正中要害。

"他们在球出手时，已经给它加了旋转力，所以可以在滚动时带弧线。另外，那球也都是定制的，非常适合个人的手形和指形。"Jay的解释让我想起中国的乒乓球，不也是上旋下旋吗?

Jay和Mike都用14磅的球，一个是蓝色带金火焰，一个是黑色带绿波纹，让我想起哈利·波特魔法球。Maryann 则有两个球，居然也都是十四磅，一紫一金，紫色用来打头阵，全面击破，金色用来消灭没被击倒的散兵游将。我没有自己的球，每次都从球馆那排架子上挑一枚十磅的球来用。“你至少得有自己的鞋子。”Mike 打量着我戏谑道。

Maryann 建议我试一下 12 磅的，说打击力道会大些。

果然，换球后的当晚居然打了三个全中，兴奋得他们仨又叫又嚷，似乎“东方快车”冠军在望。作为新人，每周比赛的球队成员对我来说都是新面孔。有些人上来就自报姓名加愉快问候，对方球友打出好球也击掌相庆。有些人则默不作声，只顾轮流击球，仿佛与自己队的其他 3 名队友住在一个看不见的泡里。从屏幕上的名字可以看出，4 个人中往往至少有一对是来自同一个家庭的，夫妻、母女、父子、兄弟等，因为共享同一个姓氏。

球馆为了鼓励新人来参与，特意在每个赛季开始的第一晚，根据击球得分高下，给每个人一个障碍系数，球技越差的这个系数越高。真正比赛时会显示两项成绩，你的实际水平成绩与加上障碍系数的成绩，当然后者会高很多。“这样是为了显示公平，否则一个接近专业水平的队永远会是第一名。”这样的解释倒让我释然不少，至少不用担心自己拖后腿。我的障碍系数是 110，也就是说我得 90 分，可以算 200 分。

可每次看到别人潇洒挥臂“砰砰”全中的开心时刻，也不是不心痒。那天我突然发现墙上有许多张保龄球瓶样的贴纸，上面标着数字和人名，300，或者 598。一问才知，那是牛人榜，标注的居然都是十局全满贯的球手！

“你可以周日上午来球馆练习，八点至十一点，只要 3 美元可以打四局。”Maryann 总是主意频现，凡事都沉着应对从不惊慌，怪不得那年轻时如野马一般的 Bruce 在中年以后心性温顺，经历过三场婚姻的他本发誓单身终老，却又心甘情愿地娶了小他 15 岁的有着中国、菲律宾血统的小女子为妻。

相对于 23 美元一晚上打三局的正常赛事，当然周日的价格更诱人，可那也是我去逛跳蚤市场的时间，尤其是夏天渐热，我一般赶早去转一圈儿，因而一直没机会去练习。一个月来，球技没增，因为发挥不稳定，上周的成绩居然还低于我的平均分值。

那晚我正臊眉耷眼地换鞋准备离开，听到 Jay 和 Maryann 在密谋什么谋杀。

“在火车上吃晚餐，有人被谋杀，大家一起找出杀手……”Maryann 神秘地说，大眼睛还故意一眨，微笑着四处扫了一眼。

好吧，“东方快车”队尚无险情，先倒要去另一辆火车上见证“谋杀”。

2

这所谓的“murder mystery dinner（谋杀神秘晚餐）”是一个火车公司的游乐项目，分成不同主题，除了这20世纪30年代风格的谋杀晚餐，70年代的摇滚风，还有针对孩子们的农庄之旅，吸引情侣的爱情主题游，全都是在短途火车上进行，有演员在车厢里走动表演，不外是插科打诨，说说唱唱。

大概人人都或多或少有点怀旧风，虽然90美元的价格在我看来有些过高，但居然总有人不断地从四邻八乡驱车前往那个叫Fillmore（菲尔莫尔）的小城看新奇。

“一顿晚餐，只有一道主菜一个沙拉一个甜点，还90美元？那火车票都加上也不至于这么贵呀。”我原先是好奇心驱使想去看看，听说每人90美元就有些兴趣大减，可能是中国人凡花钱都希望物有所值吧。

“那又怎么样？又不是买不起。反正我想去，和朋友们在一起，那开心的经历不比钱更重要吗？”Jay很少固执己见，但凡是涉及朋友们集体活动，他总是毫不犹豫。

看他这么坚定，我也不好反对。确实，与朋友在一起经历一些有趣的事，不是钱本身就能买来的价值。

于是说好周六下午五点，Maryann夫妇来我们家会合，由Jay开车，大家拼车去30英里外的Fillmore见证“谋杀”。

洛杉矶一连数日高温，最高达到46℃（116华氏度），最近虽然有所缓解，仍是40℃左右。

早上趁天气凉快，在后院种上了那棵足有一米高的大龙舌兰后，我们已经挥汗如雨。“我相信也就你和Kimberly两个中国女人开车一个小时跑去那偏僻的农场，那墨西哥老兄一定没想到你们真去了。”Jay虽然早就瞠目结舌于我的植物癖，自言后院前院已经像植物园，不明白为什么我还一趟趟地像鸟儿一样四处寻觅，而且总能遇见新的物种，总要想方设法弄回家，又总能在他看来几乎不可能的情况下找到合适的地点栽种上。“爱植物的人总能为植物找到合适的地点，就像蜂鸟总能找到花蜜一样。”我说。

这棵龙舌兰是所有植物中，我跑了最远的路途买回家的。

上周日，又在露天跳蚤市场墨西哥老兄 Juan（胡安）那儿买了一大堆金枝玉叶和太阳花，准备栽在那已经开始攀上凉棚的风车茉莉周围。跟他说好下周五去他的农场直接挑选，除了我，还有新认识的中国女友 Kimberly，她搬了新居，也要买一批植物。

跟着导航七拐八绕四十英里到了那苗圃附近，按预先约定，Juan 会在一个路口迎候我们。我打电话给他，用英语告知马上到了。他接听了电话，用西班牙语跟我说了一堆，一句没听懂。语言不通，又没机会确认眼神，至少声音对路，听口气我们双方都很满意。接头成功。挂断电话，继续开了五分钟，到达一个路口，果然看到矮胖黎黑的 Juan 坐在一辆小货车里等我们。

拐进一条土路，只一分钟，他就引领我们到了他的地盘。还没看到植物，先是圈里的牛马羊鸡映入眼帘，尤其是那马，还戴着眼罩以避蚊蝇。

"Emma，你确定咱们是来买植物而不是牲口？" Kimberly 和我一样，从来没到过这除了大片农田就是大片果园的荒僻地方。

刚下车，就有一位陌生中年汉子迎上来，自我介绍说是 Juan 的朋友 Koko，可以当翻译，他也有一小片苗圃就在隔壁。

Juan 的园地面积并不大，只有半亩大小，且和他的人一样，从仙人掌到种种多肉，再到叫不上名字来的种种绿叶植物，都在没人侍弄的情况下野蛮生长。说是院子，却只有两面墙，依在墙角的是一个破败的自建小木屋，比那牛马棚子只多了一扇门，那是他栖身的地方。门半开着，我看到一件蓝红格子衬衣晾在一根绳子上，有苍蝇在飞舞。

Kimberly 只挑了五盆，说后院还没做规划，先买几盆回去看看。我巡视一遍，发现多数植物都已经从他手里买到了，只有那一大棵龙舌兰让我心动。那家伙已经长成木本，足有我的胳膊粗，头上顶着厚实灰绿的叶片，脚下是一堆新萌生的小仔。

"多少钱?" 我问。

"20 美元，给你。" 不待朋友翻译，Juan 已经回答了我。"How much?" 可能是他听得懂的为数不多的几句英语。

天哪！这也太便宜了，在城里的苗圃，少说也得一百美元。连他的朋友都望着我咋舌。

实在是想多挑几样，一来不辜负这来回俩小时的烈日下的奔波，二来也想让他多挣点钱。Juan 总让我想起远在中国河北农村的乡亲们，朴实厚道，安分知足。因为没法交流，我对他并不了解，曾见过他的儿子，一个30多岁的壮年汉子，偶尔也去跳蚤市场摆摊卖植物，但似乎他没有父亲的快乐天性，也没有对植物的喜爱。那汉子的妻子是中美洲某个小国来的，倒是热情开朗，曾守着另一个摊位卖花草。每次我们都先逛了她的再逛她公公的，总是她的比较受欢迎。“他不懂得挑选，总是随手装车……”我们除了聊花草，偶尔也站一起说会儿笑，她有时会送我一些小盆草花儿当礼物。后来却再也不见她了，据说回了故乡，再也没回来。我后来再碰到过那汉子一次，他一脸的落寞，比以前更寡言。

只买Juan的东西而不照顾Koko的生意让我感觉过意不去。大太阳底下快步走过去，我发现他的领地更大，物种即使不多，却都长得有模有样，显然比他的邻居用心。我无意间看到一棵足有五六岁的春羽，喜出望外。木本化的茎干，鳞状的斑痕诉说它经历的风吹日晒，不屈不挠地活在不起眼的角落里，根须已经穿越那黑色塑料桶扎进了地里。硕大带着锯齿的绿色叶片明明是叶子，却让我忽然想到那在女性艺术家拍卖史上最昂贵的一幅静物画，乔治娅·奥·吉弗（George O'Keeffe）以4400万美元成交的*White Flower No.1*，清爽干净得让我的一颗心如被洗过一样。

“这个免费。”把十几盆植物挨肩接踵地装进车，正准备离去时，Juan突然拎着两个种在柳条篮子里的多肉过来，分别送给我们俩，说是礼物。我们道谢收了，互相看一眼，心中都委实不忍。临上车，各自把他找回的零钱拿出5美元塞给他，说是小费。他仍是睁大眼睛微笑着，厚厚的嘴唇半张着，定定地望着我们想说什么，又没说。阳光下，他脸上的皱纹越发明显。

我知道，第二天我们要参加的那个杀人游戏的现场，就在离这里不远的文明灯火处。

有人在寻欢作乐，有人在为明天的面包奔波。想着这些，我不禁叹息一声摇头无语。

3

栽种植物，去为火球买罐头，去图书馆还已经到期的书。下午四点左右，我已经累得浑身散了架，只想躺下歇着翻看《国家地理》和*VOGUE*。那是我一直喜欢的两种刊物，因为是第一年订阅，优惠价，全年居然只要八九美元。

Jay 则在衣柜旁夸张地忙活，他在找一条能穿得进去的西裤。这些年他一直穿牛仔裤 T 恤，在饺子红烧肉的诱惑下又增重二十磅，要找一条还合身的西裤确实不容易。

Maryann 答应借一对 Bruce 的西裤吊裤背带给他。

在他不住口的“please please fits me”（请你请你让我能套进去）祈祷声中，他终于把自己装进了一条深灰色布西裤里，上面罩了一件纯黑短袖衬衣，也不管那好久没穿的衬衣肩膀上积着灰。

我强打起精神洗脸化妆，找了两条礼服裙，居然要屏住呼吸才能拉上拉链。我可不想遭罪，果断脱下。

几年前，由于有许多需要着正装的场合，我曾像如今迷恋植物一样血拼衣物，距洛杉矶一小时车程的 OUTLETS（服装工厂店）是我每隔三两个月都要去光顾的地方。每次都要感叹为什么我们中国人要付出高昂的代价才能拥有同样的东西，那些既大牌又时尚的衣物在国内要加若干倍的钱才能买到。

还好，那条艳粉色的宽肩带短裙仍然不显局促，Vera Wang 的设计，我某次在以低价著称的罗斯百货淘到的，居然才 39 美元！

门铃响起，Maryann 夫妇到了。不得不说 Bruce 真是很有美国老派男人的派头。一身黑，白领带，黑礼帽，金边眼镜。他这样走进美国 20 世纪二三十年代的电影片场，丝毫没有人会怀疑他不是剧中的人物。

Maryann 则一袭带珠片的吊带紧身裙，暗红与黑金色相间，与她头上那一簇火红的羽毛发带相得益彰。

Fillmore 是个幽静的小镇，简单的几条街道，稀疏的房子在树荫下伫立着，看不到一个人影。把车泊在一棵大树下，我们步行五分钟到达火车站，眼前突然一亮，一群 20 世纪二三十年代的美国人正在三五一伙地闲聊，大家不动声色互相打量，没有人大惊小怪。

六点半，火车门开了，一位身板挺拔、穿着司机制服的老帅哥倚门而立。“欢迎来到自由号列车。All boarding（全员登车）！”说着他一只脚趋前，一只手臂向侧伸展，做了个请的优雅姿势。

他守在门边恭迎旅客排队上车，并跟每个人打招呼。轮到我时，他笑道：“你不打算这样用手指晃动这漂亮的珍珠项链吗？”看我困惑，他打着手势做示范。Jay 悄声解释说那是老派时髦女人的习惯，甩着长长的珠链，一副优哉游哉的故作潇洒样。

座位标着号，人们依次寻号落座。四人相对而坐。我们对面是 Melissa（梅利莎）和她老公查尔斯。

Melissa 三十出头，个头矮，粗胳膊壮腿，皮肤白，本来的一头金发染成了淡粉色。她的衣着和 Maryann 很像，也戴着羽毛发带，只不过那串长长的珍珠项链是塑料的。查尔斯精瘦微黑但面孔英俊，话不多，目光沉着。他穿一身白底深蓝条纹西装，那裤腰明显过于宽松，全靠那背带提着才不至于滑下去。如果说 Melissa 是个总鼓着肚皮蹦来跳去的小皮球，或是从无静音模式的小喇叭，查尔斯就是一双洗脱了油漆的木头筷子，安静似乎是他的本分。

夫妻二人经营着一个从他姑姑那儿继承来的小农场，养着马牛羊狗。“查尔斯是世界上最好的电工……我女儿才 12 岁，练习马术 3 年了，骑得不错，就是花费不菲，一个马鞍居然好几千美元……我儿子很懂事，他们都帮我干活儿……”我在保龄球馆遇到过 Melissa 几次，都是她出来打球，查尔斯在家看护孩子和牲口们。我喜欢她的快乐天性，收入有限，快乐却很多，每次听她叽叽喳喳不停地说话，即使讲到倒霉的事情也都是一脸笑意，似乎她是世界上最幸福的人。

开始吃沙拉，我看到她手腕上一道长长的蜈蚣样的缝痕，好奇地问她手术怎么样，几个月前在拉斯维加斯同逛雪茄店时听她说起过要做一个小手术。

“还行，看，这儿还有一道。”她亮出手肘让我看。“我这手腕儿部位现在是没有骨头的了，你摸。”果然，皮肤下空空的软软的。

“医生让我不要干体力活儿了，怎么可能？我照样拉牛遛马，只不过有时我会跟它们说，亲爱的乖一点哦，别让我太费劲。”她说春天刮大风，把他们的温室屋顶都刮跑了，加上干旱酷热，因此今年没收获什么蔬菜，就指着那些牛马了。去年新添了四匹小马，卖了一笔钱呢。

正说着，一个衣着很正式的老绅士走进车厢，边频频用老式礼节脱帽向人致敬，边自我介绍说他是电影制片人。胸前挂着一盒香烟叫卖的老女人、戴鸭舌帽双手端着老式相机的小伙儿、浓妆艳抹仍难掩年老色衰的女戏子、面容清纯想挤进好莱坞的美少女……依次出场，或说或唱，不时跟乘客即兴互动引起阵阵笑声。

这时主菜上来了，煎牛排或奶酪烤鸡，大家订票时都提前点好的。桌上有一张酒水单，只有目录没有价格。我点了金（Jin）酒，问 Melissa 是否喜欢。“我不很喜欢这个，感觉味道怪怪的。还是玛格丽特好一点。这一切……也不错，可还是没我想象的那么有意思。”Melissa大口吃着牛排，不时地往饮料里加糖，好看的大眼睛忽闪着像个跟大人出来玩儿的孩子。查尔斯则先吃里面的配菜，像羊一样嚼得很慢很细，牛排基本没动。

“听说散客直接订票90美元一位，咱们这百十来号人都来自保龄球馆也不给优惠吗？球馆经理Crag负责张罗安排，我们是连票都没见到，把钱直接给了他。他是个同性恋者这我倒不介意，可难道火车公司就没给大家折扣吗？算了不管他了……”Melissa的大眼睛坦率地望着我和Jay，洒脱地吸了一口电子烟。记得那次在拉斯维加斯大家玩抽木板游戏，一个陌生女子只管玩儿不管搭，别人都闷声不悦，只有Melissa边流汗捡木板边红涨着脸跳出来嚷：“只有婊子才这么差劲。”

我有意地问一些种植方面的问题。牛油果一年结一次？为什么加州的柑橘一年四季都在树上挂果？Jay更可笑，听说没有公鸡参与孵化的鸡蛋是不能孵出鸡宝宝的，让他睁大了眼睛问为什么。

“我们现在只有十只母鸡了，以前公鸡和母鸡一共有三十多只，后来被獾和野狗偷走不少。这些年我们都用不着买鸡蛋。”查尔斯偶尔也会接话：“相信吗？我祖父当年发明的一种农具，当年找到的合作商居然是Melissa的外公。”我发现他其实是很开朗的男人，只是对不熟悉的人保持着孩子一般的拘谨。

一个歪戴着贝雷帽的秃头男人走过来，饶有兴致地打量着Jay的光头。“嘿，我终于有了竞争对手，看啊，他的发型和我的一样漂亮。”卖香烟的女子小碎步跑上前来。“我就说嘛，你们没准儿用的是同一个理发师。”

这样胳肢人的插科打诨让我不是很感兴趣，反倒更乐意和Melissa聊天。

“查尔斯是加州人，我出生在堪萨斯。我19岁那年去了亚利桑那州的亲戚家，在一个酒吧里遇到了查尔斯，他21岁，在那儿读技校呢。我们都喝了酒，不知怎么我跟他当时的女朋友先是吵架后来差点儿动了手……再过几天，又遇到他，他一个人了，说他喜欢上了我。几个月后我跟他一起回了加州，因为我怀孕了，从此我们再也没分开。我女儿4岁时我们才结婚，因为我成长在一个特别差劲的家庭，我不敢奢望婚姻这东西。”她喝一大口加冰的可乐，垂眼看着桌上的餐垫。像在自言自语，可因为车厢吵闹，她又得提高声音让我听到。

我望着她，有些心疼。无论出生在哪儿，谁的背后没有一部沧桑故事？美国人一般不跟人谈隐私，我又感动于她的信任。

“我母亲生了五个孩子，每个孩子都有不同的父亲，她本身心理和精神都有病，从年轻时就离不开男人，又哪个都掌控不住，甚至还找到我这里来住了一段时间。我强行让她离开了，我不想让孩子们受影响。作为母亲，对自己的孩子从没真正爱过，生了我又怎么样？给我生命那并非她的本意，只不过是寻欢作乐的‘副产品’。昨天我在公园看到一个小男孩在爬绳梯，他半路害怕了，对在下面用双手正托着他的爸爸说别走开哦，他爸非常认真地一字一句说：‘别担心孩子，我这一辈子都会保护你的，我承诺。’那一瞬间，我的眼泪就忍不住流了下来……我都从来不知道我爸是谁。”说话间，每人得到一张纸，选择：谁杀死了电影导演？

全车厢百十来号人，居然只有一人答对了，答案是那个时政记者。他当众坦白：“我杀了他没错，因为他拿角色为诱饵哄骗我的侄女——从小做着明星梦的女孩，最后她受尽凌辱怀着破碎的心自杀了，我杀他也是出于正义……”

答对者得到一小盒点心作为奖赏。

侍者走上前来，给各桌放上账单。我才恍然大悟那酒水原来不是免费的。手写的账单右上角的数字是33美元。Jay正要拿过来细看我们该付多少，Melissa高声制止：“别让我知道你数学有多好了，我们来付！”这在连吃个麦当劳都各自付账的美国，让我非常吃惊。查尔斯默不作声地把那账单卷起来放在他盘子下表示配合。看他们那么坚决，Jay也没好意思再坚持。

没有月光，街头却也并不黑暗。抬头望，甚至可见白云仍浮在天穹。下了火车，又回到人间。九点半，夜归的人们像走出影院的观众，放下那些还温热的虚假故事，急着上路回家，回到熟悉的床上去安放自己的肉身与灵魂。

晚上我梦见了Melissa，她骑着一匹白马驹在天上飞……

染缸里泡出来的蓝领

1

北京已经是小雪的节气，加州灿烂的阳光仍慷慨地照耀在后院正盛开的夹竹桃上，粉嫩如霞。本是几个月前当调料随手撒在书房窗外的罗勒居然长疯了，齐腰高遮住了半边窗户，还不满足地扩充地盘与草坪抢山头。我只好拿起修树杈的大剪刀上上下下咔嚓一通挥舞，才好歹有了点整齐模样。

“你一定有修剪控，不是用电推子把我推成光头就是到处剪枝修杈，要不就感觉不爽。”Jay 笑着说再这样下去早晚有一天他要拽着我去看心理医生。

我问他在我回中国的三个月期间他是否给罗勒施肥太勤。“你别骂我啊，我连看都没看过它们一眼，都是草坪的自动浇水系统在替你照顾它们。要不是你说，我都不知道那是什么东西。”我突然想起来，在它们刚冒出小头的时候，我曾经用自制的肥料给它们吃过一次大餐：淘米水放在喝完的牛奶盒子里，放在后院工具棚旁边的角落晒一个月太阳。把上层那近乎透明色的水倒进喷壶，兑上自来水，OK 啦。

没想到这举手之劳的结果好得让人喜出望外。谁说人生无趣？那他一定是个无趣的人。这信手拈来的喜乐，可真不是省吃俭用买件名牌包包的人可以想象的。

其实，过日子可以很好玩，如果我们还记得儿时过家家的场景。道具简单甚至简陋，情节别扭甚至蹩脚，演员好笑甚至滑稽，可两大要素让所有参与的人都乐在其中。其一是参与的好奇心，其二是角色扮演者玩儿的心态。

“生活是种律动，须有光有影，有左有右，有晴有雨，滋味就含在这变而不猛的曲折里。”坐在前廊下闻着那一架风车茉莉喝茶，重读老舍，自比二十年前多了几分滋味。一个好的作家，首先当是悟透了几分人性的哲学家、生活家。可是，当他掏出心爱的钢笔，叠放整齐衣服，迈步走进湖水的深处时，为什么竟不能说服自己再等等欣赏这律动生活的机会呢？至今仍记得他儿子舒乙跟我道起那一幕时眼中噙着的泪水。

注册 Facebook（一个社交网站），我给自己的定义是厨师、园丁、旧货收集人。“美国就像个大染缸，已经把你从脑力劳动者的白领染成了干体力活儿的蓝领啦。”我的导师看我如此“堕落”，微笑着点评。

这一切，还真是拜美国生活所赐。

看多了表情中性、行事风格果敢的美国女人，我不时琢磨一个问题：她们的独立是与生俱来的吗？我看其实一切都是被这个社会的文化氛围逼出来的，如果有人分担，没有一个女人（或者任何人）天生愿意干粗笨耗力气的脏重体力活儿。美国社会讲究绝对的自由与自主，女人不肯认输，便要付出代价，即使没力气也要弩着劲儿撑着，未婚妈妈自己边带孩子边读书工作，这种现象比比皆是，没有谁怨天尤人哭天抢地。有老公或男友的，经济上要独立就必须在生活上也要能独当一面，否则只能败下阵来当个“弱者”。每个人都知道，不仅莫斯科不相信眼泪，纽约、洛杉矶也一样。

我第一次在美国加油就有些傻眼，全是自助加油，哪儿像在北京连车门都不用开，隔窗把加油卡一递，嚷一声“95号加满”就够了。当我好不容易在暮色中逮住一个白人妇女请教她时，她的眼神恨不得把我杀了。“你以前怎么加油的？你先生帮你？听着，作为一个女人，你应该什么都会！”那一刻，我第一次感到了无能的羞耻。

但我真正身体力行把自己打造成一个蓝领，还得从拥有了一个自己的房子开始。

2

你如果有一个房子，那就意味着你永远有数不清的麻烦要面对。这是Jay的后妈Kate的名言。真在美国生活，我才发现一个人的生存技能是多么的重要。以前看不上的水管工、电工、瓦匠、木匠、园林工人在这里原来都是最吃香的人物。

自从Jay将他以前居住的town house出租以来，除了每月底收到一张支票那一瞬间的满足，我更多的反而是忧虑，提心吊胆着房客随时打来的报修电话。那对克罗地亚夫妇倒是事不多，平时不找Jay，可一找肯定是报修。先是厕所水箱不续水了。Jay放下电话，表情严肃得像个消防员似的火急火燎赶去，先查清故障，再回家上You Tube看视频，然后去Lowe's（美国百货零售店）买零件，直接过去换好回家。

“他们说没想到我那么快就解决了问题。”他不仅没有一丝厌烦，反倒喜滋滋的像是很有成就感。“我喜欢琢磨这些东西。跟编程一样，出了问题一定是有哪儿不对了，像捉贼一样找出来，是件有意思的事。”那一刻，我知道他在扮演水管工，那是他儿时就向往的职业。

只是花时间也就罢了，问题是还要花钱。两口子，再加上一个比一个壮实的仨儿子，家里电器的损耗远比我们两个人当年住要大。

“热水器不制热了，没有热水洗不了澡。”那漂亮的太太尽管英语不标准，可描述这些问题还是够用。问题是Jay也不是专业维修工，不能解决所有问题。先在网上找水管工电话，打过去几乎没有人肯报价，都说不知道具体情况，不好说。只有一个报价了说一百多美元应该可以修好。结果……人家说修不好，只能换一台新的热水器，一千多美元。

“那就不用他了。再找找看。”我跟打电话来商量对策的Jay说。

“可是房客急着用热水洗澡啊。再说，那个水管工说既然上门了就得付费，你愿意白给他一百多美元？”Jay说他倒愿意付钱换个新的算了。

“可是一台新热水器，史密斯牌的，连中国都有卖的品牌，才500多美元，他凭什么推销一种咱们都没听说过的机器还收那么高的费用？!”我气不打一处来。踩一脚油门到某户人家，啥都不干就伸手要钱，天底下哪有这么好的差事？

最终，Jay仍是花了一千多美元换了个新的才了事。

“人这一辈子挣的钱有数，可不是所有的钱都一定要花得心甘情愿。有些钱是为了基本生活所需要，吃穿住行。有些钱是为了纯粹精神享受，旅游、看电影、买你喜欢的经看不经用的古董旧货。这些都是自愿消费。而有一些是你花得不情愿又不得不花的钱，包括被别人 rip-off（敲竹杠）。呵呵……”别看Jay是理工男，倒也有一套让人心悦诚服的花钱哲学。

话虽如此，能避免的竹杠还是越少越好。花钱不怕，就怕花冤枉钱，那是明知不公，还要忍气吞声地被侮辱被欺负啊。

热水器事件刚过不久，另一件考验我们俩的事又发生了。

新房子主卧的淋浴喷头自从我们入住起就有些滴水。这对我这睡眠极差的人来说真是雪上加霜，好不容易有了困意，滴答滴答的声音在静夜如轰鸣。

某个周末，Jay决定做点什么。但动用了扳子钳子螺丝刀，都没能从墙上拆卸掉淋浴的开关把手。

他推测这个把手是1991年建房的时候就装上去的，其他的配件都被后来的主人更换过，唯独它是原件旧物。

“估计是因为当时太难拆下来才没更换。我上网看了说有一种工具专门对付这种难题。”

于是我们直奔Lowe’s，在一面墙的小配件中巡视三遍都没找到工具，只好去问工作人员。那个留着长须的老者不仅熟悉地告知我们准确地点，还推荐了一种化学药剂，说可以把当时粘住把手的化学物质消融掉。

对比价格，工具11美元，化学药水5美元。

为了少跑路，Jay建议两个都买，回去先用药水，如果管用，再回来退那个工具，反正美国是无条件退货。

结果让我们很失望，两样都不管用！

“看来只能用锉刀把它切割下来。我去买一把，30美元左右。”

“天哪，咱们不用什么都买吧？啥都没干就花掉这么多钱了。”

“听说Garry有锉刀，我要不去借他的用一下。”头一次，听到他主动提出跟邻居借工具。

十分钟后，锉刀终于切下了那个把手。

下面就是换上新的零件。我们俩像上了发条的机器人，开上车再次直奔商店买配件。站在那儿左挑右拣，越来越没底，以前那个品牌已经不再生产了，不知现在那些锃亮高大上的品牌是否与我们的相配。我们问一个年轻的工作人员，答案很让人绝望：“早就停产了，现在市面上这些都不能跟你的品牌相配。只能去网上找找，或者有些专门的水管零配件店可能还零星有卖。”

当天是周六，两天之后，我们就该飞往达拉斯去Jay父母家过感恩节了，但谁也不愿意回来后连个热水澡都不能洗。

Jay给无所不知的Maryann打电话，问她是否有什么熟识的水管工可用。她推荐了Ken，说以前用过还不错。Jay上网查到他，一个小个体家庭维修公司，评价还不错。电话过去，没人接，留言，亦没回复。

沮丧地回到家，试着用客卧的浴室洗个澡，没想到烫得可以褪掉猪毛，它居然也坏了，没有凉水！

周日一早，Jay仍是没接到Ken的电话，我们坐在麦当劳吃早餐。我从手机上找到一个很专业的修理公司，让Jay打过去咨询。接线小姐很客气，问清我们的邮编，说可以立即派人过去看一下情况，做一个free estimate（免费估价）而且 no obligation（免费的），意思是免费上门报价，没有强制必须接受服务。

我多了个心眼，让 Jay 告知她我们淋浴的品牌，以防不测。那接线小姐根本没任何反应，说她会派人去看了再说。

“这么专业的大公司，库里一定有各种配件。”Jay 也似乎终于松了口气。即使花钱，能尽快修好也不错。我们已经知趣地不再考虑费用了。

没想到的事接二连三。那标着公司大红标志的车很快开来了，下来一个中等个子的中年男子，穿着公司制服、面带微笑的精明大叔。

上楼查看了情况，他说：“对不起，我们没有这样的零件。要么你们自己网上定，要么我们定，至少需要三天时间。费用吗？第一小时 250 美元，以后每半小时以内 125 美元。零件不包括在内。”

我们有些泄气。但也没有他法可求，只好承诺自己去找零件。

“我看那接口处现在还在滴水，我倒可以帮你们把它彻底拧死，用我们专业的工具拧一下，不能太紧，否则可能拧断，也不能太松，那样会继续漏。”大叔看看 Jay，又打量了我一眼。

我们都异口同声地致谢。

谢声还没落，只听他说：“那我就取工具拧一下，这要 125 美元。”他又故作坦然地又打量我一眼。

我心一沉，这么一下就要 125 美元？顾不得跟 Jay 商量，我说不用了，我们晚上就把总的水闸关掉，那样就不漏了，也不特别费事。

Jay 也点头说是。

“那好吧，那就等你们零件到了再打电话给我，我再来修。”说着下楼往外走，突然他又想起来什么似的道：“对了，今天是周末，我过来这一趟是要收 50 美元的。”

这是怎么回事？我和 Jay 面面相觑，都有些没反应过来。

“可是，我们打电话时接线小姐说是免费上门报价，根本没提要交任何费用的……”我嘴快，质疑道。

Jay 也接口说是啊没有说费用啊。

“是嘛，哦，OK。”他神色不自然地看我一眼，走了出去。

几分钟后他拿着一纸合同进来，说等我们的零件到了再通知他，就再见走人了。

我和 Jay 面面相觑，心有余悸，似乎经历了一场小小的死里逃生。

“这就是你们可恶的资本主义社会，每个人都想揪住任何一个机会，从别人钱包里压榨出最多的油水来!”我终于逮住美帝的尾巴了。

他笑着说是啊，就是这样的世道。所有美国家庭都知道，你只要求别人为你做点事，那么，你就把自己放在了任人摆布的位置。

“我们中国人可不会这样……”

“嘿，上次那个修房顶的工人不是中国人吗？写得清清楚楚保修一年，修完第一周就又漏雨却再也不露面了，说再来光跑一趟就得给他 100 美元，你忘了?”

“那也是来了这里后跟你们美国人学坏的。”

嘴仗打归打，还得统一作战找零件。

“昨天在 Lowe’s 那个年轻店员给我提供了一个信息，说有一家迈克兄弟配件城可能会有这种零件，在另一个城市，开车四十分钟能到。”电话打过去，人家还真有这种零件。谢天谢地，我们赶紧跳进车沿导航指引一路找过去。

尽管不大的店面偏远冷清，两个墨西哥工人也爱答不理，毕竟我们找到了像稀缺血型一样宝贵的零件。加上客卧可能需要更换的零件，一只手都握得过来的一小把，共 286 美元。

“这是金子做的吗？太贵了。要在中国，也就 200 块人民币。”出来后，我说。

“美国的这些东西可能质量好些。”他说。

“你不想试试吗？也许咱们自己可以换上，根本不用那个公司来人。就看他们那随时随地揩油的架势，换这个零件他至少要磨蹭两个小时。”我怂恿道。

“那咱们就试试。”

到家。我进厨房做面条，Jay 上楼做“实验”。半小时后，只听“哗哗”的水响，Jay 从楼梯上探出脑袋兴奋地说：Done!（好啦!）

那是我听到的一周来最美妙的词。

Jay 娴熟地边用筷子吃着半地道的老北京炸酱面，边微笑道：“我可以明天再修客卧的淋浴吗?”看得出水管工 Jay 心情不错。

“可以啊。可换了我，还是宁愿一口气修好。毕竟工具都摊了一地。”我也微笑着道，说我可以替他洗碗。

再过了一会儿，我刚把所有碗碟放进洗碗机，就听见他说：All done！（都修好啦！）

我们击掌相庆，像两个成功破译了敌人密码的黄金搭档。

余生漫长，不必惊慌。此后，遇到修修补补的事，我也不再畏葸了。兵来将挡，尽力而为。草坪的一个水管喷头罢工了，让 Jay 下班时顺路买一个。第二天早上，我跑步回来歇口气，挖松土，拧下旧的，换上新的，试水。方向有点偏，距离有点远？上网查到如何调整那小小螺帽，一分钟轻松搞定。阳光照在身上，暖暖的，小小的蜂鸟在悬空吸着薰衣草的花蜜。那一刻，劳动着的身心，感觉都妥妥爽爽的。

3

吃东西挑剔又嘴馋的人往往会被逼出一手好厨艺。

我就是个标准的例子。2011 年刚到美国时，我和儿子基本上就靠单位的食堂维持温饱。“我真羡慕人家的妈妈，不是葱花饼就是糖醋排骨，馋得做梦都流口水。”在孩子眼中，母亲漂亮不漂亮跟他们似乎没有半毛钱的关系，一个女人能在厨房里把锅碗瓢盆交响曲演奏完美才配得上“妈妈”这个头衔。而我一味在乎“清淡”口味，做出来的菜往往健康有余，美味不足。好在儿子三年之后飞到印第安纳读书去了，学校自助餐吃了一个月下来立即大叫不好，本就致力减肥的他又胖了六磅！

美国人的饮食结构不合理人尽皆知。满大街腆着小肚子撅着大屁股的小孩子让我不无同情，那天使般纯净的蓝眼睛、瓷娃娃一般可爱的小脸是那么无辜：他们饥肠辘辘，爹妈又不肯动手（或不懂如何）做一餐健康又美味的饭菜，只好去吃汉堡喝可乐，不用太久，一个月就可以催肥成功。

IN－N－OUT 是在加州起家的汉堡店，据说从不用冷冻牛肉饼和土豆条，价格数十年不变，美誉度极高，据说连某个忌讳吃肉的中国女明星都忍不住光顾。我去吃过若干次，却吃不出和麦当劳的汉堡有什么大区别。每次都是在又饥又乏没有更佳方案的时候进去，吃完出来后悔内疚不叠，且无比想念中国的烧饼夹酱牛肉和我老家的驴肉火烧。热乎乎刚出炉的酥脆烧饼，夹着劲道儿散发着酱香的牛肉片或松香软嫩的驴肉，那才叫一个过瘾。

驴肉在美国是寻不见的。就算碰巧遇见买回家 Jay 也是一口不吃的，就像他从未受诱惑动过一筷子鸡爪子和猪蹄。那年他去北京，跟我去游什刹海。坐着一位大叔的人力三轮车转了一圈胡同，饥肠辘辘。我眼前一亮，发现不远处有一家驴肉火烧店，而且因为地处景区，人家门楣招牌下还有一行英文：Donkey Burger（驴肉汉堡）。在他惊讶的目光下，我利索地上前买了两个，举着让他一定要尝尝。“我以前听说中国和韩国人一样不介意吃狗肉，还担心你会让我试。可从没听说过这驴子的肉也能吃。”他先是拒绝，在我一再怂恿下，咬了一口，满脸狐疑又小心翼翼地慢慢嚼着，好像冒险在吃河豚。

就那么一小口让他回到美国后大有谈资。“除了宫保鸡丁，你们知道我这次爱上什么中国美食了吗？Donkey Burger!”在他绘声绘色的描述下，一向以见多识广而自居的 Mike 都张大了嘴巴，愣愣地听完，哈哈大笑着在 Jay 肩膀拍了一掌，说你小子牛，下次去中国我也尝尝。

美国是牛肉王国，牛肉绝对的普及与相对的价廉，让我联想到中国的萝卜土豆。于是决定自己动手丰衣足食，先从做酱牛肉开始。

美国超市通常不卖中国那种整条牛键子（shank），而是连腿骨一起，横着剁成大片，买回家煮完自动从骨头上脱落，缩成一小片而不成块儿。好在如今中国超市像中国人一样无处不在，开车半小时到一个叫 Van Nuys（范奈司）的小城就有一家。我和 Jay 在网上找到后曾去过多次，火锅调料、花椒大料、料酒、莲藕、韭菜、豆腐、老干妈是必买之物。

新鲜粉嫩的牛键子像条条大鱼码放整齐，3.99 美元一磅，我记得去年回北京买过一次，98 元一斤。早在网上学到了所有烹煮攻略。冷水洗净煮开冒出血沫，加入所有调料大火煮开，小火慢炖两小时。放冰箱过夜，取出切片，拌入花椒油辣椒油、香油和香菜，吃什么都下饭。也可以夹进自己烙的大饼，放入两节大葱段。就着德国冰啤酒，Jay 吃得开心。

“你说全加州，不，全美国，有多少人这时候在和我们吃一样的饭呢？我敢打赌，没有一家!”他很会放大自己的满足。

“和汉堡包比哪个更香?”我逗他。

“嗯——，都香。”胃里每天都被中国菜填充，每隔七八天如果不吃一次汉堡他就难受。我思忖美国胃难道跟中国胃不一样？所有超市卖的现成肉沫，不管牛肉鸡肉猪肉火鸡肉，在我看来都水水肥肥的，不管变什么花样吃都难以下咽。而汉堡包里夹的正是那肉沫压成的饼，仅此至少中国大饼夹牛肉完胜了美国汉堡包。

包子、饺子、炒面、炒饭、火锅……轮番上桌，半年时间Jay不声不响自甘堕落地吃胖了20磅。

不好意思总让我做饭，周末他通常会有良心地请我出去吃高档一点的西餐，Olive Garden（知史连锁餐厅）的意大利菜，Outback Steak House（国际餐饮连锁品牌）的牛排。当然比快餐美味营养一些，但价格也不亲民，一道牛排一盘胡椒吞拿鱼两杯红酒，加上税和小费，一百多美元，而且吞拿鱼片稀稀拉拉摆在生菜叶子上，也不过十来片，才刚吃出个滋味就没了。

我发誓回家就学着做，还没离桌就在手机上找到了菜谱，当即读给Jay听：

吞拿鱼擦干水，在两面分别撒上盐、辣椒粉、胡椒粉。腌半小时左右。平底锅下橄榄油和黄油，撒入一层胡椒粉，下入吞拿鱼两面各煎一分半钟。出锅晾凉，切片装盘。

两天后的周末我们去Costco买牛奶，正好看到刚摆放上柜的暗红新鲜的吞拿鱼。买回家如法炮制，一口下去，Jay举着筷子瞪大他灰蓝色的眼睛，几秒钟后才缓过神来般说："你真是个天才！"说我是天才有些过奖，因为这香煎黑胡椒吞拿实在是太好做了。看起来高大上，吃起来辣咸香，一点也没有鱼生的淡而腻，谁能不喜欢呢？

这次饭店偷艺成功大大地激发了我的洋为中用的烹饪积极性。意大利千层面、俄罗斯罗宋汤、美式凉拌卷心菜、恶魔煮蛋……这么多手到擒来的美味省钱暖心，让我自信心爆表，唯一的注意事项就是要加强健身，否则热量似火山岩浆悄悄积攒，让你对着镜子哭天抹泪，所有成就感瞬间化为乌有。每天晨起跑步、做瑜伽成了我雷打不动的必修课，否则便寝食难安。

对美食的热爱是人类的共同语言。手中的菜刀可以让你在他人紧绷的文化隔膜上划开一道小口子，学会了烹饪和享受他们的美食，对他们身后文化背景的了解也就更深入了一步。别小看这一道道菜，它们往往直通人的心腑五脏，比学会他们的语言更切肤更直接。

感恩节搭飞机去达拉斯，人们鱼贯而入对号入座。一对中年白人夫妇带着两个十几岁的儿子，俩孩子手里各自端着一个比萨盒子，上面写着："eat well, feel good"（吃得好，心情好）。尽管他们一度让行李堵塞了通道，但看他们一脸无辜的样子，我好心情地原谅了他们。一个对吃如此认真的孩子，有什么可计较的？

刚坐定，听到身后一场意外的对话。

"你坐了我的位子？靠窗是我的座位。"

"坐哪儿不一样？你确定一定要坐这儿吗？"

"是，我只想坐在我预订的位子上。"

"那好，我要花点时间挪过去。"

"……"

我扭头看，一个年轻的黑人女孩，苗条而好看，正微笑着站在那儿等着。

那占了她座位的，是一个黑人妇女，只不过块头很大，一脸精通世事的油滑。

安静了几分钟。只听对话上升为戏剧性对白。

"你打开窗子的遮阳板，我要看飞机起飞。"

"不嘛。光线太亮了，我不喜欢。"

"你打开！我要看飞机起飞！"

"我告诉你了，太刺眼了，我不。"

"我跟你说打开就打开！！"

声音越来越大，惊动了空姐。

"你至少应该打开一扇遮阳板。同时，你们互相应该有点礼貌啊。"空姐听清黑人妇女的陈述，做了简单裁决。

黑人女孩依言不情愿地打开了半扇。

"婊子！"看空姐离开了，那大块头居然开始冒脏字。

"不许叫我婊子！"女孩显然怒了。

"戴上耳机！"对方丝毫不想示弱。

侧脸看过去，那女孩居然脸上带着一丝微笑，当然，是鄙夷的笑。

我扭头看 Jay，他显然也听到了这一切，没有评价，反而小声叮嘱我："别扭过头去看人家，不礼貌。"

我注意到我右侧的白人男士摘下耳机，曾稍微听了一下后面的动静，然后就见怪不怪地戴上耳机继续听他的音乐了。

吵架也是隐私。看来我还尊重得不够。

正在看一部热门电影，只听后面对话声又起。

“你想来点儿？”

“是啊，如果你想给点。”

“抓一把放你嘴里就行啦。”

好奇心驱使，我实在忍不住又扭过头去。发现两人竟开始从一个袋子里抓着吃 nachos（一种黑人爱吃的炸玉米片）。

袋子在大块头手里，显然是她主动示好。

“小时候我妈妈最爱给我买这个东西吃……”年轻女孩说。

“我没有妈，我姐倒是买给我吃过……”

一袋小吃就这么让人化干戈为玉帛。

我不知道下了飞机后，这俩人会不会将这一幕完全抛在脑后，但至少我不会。

光棍儿树与卡帝亚

1

周日照例去 swap meet（跳蚤市场）闲逛。只不过兴趣从以前只盯着老旧的民间艺术品看，变成了同时也搜罗植物。因为我发现，这里的植物比专卖花卉的店铺不仅便宜许多，种类也多不少。美国的人工贵，因而花卉绿植们也都身价不菲。一小棵和小雏菊一样细弱不起眼的麦冬都要 5 美元，还只是种在黑色廉价塑料盆里，中国人谁都知道这东西讲究一点的人根本不当植物养。去年春天开车到八十公里外的华人区的苗圃园买了一棵枣树、一棵柿子树，都是细瘦如小指、仅五六岁的孩子高，顶着不超过 20 片的叶子，标价 49 美元，再加上近百分之十的税，合人民币近 400 元一株。告知国内植物达人我的好友 Julie，已经跟我抱怨北京植物越来越贵的她，一下子欣慰许多，她几个月前刚栽的那株能触及二楼窗户的枣树，也不过才 200 元。

当然，也不是每次闲逛都有收获，来这旧货市场购物本身就是捡漏，各家把不要的旧物拿来换钱，大家都在碰运气，卖家也许碰到识货的人卖个稍微高点的价钱，买家也许运气好遇到喜欢的物件，价格再高也不过是旧货价，欣喜着一手交钱一手拿货。那天，我只淘到一个修女唱歌牧师弹琴的小雕塑，石膏材质，刷着板栗色的漆，人物表情虔诚又呆板可笑。“在我家放了 20 来年了，我也不记得从哪儿得到的了，是个老东西。我孙女前些天说她不喜欢这几个家伙，我就拿来卖了。”主人是个六旬左右的拉美人，7 美元，成交。

我把这小小乐队放进随身背着的布袋，继续闲逛。

已是秋天，日头却仍是晃得人想把眼睛眯起来。我有些心灰意冷，打算早点结束这跳蚤市场之行，甚至有些埋怨自己是否来得过于勤了。Jay 主动要求把那雕塑放回车上去。这是他的习惯，不喜欢拎着东西逛街。

我独自信马由缰，猛然间，另一行地摊上，那灰暗色调间一抹绿色赫然映入眼。我知道市场的这一半向来只是旧工具和小家电的天下，偶尔的一抹绿色也不过是假的塑料植物，便让自己不要过于兴奋。但脚步却没放松，雷达牵引般径直奔过去。

走到近前，天哪，还真的是鲜活的植物！且是巨型的，种在暗红古朴的陶盆里！一共四盆，有两盆摆在地上，两盆在小货车敞开的后车斗里。

“多少钱?”沉住气，我指着那棵比我还高的枝条丰满的光棍树问，最怕他说的一个单词就是“sold（卖了）”。

“25 美元。”主人是个四十岁左右的墨西哥汉子，矮壮微黑。看着面生，他不是这里的常客。扫了一眼他摆在地上的东西，多是旧衣服鞋子和瓶瓶罐罐。两个只有五六岁的小姑娘坐在其中玩着一个布娃娃。

我心中暗自狂喜，却不敢太喜形于色。

“这盆 15 美元，也至少有七八年了，盆子是塑料的，就便宜些。”他指着地上那棵有壮汉胳膊粗细的仙人柱道。淡灰绿色，布满令人胆怯又佩服的刚刺，两根玉柱直指苍穹，不羁、遒劲，是见识了多年日晒雨淋的沧桑老练。我早已心生钦佩，能在庭院里与之相伴，余有荣焉。

仍是不动声色，打量着车上的另一盆，也是光棍树，只是比另一株更高些，树形却不够饱满。

“这棵 20 美元。”他边说边不确定地打量我，似乎在判断我要买的诚意。

地上另一个陶盆里是一堆仙人球拼盘，那一堆浑身上下都扎人的刺让我兴致不高。

我告诉他，另外三盆我都要，付账的人马上到。

他一脸喜悦，有些感恩地望着我说好的。

我一边等 Jay 来，一边逐一打量着这些不期而遇的巨人朋友们，和每次偶遇宝贝（别人眼里也许是垃圾）一样，由衷感恩上天的慷慨赐予。去年也是在这个市场，在卖绿植的摊位上买到一株光棍树，只有这次的 1/4 大小，那一向低价的花农却要了 30 美元。

不时有人凑过来询价。摊主指指我，有些抱歉又自豪地说：“她已经买下了。”

“那棵拼盘我没买，你可以买它。”我指指那堆“刺猬”。

“我不！我可怕这扎人的东西了。”一个脑后扎着马尾的中年男子夸张地跳着脚躲开，脸上是耍宝的笑。

接到我电话的 Jay 寻着方位找过来。“天哪，你都要了！我又要怪你了！问你同样的问题：院里还有哪儿可栽呀?”

“我会找到地方的。”我也总是同样的回答。

“25 美元？真是一个 big bargain（大便宜），这花盆也不只这价钱呀！”马尾汉和太太一脸羡慕。

“听到了吗?”我悄声道。

可能不断上前来打听的人佐证了我的正确，Jay 也不再追问搬回家种哪儿了。一个现实的问题是：怎么把它们弄回家?

“你家就在这山谷里吗?收市后方便给我送一趟吗?我们离这里很近，也就十分钟的车程。”我试探道。

“没问题。我给你送过去。”他好脾气地点头。“你要是愿意先交定金的话。”

Jay 递给他 40 美元，说到了再付剩下的 20 美元。

我跟摊主要了手机号，当下发送了地址给他，Evelio（埃韦利奥）是他的名字。

我们离开，继续逛。得了宝物，我也不感觉日头刺眼了，脚下轻快起来，不时扭头回望那异类般立在那儿的光棍树。

除了碧绿的树棍，没有叶子，被中国叫作光棍树的这种植物其实有个好听的学名——绿玉树，美国人叫它 pencil cactus（铅笔仙人掌），是大戟科大戟属，原产于非洲地中海沿岸，由于原产地环境干旱，极细小的叶片往往脱落以减少水分蒸发。我极欣赏这独特外形的物种，就像加州莫哈维沙漠里那只在苦寒和炎热地带生长的约述亚树一样，倔强而另类，深得我心。

我曾在一户人家的前院看到过两株光棍树，在冬天阳光的沐浴下，枝枝干干如发光的珊瑚，通体橙红色，美得令人心醉。

正想象着这哥俩如何在我的小院熠熠生辉，一个念头突然窜出来：“万一这家伙收摊后直接回家了，或者有人出高价非要买下，还不用他送货，他私心一闪，卖了。那我可是没地方说理去呀。”我紧张兮兮地说给 Jay 听。

“这里有市场管理委员会，他真要这么干了，我们可以去投诉他，除非他再也不想在这里摆摊了。”Jay 想了想道。

“可是，如果投诉他，得有证据，他完全可以否认收了 40 美元的定金呀，因为我们没有白纸黑字写下来。”我越琢磨越忧心。

“可是咱们应该先信任他，一个人为了 40 美元就昧了良心，也太不值得呀。”Jay 道。

说着我们又不由自主地踱回到那个摊位的方向，远远就看到那碧绿的哥俩在货车上笃定地立着，旁边是那棵粗壮的仙人柱。

“你看，他都把它们仨一起放车上给你收起来了，应该没问题。不就是40美元吗？真不送，就当咱们自己丢了，或者花钱买个教训。”Jay幽幽地道。

“我不是心疼这40美元，而是不想接受被人欺骗的结果。”我嘴里这么说，心中也确实没有更好的办法可想。回去让他找张纸片签字画押？那显得我们太小人之心了，对他会构成伤害。伤到别人，那也是我不想的。

有句话说，千万不要考验人性。我现在知道不管结果如何，这过程都让人纠结，还有什么比对人性的失望更令人沮丧的呢？

回到家才十一点，距离他预估的三点到达还有好几个小时。我尽量让自己不去想这事。

两点钟，我发了一条信息给他，告诉他如果找不到地址请打电话给我。

不一会儿，手机响起，是他的回复，尽管只有一个简单的“ok”，我悬着的心立即放下了。至少，他在回应。

一小时后，手机信息来了：“我已经在你家门外了。”

三步并做两步迎出去，先看到两个小脑袋探出车窗玻璃，黑亮的眼睛像小鸟，好奇又无辜地望向我。

车尾是她们的父亲，正解开绳索卸下一些旧货好挪出通道给那三株植物巨人。

Evelio冲我微笑了一下，手脚都没停，继续麻利地干着活儿。

我心中有些内疚，想起桌上那一盒万圣节剩下的糖果，走上前问那两个小家伙：“你们喜欢糖果吗？”

“喜欢。”她们身体那么瘦弱，却又似乎蕴含着无限能量，叽叽喳喳自动说个不停。“我们的弟弟比我们更爱吃糖，他今年两岁了，可我们很快又会有个小妹妹了，还在我妈的肚子里……”

我扭脸问Evelio，我可以给她们些糖果吗？

“Sure（当然）。”他答，脸上的笑意少了客气，多了几分慈爱。

Jay此时也走了过来，递过去一张20美元的钞票，同时又笑着塞给两个孩子10美元。“给你们买更多的糖果吃。”

我们事先商量好，给Evelio些小费，毕竟开过来也是要耗汽油的。

“这一小盆多肉是剩下的，你要吗？”重新用绳索把车厢里的东西固定好，他手里端着一个盘子大小的多肉。

“这些多肉我都有了，要说喜欢，我倒觉得这个小瓷盘还不错。”我笑道。

“拿去，送你了!”他也笑笑。

……

写至此，一场冬雨刚过，车库前的那株光棍树已经染了半身橙红，仍在那古陶花盆里枝杈丰满，像新婚的娘子。前院树下那株仍高大疏朗，立在半坡上，像守家卫土的勇士丈夫。

那株仙人柱被栽在后院墙根儿，如一柄宝剑图腾，默默护佑着一草一木。

今年加州的雨水比往年丰沛，植物们都比赛般茁壮成长。可在我眼里，似乎有一种更神圣的力量，让这一切都美好如梦。

2

加州发生了特大火灾，祸不单行，偏又大风肆虐，25 万英亩令人绝望地化为焦土，上百人丢掉性命。

离我们最近的灾区是 Malibu（马利布），只有不足一小时车程。开车行走在 101 高速上，焦煳的味道透过车窗在空气中弥漫，令人忍不住想咳嗽。

“不如我们去度假吧?”Jay 提议，他今年还有一周公休假。

于是在十一月第二周，经过六个小时飞行后，我们已经身在夏威夷岛。

与洛杉矶干爽的气候相比，这里明显太过湿热，让我想起曾在深圳生活过的短暂夏天。

酒店就在沿海沙滩上，黄白条纹的游鱼触手可及。乘潜水艇观鱼看珊瑚，坐船出海、驾帆伞俯瞰蓝天碧海，徒步数英里探索几千年前的火山岩浆奔流古迹，在热带雨林一般的野生植物园惊叹大自然给予植物的慷慨厚爱。这个岛确实是度假的好地方。

最让我心怡的还是每天早上在伸入海水的木台上做瑜伽。三五个互不相识的男女，一位浓重日本口音、总带着温柔微笑的年轻女教练。听着海浪和鸟鸣，看着高大的椰子树和蓝天，只在一呼一吸间感受生命的存在，那一刻，除了感恩，没有第二个念头。

在这样一个大自然魔术般变幻出来的小岛上，亲近自然是此行唯一的目的。岛上甚至没有像样的商场，所有出售旅游纪念品的小店铺都沿酒店区而立，也不外乎那闻名的老四样：珍珠、咖啡、花衬衫和夏威夷果。

岛上物价高是世人皆知的，但纪念品还是要买，毕竟有朋友在祝福我们的旅行，有邻居在照看我们的猫。好在岛上居然有 Costco，到达第三天就去了一趟，一来给车加油（只需 3.5 美元一加仑，而街上其他加油站都要 4.2 美元），二来购齐了送朋友的礼物。

接下来就是犒劳自己的时候。“你最大的心愿就是买回一些当地的植物，对吗？”Jay 看我对家家户户、角角落落遍栽的缅栀子垂涎不已，笑道。

这被称为夏威夷花的物种其实起源于南美，极为耐热皮实，且开花香艳，无论是在宅院里，还是马路边，都极其动人。

我们先开车去了被一个土著夏威夷人女孩告知的苗圃园，却吃了闭门羹，主人不知去何处云游了。院门大敞，满地的植物在阳光下歇晌。我们没有丝毫埋怨，因为那只有十七八岁的夏威夷女孩是那么端庄好看，她正在植物园里给一些芭蕉树砍枝修根，她那健壮的身姿、纯洁的目光，比那株巨大的雨树上寄生的火红花朵更让我惊艳。

“你要有这样的女友，我一定会真心祝贺。”我跟 Jay 认真说道。“你仔细看一眼，她难道不是太可爱了吗？”那一刻我似乎一下理解了《浮生六记》，那为夫君沈三白觅到小妾的太太芸娘。

“嗯，是很不错。”他只扫了一眼，故作轻描淡写状。

之后我们直奔美国各地都有连锁店的 Lowe's，却失望地发现与洛杉矶店铺所售的东西没有二致。向一个店员打听，被告知可以去沃尔玛的旅游产品专柜，那里有一些本土植物。

几小截手指粗细长短的木棍，两端都封了蜡，用塑料袋订书钉封装，里面的木棍儿就是缅栀子，可以扦插。货架上还有我极喜欢的有硕大红色叶片的 Ti-plant（朱蕉，一种植物），甚至还有天堂鸟的种子，虽然仅 5 粒黑豆大小就要 6 美元。我毫不犹豫地每样都买下数袋，顿时感觉行程圆满了许多，在植物园被灰蚊子叮咬的手指、腿肚子也不那么奇痒难耐了。

“珍珠也是这里的特产，你不想要吗？”Jay 曾送我一串蒂芙尼的珍珠项链作为生日礼物。

感谢他的善意，我却真心不想再破费买那其实一年也戴不了一次的劳什子。

回到酒店，去游泳，湿淋淋经过一楼那打着 80% off（相当于二折出售）的珠宝店。我边等着去洗手间的 Jay，边有一搭没一搭地围着柜台转了一圈。

“随意看。”店主是一位白发齐肩的男子，微笑着冲我招呼。

珍珠饰品簇新锃亮，与街上店铺的没有区别，倒是有几块手表让我停留近观，劳力士、卡帝亚，虽一看就是二手，但因都是名表，气宇不凡。

“想看一下这块表吗？没错，是二手的，我有鉴定证书，评估价 7500 美元，现在只卖 1500 美元。”他走近过来，浓黑的眉毛与炯炯的目光让我发现他其实并不老，甚至比我还年轻。英式口音透着优雅。

银色金属表链，中间刻印着金色条纹，表盘上的罗马数字也是同样的色彩搭配。我喜欢一切老旧又有味道的东西，喜欢它们身上那时间流逝过又没消失的痕迹。

“你喜欢就买吧，过几天就是你的生日了。”Jay 走过来打量了那表一眼道。

“如果你要，我就寄到 Honolulu（檀香山）去做专业清洁检测，然后给你快递到家。”主人一边说一边四处找评估证书。

“你来自英国？”Jay 问。

“哦我来自南非，在这个岛上七年了，这个店也七年了。我太太是个法国人，很喜欢这里的清幽，不打算回法国或美国大陆。我们第三个孩子就要出生了。这些古董之所以便宜，是因为我们在运作一个慈善项目。这几块表如果没有买主，明天就会被递到拍卖会上去……”可能久坐无顾客，他的话一下子有些密。

我试戴了一下，表链令我吃惊的合适。我的手腕很细，几乎所有的链表都逃不脱截掉二节的命运。

“能找到被截掉的表链吗？万一将来我长胖了……”我道。

“我想我不会找到的，这表来的时候就这样。但会咨询一下我的检测合作方，看他们是否有办法。”他让我留下电话，说会告知我，并且，价格他可以优惠至 1250 美元。

我们说考虑一下，回到房间没一会儿，就接到他的信息：“表链没有现货，将来如果真需要，可以轻易在卡帝亚专卖店配到。”

“你要真喜欢就买啦，这种东西不是随时都可以碰到的，毕竟是老东西。我留意到那表盒子里面的软垫都起皮儿散架了。”Jay 一向行事简单直接。

于是晚饭后，我们散步经过那店，走进去刷了卡。

他递给我一纸打印的发票，还有一张名片。

“天啊，这是你的真名字吗？James Bond（詹姆斯·邦德）！”Jay笑问。

“真名。只是在机场总给我带来许多麻烦。我爹是个007迷。”似乎被问多了，他回答得平静甚至过于平淡。

怀揣着一纸发票离开。

“万一他不给我寄手表，我都没证据追讨。你看这发票没错，可上面并没写我只付款没拿到表哦。”睡觉前打量那张纸，我开始犯嘀咕。

“要相信他。你不是去酒店前台打听过了吗，他确实已经在这里七年了，没出现过任何纠纷。”Jay边看电视边说。

“1000美元呢，我们也不可能来回飞12个小时来找他……不行，我明天应该去他店里，让他写在上面，买家的表等他寄达。”越想我越感觉不安。

“那不太好吧，你明显不信任他。这我认为不妥。”Jay总是先顾及别人的感受然后才是自己的得失。

确实如此，我也不想暴露自己的小人之心呀，可是……

犹豫再三，我给他发了一条试探信息：我们明天就要飞离夏威夷了，希望尽快收到这块手表。

直到半夜，也没有回复。

第二天早上一睁眼，先看手机，仍是一片空白。

我更不放心了，等到九点他店面开门的时间，我一溜小跑着第一时间赶过去。却是大门紧闭，天哪！

“他们不至于为了1000美元连生意都不做了，一定是有事。”Jay安慰我，我听得出他也并没那么有底气了。

心不在焉地收拾行李，还车，坐大巴到机场，本是晴好的天似乎都像铅块般沉重了起来，那湿热更让我恼怒。

三大瓶矿泉水不能过安检，又不想丢进垃圾箱，Jay先是四处搜寻流浪汉，原本岛上随处可在树下见到的他们无影无踪。想碰运气，他抱着那几瓶水去安检处，跟一位圆脸微笑的工作人员解释。我在远处看着行李，却不忘打量那里的动向。估计看Jay诚恳面善，不会投毒，那女士把三瓶水抱进了办公室，好像还在笑着致谢。

手机振动了一下。

“抱歉我昨晚飞欧洲了，刚看到你的信息。不用客气，手表寄出前我会发信息给你。Bon voyage（一路平安）。”

收到信息啦，James Bond 回信息啦！我兴奋地冲 Jay 招手，引得旁边几个候机的男女好奇地冲我笑。

“手表检测完毕，回到店中。”

……

“手表寄出，预计周五到达 LA。”

……

不愧叫 007，做事甚有条有理。

我生日的前两天，正在前廊蹲着为紫罗兰换盆，联邦快递的小伙子走过来递上那个大盒子。“您需要签字接收，这是贵重物品专递。”

……

于是，有了此刻，光棍儿树与卡帝亚，是以为记。有意思的是，光棍树天天欣赏，卡帝亚，一次没戴过。

看医生记

1

“我去过一趟中国，只是路过，从香港飞回洛杉矶，中途在北京转机，我们一行租车从机场去看鸟巢，当时北京即将举办奥运会。一个很有意思的发现是，有些中国人几乎不笑，地铁、公路、机场，所到之处，我面前的很多人都表情严肃甚至凝重。不对，我还是看到了一张笑脸，那是一个婴儿，在地铁里，被母亲抱在怀里，看到我冲他微笑，挥着小手笑了起来。你说，为什么中国人不笑呢?”

发问的是高大健壮的犹太牙医 David Goldberg（大卫·金伯格）。他六十岁左右，白而微胖，眼神戏谑而带着慈悲。犹太人以精明著称，而行医的职业又让他不得不尽力视众生为平等，谁来了都要让人躺在那斜椅上，他仔细打量后胸有成竹，动用刀子钻子一排工具，又洗又冲又补又镶，一丝不苟，童叟无欺。

第一次去看他，就被他毫不留情地质问如过堂：“你不用牙线吗? 那怎么行，食物塞在牙缝里是不能百分百被刷掉的，24 小时后就会形成牙垢顽固地长在那儿。牙龈出血，根本不是牙龈的问题，而是牙垢导致的。你居然没有龋齿，这倒真吓到我了……”

在国内两年没有洗牙，揽镜自照，已颇心虚，我自知问题严重，是不受牙医欢迎的。硬着头皮去了 Jay 推荐的牙医诊所，据说几年前刚由闹市迁到这僻静所在，一个镶着灰蓝玻璃的敦实三层建筑，与会计师、营养师等不相干的行业分享一个个独立的单间，完全没有中国医院的森严感觉，也因为本来就不是医院。

本是去洗牙，却被告知牙垢严重，需要深度清洁，要打麻药。

好在躺在那里，戴着黑黑的墨镜，任由他一双手用尽各种工具在我大张的口腔里“纵横捭阖”，地盘不大，却感觉得出他庖丁解牛般的游刃有余。

一个顶着浅绿色短发的矮个年轻女护士，站在一侧用长长的软管随时清理我嘴里的血水和牙石。

“在中国你们不洗牙吗?”大卫边干活边聊天，听我“吱吱唔唔”也不理会，像在和自己说话。

“你是作家，写作用中文还是英文?”约一刻钟，一侧洗牙结束，护士摘掉我脸上的墨镜，递给我一杯淡蓝色漱口水。我看到大卫的白大褂上有丝丝血迹，而他仍是戏谑地微笑着如一座佛像稳稳地站在那儿。

“当然是中文。”我道。

“为什么当然是中文？你的英语有口音，并不说明你不能用英文写作。”他脸上又露出那不以为然的好战表情。那一瞬间他让我突然想到昨晚再次读着的《霍乱时期的爱情》，里面那为逮鹦鹉而丧命的医生乌尔比诺。“他那锋芒毕露的智慧以过于世故地动用自己大名的方式，却让他没能得到应有的爱戴。”大卫去饰演乌尔比诺似乎不用化妆。

“记住，天天都要用牙线。我教你，要把牙线缠绕在中指上，探进口腔，而不只是用拇指和食指捏着。”他明明是教训的口吻，却丝毫不让人反感，因为他的认真负责的态度。

“好吧，我会记住，和锻炼身体一样，要坚持。”我话未落音，就被他打断。“别跟我提锻炼，我讨厌它。”

他故作夸张的神态和腔调把我和护士都逗笑了。

“你现在可以说话了，告诉我好吗，为什么很多中国人都不笑呢？”他认真起来，望着我，金边眼镜后的眼睛里本该是好奇，可由于他富态的五官，那好奇带着审视。

“好吧，我的理解是，中国虽然现在 GDP 在全球排名第二，也有许多富起来的人，被你们笑话为移动的钱包，到处购买奢侈品，但事实上，中国仍是一个发展中国家。大多数中国人都经历过为衣食所忧的年代，物质缺乏的阴影并没彻底消退。此为其一。另外，当前的中国经济飞速发展，人们在拥有了许多自我实现的机会的同时，也伴随着越来越多的竞争压力和生存焦虑。中国的社会形态与已经是发达国家的美国是不同的。一些中国人不笑，并不代表他们不友善，如果有人遇到了困难，即使萍水相逢素不相识，他们也会伸出援手。”

我的一番话，居然让他频频点头。

“是不是和你们的处世哲学有关？”他的双眼又散发出智慧的光芒，那一刻与其说他是个医生，不如说更像个大学教授在和学生探讨社会学问题。

“有道理呢。中国有个著名的学者叫南怀瑾，他就曾在回答一个美国人关于中国人不笑的问题时说过，中国人对孩子的教育自来就是不要跟陌生人搭讪，更不要说冲人笑了。作为对养生很有讲究的学者，他甚至认为拉动一下脸上的肌肉冲人微笑的瞬间，其实会对自己的精神愉悦起到不可小视的促进作用。”我想起刚读过的南怀瑾讲《黄帝内经》，现学现卖起来。

“那看来美国人比中国人长寿，因为我们从小就笑。”他半打趣道。

“还真不是，中国的香港人和日本人，一起并列世界最长寿的人群，而且有调查显示，在美国的亚裔族群的寿命长于白人和黑人，因为他们的烹饪饮食习惯相对更健康。”我说。

“好吧，中国赢了。”他双肩一耸，做无奈认输的表情。

大家又都乐了。

过了两周又去看他，为了拔掉两颗智齿。

每次打一侧麻药，只能拔掉一颗，为的是不麻痹全脸的神经。我从小到大没拔过牙，说不紧张是假的。可似乎除了打麻药时有一点刺痛感，还没什么感觉，就看到那颗牙面已经发黑的牙齿被他捏在手里向我展示。

“你可以走了。”仍是那个女护士，这次头发变成了葡萄紫，她递给我几块带有消炎药水的棉球，让我塞在创面上用上下颌咬力固定。没有额外的消炎药。

“我需要注意饮食吗？比如什么不能吃不能喝的……”我不放心地问。

“没有，你什么都能吃。”大卫已经在电脑前查看下一位患者的档案了，镜片后打量我的眼神一如既往，似乎整个世界都当在他的哂笑之下。

木着半张脸，回到家里不能吃不能喝，想找点活儿干，发现草坪上东一朵西一棵净是蒲公英，有的还开着金黄色的小伞花。Jay这博爱主义者却相当不喜欢蒲公英，认为它们是杂草理当被清理掉，就像他看到成群结队的蚂蚁也一定要用雷达喷雾消灭掉一样。

用尖嘴小铲一棵棵挖出来的蒲公英翠绿鲜嫩，我灵感一动，这老祖宗号称天然消炎药的植物，何不用来煮水喝一试？至少伤口不至于化脓。

两杯淡绿的蒲公英水下肚，心理作用加药理作用，感觉腮帮子的肿胀感大消。

第二周去拔另一侧的智齿时，我兴奋地报告给大卫这一战果，他听了先是一愣，然后不慌不忙地摇着他的大脑袋说：“蒲公英？天哪，女士，我给你的棉球才是真正起作用的好不好？”就像他上次听我说用了一款广告上的牙膏感觉不错时一样。“那只是广告好不好？”眼神半责备半嘲弄，定定地望着我。

我知道要劝西医相信中医就像要让他们相信猪蹄鸡爪可以做成美味佳肴一般不可思议。

“这一次你可能要受些苦了，这颗牙不是很好对付。”他有些坏笑地俯身望着我，像对一个即将接受惩罚的孩子发出警告以获得事后免责一样。

人为刀俎，我为鱼肉。我唯一能做的就是深呼一口气，闭上双眼，张大嘴巴。听天由命的感觉居然让我很放松。放弃挣扎，可能是人生最轻松的状态。

“好了，完成了。你看，都黑了，和上一颗牙一样，再不拔就会有洞形成龋齿。”不仅和上一次一样没有任何感觉，时间还超短，似乎只有一分钟，那牙齿就已经被他夹在镊子里了。

他又递给我一个小塑料袋，里面是一盒牙线，一个细毛牙刷。“回家休息吧，恢复感觉之前别吃饭，以免咬破自己。可以喝你的蒲公英茶，呵呵。”

正要跟他道别，一个面目身材都清瘦的老男人熟识地走进门与他打招呼。“哈哈老家伙，你还活着呢？”他说这是他的经纪人，二人从年轻时起就合作，已经三十多年了。

自此起，每半年我都要去看一次大卫，不知道在这人生的河流中，我们能够同行到何时。

2

我看的第二个美国大夫名叫 Richard Tuso（理查德·图索），一位妇，科，男，大夫。

以前在中国看妇科往往是清一色的老太太或中年妇女。被一个陌生男人检查私处，我多少还是有些不自在，可真面对他时，我才发现完全多虑了。

“你叫 Bing，那一定不用 Google 吧？我也用 Bing，都是搜索引擎，凭什么 Google 股价那么贵？微软的股价才一百出头，Google 就一千多美元了……”站在我面前的图索大夫寸头方脸，一双眼睛帅气真诚，鼻子有些短却挺直，让他显得有些俏皮。虽然穿着医生的深蓝制服短袖上衣和裤子，脚上却趿着一双豌豆塑胶拖鞋。

看我安静地坐在那间只有五六平方米的治疗室，他话锋一转，立即在一块平板电脑前开始查看我的检查数据。上次来做宫颈涂片检查时是一位女大夫，这次约她却时间不凑巧，而我急着赶回中国去，就被安排给了图索大夫。

“HPV 阳性，需要进一步做病理检测。不用紧张，也许没有大问题。即使有问题我们也有办法，you are in good hand（你在可靠的人手里）……”说这些话他并没看我，还不时吹两下口哨。“你知道我们的总统特朗普马上要发起对中国的铝和钢材的贸易战了，我们可不盼着这一天到来。他是个疯子……”他又东一句西一句地闲聊，直到女护士推门走进来。

“好了，我们可以开始了，脱掉内裤，双腿叉开躺好……”他果断地吩咐。我才明白他在等护士来，要医生和护士两个人都在场才可以开始诊断检查，这看来是行规。

“看起来应该问题不严重，只是有炎症，需要病理切片化验结果出来再定治疗方案。”即使在采集病理组织，他仍扯着闲篇，问我是否经常回中国，写的书都是关于什么内容，他希望我某天获得诺贝尔文学奖，最起码也是普利策奖。

我知道他是为了让病人放松，故意没话找话。不由对他敬意陡生。

一周不到，就在邮箱里收到病理检查结果，癌前病变，必须施行切除手术。第二天，手机里显示一个陌生的座机号码，却是图索大夫。“不要害怕，癌前病变并不是癌，好消息是你的检查结果是良性的，但因为阶段比较靠后了，一定要治疗了。我会为你施行LEEP手术，就是用局部烧灼方法把那发炎的一块切除掉。”他的声音仍是那么轻松自如，和谈股票一样，让我都不好意思过于显露紧张情绪。

“可是，下周我就要回中国，一去就是两个月，再回来治疗是否来得及呢？”

“没问题，癌变也是一个长期的过程，不在乎这两个月。回来约吧。”

五月份从北京回到洛杉矶，先去拉斯维加斯跟Jay参加保龄球赛，三天后又飞芝加哥，去参加儿子的毕业典礼。

又耽搁了将近一个月，才又坐在图索大夫对面。

“只是个小手术，十几分钟就结束，用不着紧张。”他这次居然连制服都没穿，身上是一件印着棕榈树的牙白色夏威夷衫，一条卡其布短裤，脚上是人字拖，好像他不是在上班，而是在海边度假。

“我会给你用一点麻药，你的心跳会加快很多，像跑了一英里一样有些不舒服。但这应该是可以忍受的，否则就说出来让我知道……”

他边说边拉过一台立在墙角的不起眼的大号吸尘器一般的机器，在护士的帮助下插上电源，然后半蹲下来，开始操作。

不挣扎。在牙医大卫那里学来的消极对抗手段再次派上用场。

他的话音刚落，我就感觉胸口被一股莫名的力量鼓胀起来，我能听到那快速如骏马飞奔的心跳。

然后闻到一股焦煳味儿。

“我闻到有什么东西烧焦了。”我故作镇静道。

“对，我相信我没被烧焦，但愿不是我……”我脚边的他哈哈笑道，可听得出来他正埋头操作着，一双手在不停地忙活着。

“马上就好了。”他又道。

几分钟后，结束。一个白搪瓷盘子里，赫然有一块带着血迹的肉块，扁扁的，红枣大小。

“哎你怎么……”那可升降的手术床仍在高位，我却已经跳到地上，图索大夫正忙着把几块组织放进不同的小瓶子，惊讶地看着我落地，他的话没说完就收住了，那眼神里分明又有一丝欣赏，像一个男生在看一个文静的女生顽皮地爬上一棵树。

我利索地穿好衣服，跟他和护士道谢道别。

“我曾二十几美元买过一些苹果的股票，好在一直持有都没卖……”吩咐护士把样品标号交给实验室，他已经在查看手机上的股市行情了。

“那你一定是个富人。”我半开玩笑道。

“没有啊，要是的话我就不在这儿上班了。”他半认真地望了我一眼。“对不起，请说话大声点，我一只耳朵受伤了。前些天听音乐，戴着耳机，音量一下子被我手误调成了最高，后来去看我的医生同事，检测后证明我一侧耳朵有些失聪了……我不在乎，享受音乐比拥有一个好耳朵却闲着不用更值得……对了，手术后两个月内不要有性生活，有少量出血很正常，如果大量出血就一定要来医院，直接看急诊……”股票，音乐，性生活，这一切都在他脑海中切换自如。

四个月后，如约去复查。

“这世界对你还不错吧?”他仍是冷幽默，自己不笑，眼神直愣愣的，诚恳地望向我，丢出这样的问候。

“我希望短期内你不需要再做任何治疗，也许，几年后……”他开始戴一次性的塑胶手套。

“真的？几年后还要治疗?”我绝望地追问。

“我在开玩笑!”话音未落，他已经把一个带血的棉签交给了护士。原来，他又是逗乐子想让我放松。

如果，他不是医生，我不是患者，我们，可否会成为无话不谈的好友?

这是永远没有答案的假想。把这个念头说给好友 Maryann 听，她睁大眼睛微笑道：“也许，图索大夫在某个发呆的瞬间，脑子里也曾闪现过这样的疑问。”

有些人，明明可以成为知己，却因为种种必然和偶然，注定永远是平行的线。这，可就是人类的宿命？

因为在网站注册过了，医患之间随时可以互相在医院的网页上发信息交流。几天后的周六，收到图索大夫发来的检测结果，还有他的病理分析。在正常范围之内。这行字让我心里的包袱陡然落地。

写了回信感谢他，并告知他我除了跑步，每天还都做瑜伽和普拉提锻炼。“我很高兴你积极地投身于全身锻炼，而非等到有问题后才去接受对抗治疗。我们往往忘记了什么是最基本又最重要的事。”

对于我问他是否介意把他写进我的文章并使用他的真实姓名，他说他建议还是不要用他本名为宜，毕竟，他是一名大夫。

3

其实五年前在洛杉矶我曾带儿子去看过医生。儿子的一只眼睛在北京的同仁医院被诊断为角膜异常。“在中国目前没有办法治疗，最先进的技术在德国，美国也有几位可以治疗的专家。”

虽然身在洛杉矶，却两眼一抹黑，要找到这类专家更如大海捞针。幸运的是一位偶然结识的华侨主动推荐我们去看 UCLA（加利福尼亚大学洛杉矶分校）的医学院，说那里的一位华裔眼科大夫苏菲非常优秀，曾治好了她母亲的白内障。给苏菲写了邮件预约。一个月后某天的早晨，开车沿导航走了四十分钟左右，我们终于坐在了一间小小的办公室等候她。

纤巧如大学生的身材，和蔼自信年轻的脸，苏菲被几位助手簇拥着，说着几乎听不出一丝口音的地道英语，看我有时困惑的表情，才说一句汉语解释那生拗的术语。

她确认我儿子的病情和同仁医院的检测结果一致，但她对此无能为力，说可以推荐给斯洛夫斯基博士。他，就是美国那几位可以治疗角膜异常的专家之一。

偶尔在收音机里听到过那医疗机构的广告，被美国朋友告知那里是 Michael Jackson（迈克尔·杰克逊）等大明星们光顾的地方，各个领域的医生都是洛杉矶乃至美国首屈一指的权威。

驱车找到那里，并不特别高大的建筑，坐落在普通的商业与居民混合的街区。和大卫的牙科诊所一样，也是各类医生分别入驻的单间，也是不大的前台及等候区。

斯洛夫斯基60岁左右，金发蓝眼，挺拔优雅瘦削得像个艺术家，而那冷静的眼神又无声彰显着他的科学家身份。桌子上一张全家福，他和漂亮的妻子，一双天使般的儿女幸福微笑着，散发着眼科专家般令人仰望的富足气息。相比于这漂泊在异乡前来求医的母子，他们一家，似乎是那得到上帝格外垂青的一小撮人，在金字塔的顶端，从不知忧愁为何物，快乐又悲悯地俯瞰着充满辛酸的人间。

十五分钟的手术，需要8500美元。

刷卡交预付费，却被告知过限被拒，我的卡单日单笔最大使用金额上限为5000美元。

“我们没有医保，费用也是一样的吗?”我惴惴不安又焦急地问。

“很抱歉，没有医保也没有优惠。”那个白胖的女护士细嫩的皮肤似乎可以掐出牛奶来。

她去请示大夫，回来告知我们可以先交5000美元，手术当天再付余额。

斯洛夫斯基谦逊得没有一点救人于危难的高大上气势，但那低调的做派似乎反而让他身上披上了一件高贵的外衣。

“不用担心。他不会感觉痛苦，一小会儿就好。”几天后，在两个护士的陪伴下，儿子默默地走进了手术室。斯洛夫斯基立在我身旁，轻声嘱咐了一句，离去时轻按了一下我的肩膀，眼神里布满同情，不是为即将接受手术的孩子，倒是为他那忧心的母亲。同是为人父母，他懂得我的不安吧?

五年过去了。那个据说是环形的柔软特殊部件至今仍在儿子的眼睛里，手术的作用不是治疗，而是抑制角膜继续变形。如今，他戴着隐形眼镜至少可以恢复一定的视力。

“在美国，医生是一个尤其受到尊敬的职业，不仅社会地位高，收入也相当可观。这里所有的医院和诊所基本都是私人的。没有政府提供资助，靠良好的医术和对病人的贴心服务，几乎所有医生都活得很好。这也是为什么有些女人专门找医生做丈夫。相比较于有些救护车追随者的律师（有些律师专门为发生车祸的人索赔），治病救人的医生有更高的社会认可度。”Maryann虽然出生在菲律宾，但七岁就随父亲移民到关岛，十来岁又来到美国本土，对美国社会的种种现象津津乐道。

4

最近胃又不舒服，想起一位不久前被确认了胃癌的朋友，我决定去看一下大夫。

打电话给不同的诊所，都被接线员客气地告知“大夫没空”，非要等也行，三个月以后。过了一周再打一遍，终于有一个大夫一周后可接诊，因为某个患者取消了预约。

一位圆润得像身怀六甲的亚裔女大夫接待了我。

“你先生也是中国人吗？我看你的姓还是 Li，中国的大姓。我也是亚裔，来自菲律宾。结婚后我改用了夫姓。对了，你去看了最近正上演的 *Crazy Rich Asian*（疯狂的亚洲富人，被译为《夺星奇缘》）了吗？很有趣呢。”她红光满面，笑靥如花，过于富态的脸庞散发着光芒，那背后的底气叫作生活无忧或老有所依。她叫玛丽亚，果然有点圣母的慈眉善目。

我主动坦白几年前曾查出幽门螺杆菌（HP）阳性。

“吹气检查出来的？我们这里不用吹气作为诊断依据，要检验大便里的菌种和含量。你明天一早把大便交过来。不用多，一分钱硬币大小就行。”

听说我父亲不到六十岁就患肠癌且已经去世，她建议我做肠镜检查。“按理说要五十岁以后才需要做，但既然有家族患病历史，要谨慎。”她给我一张打印出来的纸，上面是十几家可以做肠镜的机构的电话和地址及医生的名字。“你可以挑一家，自己打电话预约。”

照例量了体重身高、测了血压含氧量。“你太瘦了，要长胖一点哦。”她微笑着望着我，似圣母转世化身为我隔壁的大姐。

几天后在网上查到检查结果，很庆幸父母都有糖尿病的我居然幸免于血糖高的诅咒。HP 仍呈阳性，需要开始三联疗法。两种抗生素，每天饭后口服两次，一种降胃酸的胶囊每天两次，餐前各一粒。

口腔里从此一天到晚苦得如含着黄连，看来其药性非常强。只希望这次能彻底杀死那些长着长须的怪菌。

我一边盼望着玛丽亚开的药物能转 HP 为阴性，一边开始找地方做肠镜。

图索大夫和玛丽亚都供职的这家医疗机构是可以做肠镜的，但在开车四十分钟之外的叫 Mission Hill（传教山）的小城，路上耗时太多。同时，我也被那些肠镜大夫的名字吓着了，Jihad（杰哈德），Touraj（图拉杰），Madhavi（玛达薇）……怎么看都像和基地组织的某些人有亲属关系，万一……

在玛丽亚给我的肠镜机构名单的背面，我发现UCLA的一个分支机构就在本市，加州大学洛杉矶分校附属医院至少不会太差，于是打电话去预约。四个大夫中只有一位最近有空档，Bencharit大夫。

十月二日洛杉矶已经没有了秋老虎，我特意打扮一番，驱车前往这开车仅七分钟之遥的医院。但愿这位大夫是个和图索一样帅气有趣的男子。

填表、等候，被护士测了血压、心跳、身高，然后去医生的办公室等候。预约四点半，我四点钟到达，快五点钟了，仍坐在那个只有不足五平方米的小房间里候诊。所幸带了本签名版的《疯狂的亚洲富人》，一页页读下去才不觉得时光难耐。

“对不起我晚了。”推门进来一位着白大褂的中老年（说中年过老，说老人又还年轻）男子。长相别说帅，甚至有些猥琐。塌肩驼背，稀疏微卷的黑发打过发蜡，黄脸小三角眼，看人的眼神有些游移闪躲。

我尽力收敛着不快，端坐着配合医生的问话。低头，发现他的一双黑皮鞋里的脚跟他低矮的个子比显得很长。

“你为什么吃完抗生素还要继续服用降胃酸的药？我不理解。”他坐在电脑前敲打着键盘，偶尔侧脸看着我。

“请停止服那种药，四周后，带大便来查验吃药的效果。我们一般采用四联疗法，你的大夫怎么只开了三联药呢？”他面露些微不解，却并不想深究，转头跟我解释做肠镜的必要性。

“每五个来做肠镜的女性中，就有一个有肠息肉。这个比例很高吗？男性比这要高。你父亲57岁被确诊肠癌，作为子女，你应该在你42岁就做肠镜检查。风险？还是有的。首先是药物麻醉，某些人会对麻药过敏，不过我们有对抗这种过敏的药物，不用担心太多。其次是息肉切除，小的息肉无大事，有些大一些的息肉被切除时会出血较多，甚至会切破肠壁。这是两个最主要的风险。但对比风险和收益，还是收益大许多，所以要做肠镜检测。”

我此时发现虽然这位“猥琐”大夫其貌不扬，却也有板有眼一丝不苟，不禁暗自责备自己以貌取人太可笑。

“请问，那幽门螺杆菌即使完全清除，HP转为阴性了，如果多人聚餐，会不会轻易又会被传染上变为携带者？你知道中餐的习俗……”

“没问题。胃和肠道是这种细菌生存的地方，唾液并不会传播幽门螺杆菌的，共餐不会被传染，但粪便却要小心。”

“HP阳性一定要治疗吗?”

“那是癌症风险极高的一种细菌，要治疗。”

电脑上的时间显示已经五点半了。他起身去叫护士来给我安排预约肠镜检查时间，仍是一幅面无表情干干巴巴的样子。

“大夫，请问您的名字的正确读音……”

“哦，其实我来自泰国，我的本姓和你一样，姓李的……我曾在香港读医，学了一口粤语，却怎么都搞不懂普通话。对我来说普通话太难了……呵呵。”终于，他的脸上浮现出笑容。

肠镜约在下周二上午十一点，要求十点钟到达。

“那简直是受刑！真正做检查倒还好，反正麻药劲儿上来你没什么感觉，倒是那之前的清肠准备特别难受。四升水加了让你拉肚子的药粉，喝起来那叫一个怪异。还真没什么异味儿，可就是难喝，非要说那味道，有点像海水，或者游泳池里的水呛到了你嘴里肚子里，反正非常不舒服。”Maryann的老公Bruce上月刚做完肠镜，大声跟我诉苦，并传授经验道：“honey，喝时你一定要快速，不能细品慢咽。另外，一定要把那溶液放冰箱过一夜，味道会比室温下稍好一点。”

“记住，千万要离厕所近一点。穿上随时可以撩起来的袍子，别穿裤子。准备一管凡士林，否则你会破皮疼痛。”Maryann也献计献策，让我如临大敌。

周一下午五点，先吞了两粒绿豆大小的药丸，大便软化剂。

没什么感觉。

假装没事一样继续看电视。按医嘱，坚果、肉食和一切带有纤维的蔬菜水果已经提前三天戒食了。周一早上更是只喝了一碗鸡蛋疙瘩汤，午餐晚餐不允许吃，只能喝水或没有果肉的果汁。

紧张得不知道饿了。

那喝药水的时间本来最早应该是晚上八点，可Maryann建议六点就喝。“每十分钟喝8盎司，两升下来，至少得一个小时，早喝完你可以早排清，早点上床休息，反正第二天早上你也不准吃东西。”

言之有理。我从来没感觉时间过得如此之慢。肚里没食，心慌气短，干什么都没有底气和精神。总打量那放在茶几上的小马蹄表。六点一到，起身走到冰箱前，用两只手才能平稳地挪出来那超大塑料桶，大义凛然地拧开，倒进早就备好的玻璃量杯。

端在手里的液体似乎密度很大，比一杯普通的水重许多，还凉，让我想到水银。不禁想，那喝水银自尽的人们，是否也都经历过这悲壮加自怜的瞬间?

一口气咕嘟嘟下去，只下肚了半杯，太凉不说，阴沉的质感，让口腔和胃都充溢着鼓胀感。我尽力张着嘴呼出那残留的气息，像海水还是游泳池水？似是而非。总之，我身体的每一个细胞都有同一个答案：这不是自然的可以喝的东西。

“理想的干净肠道应该排出黄色的液体。”检查指南上写得清楚。

十点不到，我的身体已经达到了这一标准。

想上床睡觉，却头痛得有低烧感，竟不能入眠。我猜测那是药物的副作用。想起医生说让多喝水，可我真没一点喝水的欲望。

好不容易熬到半夜睡去，醒来才六点。起来，继续喝那剩下的两升。意外欣喜地发现，说明书的最后一段是：尽量喝完四升药液，实在要剩下，也只能剩下不足一升的量。

这实在是个大好消息!

强灌了几杯后，估摸剩下的不足一升了，我自动停止折磨。

九点四十，由 Jay 开车，我们出发前往医院，我突然感觉自己就是《夏洛的网》里面那被农夫载着去集市场参加比赛的小猪威尔伯。医生早就告知，必须有人开车陪伴，即使是打出租车和采用公交系统，都必须有人陪伴。听 Jay 说十年前做肠镜时朋友 Mike 为他当司机，我不禁对他那位发小儿又多了几分敬重。“我爹地生前告诉过我，人生最大的财富就是友情。我很幸运，有几个真正的朋友。”记得上次打保龄球时听 Mike 说过这话，看来大大咧咧的美国人也不乏重情重义的。

候诊室已经有一位头发花白的先生坐在椅子上。看到我们进来，友好地告知：“你可以摁一下门铃，有护士会过来接待。”我们道谢，果然一位男护士应声开门并递过来表格让我填。

“哈里森，请进来吧，大夫准备好了。”他同时向那位先生招呼一声。

“哈里森？你是住北桥小区吗?”Jay 闻声问。

“对啊！我看你也眼熟，咱们好像是邻居呢!”站起来的哈里森很高大健壮，笑着开始对暗号。我们中间隔着一户人家，居然搬来两年了还没正面打过交道。

“哈，有趣，早知道你们应该拼车一起来呢！”护士也跟着乐。

两年没说过一句话，居然在同一个时间跑到同一个诊所来做同一个检查。世间就有这么多说不准的事儿。

祝他好运，门关上了。

半小时后轮到了我。

更衣。第一次穿上了电影里看到过的大格袍子。“你穿反了，开口的应该在后面。”原来这袍子要反着穿，前面严实，后面露屁股，有带子还不让系上。

躺上铺着松软床垫有金属护栏的手术床，白色的围帘一拉，就是一个私密小空间。我留意到纯棉床单极干净，枕头松软度也舒适宜人，想到被曝光换了客人也不换床单的某些星级酒店，最干净的床可能应该在医院吧？

正想着，一头大波浪棕色卷发的护士过来确认我的身份，讲解基本的检查原理和过程。那一脸柔和笑容的男护士蹲在一侧在我右臂上扎上橡皮管。“对不起哦，可能会有一点痛，我尽量轻一点。”他一边用棉球在我手臂上消毒一边表示歉意，说那是为了一会儿给麻药而做准备。

心电图接好，测呼吸的线路夹上手指。一切就绪。

白围帘就又拉上了。我听到他们在聊天，关于中午订餐。

放弃挣扎与妄想。我闭目深呼吸。

原以为医生一会儿就过来施行检查，没想到，几分钟后，帘子拉开，我躺着的床被另两个年轻护士推进不远处的一个房间，随处都是仪器和电视屏幕，这才是检查室。

所有经过我身边或参与检查的护士都微笑着过来跟我问好，自报家门，说很荣幸参与今天的检查。Bencharit 大夫已坐在一张电脑前，扭脸冲我打招呼，仍是一脸不快乐的厌世表情，却比在诊室看到的他顺眼了许多。

不知是因为麻醉剂，还是因为看到那么多笑脸，我突然感觉很放松，似乎自己躺在世界上最舒服的一个角落，心无挂碍，恐惧全无。

护士帮我从平躺改成侧卧位，屁股面对着大夫。我一下明白为什么要穿那露屁股的袍子了。

世界一下变得安静下来，我只看到墙上那屏幕上肠子内部粉红的一团一块，随时在变动着……

我似乎连眼都不想眨，只好奇地打量着那画面，想知道我是否真能看到什么不好的东西长在肠子里。有时我能看到上面的血管，淡蓝色的。

“好了，结束了。一切良好，没什么问题。连息肉也没有。只有一个内痔。”似乎只有五分钟，一切都结束了。

我又被推回到刚才等候的白帘子区，被解除掉一切管线。“你可以去更衣室换衣服了。我已经给你先生打了电话，他马上进来接你。”

似乎身上的一个重负被卸掉了。我身心一下都轻飘起来，早上来时那裹着厚厚的羽绒服、冷得双手冰凉的我不见了。

是知道结果不错的心理放松，还是那麻醉剂让人飘飘欲仙的感觉实在不可自控？如果是后者，我真明白了为什么有些人冒险也要吸大麻。

“我们真的爱 Bencharit 大夫，他这人太好了。可惜这么突然就失去了亲人。太让人为他难过了……上个月……他们从没分开过……”这些议论在我打开门的瞬间戛然而止。

几个人同时抬头给我个灿烂的笑脸：“过开心的一天！”

回家路上，飘忽的心开始落回地面。Bencharit 大夫那张不快乐的黄脸又浮现出来。我知道，每个人背后都有一条属于他自己的历史长河，只是我们不曾有机会走近罢了。

我告诉自己，从此不轻易说不喜欢，不轻易说讨厌，更不轻言恨字。人生如此扑朔迷离，立定回望，空余苍凉。桃李春风一杯酒，江湖夜雨十年灯。

希尔顿的时光分享

1

如果在街头或酒吧遇到 Dino（迪诺），我会以为她是个电影明星或模特女郎，最起码也是个靠晒时尚晒美好晒幸福而拥有几百上千万粉丝的网红。金发如缎子披散在肩头，明眸皓齿，笑容大方甜美，紧身的烟灰色连衣裙勾勒出完美身段，纤腰翘臀，让女人看了都不由得艳羡。可她还真不是，她是希尔顿酒店的一位销售人员。

“看，这是我儿子的照片，今年8岁，很可爱吧？怀他时我已经42岁，我本以为自己是最老的孕妇了，上个月突然听我们的邻居说她怀孕了，56岁！老公63岁了……上帝啊，我刚听说也和你一样吃惊，你看她的眼神，哈哈……”Dino坐在电脑桌那端，开心地用手指着我冲Jay大笑，那眼神放松、友善，又带着些微不确定的审视。我知道她在营造一种轻松的气氛，却又谨慎地拿捏着分寸，以求一切适度。

这是深秋的一个早晨，阳光如锦线，轻松穿过高大明亮的落地窗，洒在几盆绿叶红梗的天堂鸟上。望一眼天空，蓝得像那钻石海面，不去大自然怀抱里徜徉都有些让人自愧暴殄天物。这里是距离圣地亚哥30英里的Calsbad（卡尔斯巴德），美国西海岸太平洋边的美丽度假小城。头一天，我们开车两个小时从洛杉矶赶过来，入住窗外就是海景和花园的希尔顿酒店客房，200美元两晚，还加上两张圣地亚哥动物园的免费门票。在前台我问那个红头发的爱尔兰裔小伙当晚的市场价是多少，他答199美元。听得我们会心一笑。天下并没有掉馅饼，我们得以低价入住的代价是，必须承诺花上两个小时听一听酒店的presentation（展示会），其实就是促销活动。

所以第二天早上八点半，我们就乖乖如约到酒店隔壁的一个办公楼来听讲。

“咱们是否要先琢磨一下，找什么理由来不购买产品。什么产品？有一点是肯定的，当然是游说咱们掏钱。”在麦当劳吃早餐时，Jay微笑着道。

“就说我经常需要回中国，时间不确定，所以……那大概是什么样的东西？”我试探着想找出点线索。

“其实也没必要太担心，他们不能逼着咱们买的。”Jay和所有美国人一样，吃汉堡类的东西时一定要挤上一层厚厚的番茄酱，嘴角上红色的酱汁像一撮小红胡子。“你听说过时间分享吧？你和酒店签订购买入住协议，价格随你购买的入住天数不同而不同，你可以异地入住，比如，你购买了拉斯维加斯某酒店七天的入住权，但你正好要去纽约，那就可以去那儿入住，事先预付的费用购买的其实是积分，入住时只需根据当时的季节淡旺和周末与否来折合抵扣，比如淡季一晚，可能只需要三百分，而旺季则需要六百分，周末也会比非周末贵，但都比市面上的价格要优惠一些……”

“听起来也不错啊，预付费，得到折扣。反正咱们打算花更多时间去旅游，也许可以尝试一下呢。”

“我的朋友 Mike 就从他爸那儿继承了四间酒店房的入住权，他每年出游都几乎不用再额外花钱，只要所到之处有那个酒店的分店，全世界都可以通用。”

不得不承认，希尔顿这个老牌的酒店实力雄厚，管理有度。我们一向喜欢入住的 Embassy Suite（大使套房酒店）就是其旗下的一个品牌，高大的环廊形建筑，中间用各种高大绿植和瀑布装点的热带园林，免费且种类足够又可口的早餐，最吸引美国人的还是那下午的 happy hour（快乐时光）的各色酒水沙拉和小吃，晚餐前的两个小时也是免费。之所以叫 suite（套房），是因为房间基本都是有着宽敞客厅的套间，孩子多的家庭最喜欢，可让孩子们睡在客厅沙发上，甚至两家合住，一家睡卧室大床一家睡客厅，既经济又实惠。

也正是因为成了 Embassy Suite 的常客，某天 Jay 被酒店前台问起是否愿意成为酒店会员，在他点头说是之后的第二周，就接到了酒店客服电话，说我们可以享受 200 美元住两晚酒店外加当地一处旅游景点门票免费的优惠套餐。“有三处选择，犹他州的盐湖城，圣地亚哥旁边的小城 Calsbad，还有就是奥兰多，为期半年，必须要做决定并用掉这两晚。”

我春天还在中国，就同 Jay 在电话里商量着出行。他是典型的摩羯男，最不喜欢做决定。盐湖城去年我们刚去过，从洛杉矶飞过去，租车玩了两天，直奔黄石公园，那壮美独特得令人瞠目的地质结构，让我们感叹不虚此行，虽然公园附近那类似于中国家庭旅馆式的酒店每晚 300 美元的价格着实不低。奥兰多主要是去迪士尼玩，身在洛杉矶，一小时车程外的迪士尼可以说就在家门口。最后我建议去圣地亚哥，虽然也曾去过多次，但两小时的车程，一个周末就够了，也不用占用太长假期时间。

于是，我们有了这样的一场商务会面。

“哈罗，你们好！阳光不错啊……我说，睡醒了吗？以前的这种小会都是在九点半开始，现在提前到了八点半，我希望你们睡够觉了，毕竟你们是来度假的。”在风格简约明快的大堂，着西装外套的前台女孩让我们填了表，坐在黑皮沙发上等。看到有另外三五个客人也和我们一样，边喝着咖啡边等待着。几分钟后，一个衣着体面表情富态的中年妇女走向我们，微笑着问，走楼梯还是电梯？很快我们被领到了二楼。“那边是酒水咖啡和小吃，可以随便取用。”她像个见多识广的富人家的主管，不卑不亢，彬彬有礼，颔首离开。本是推销产品，却被酒店弄得好像很正式甚至有点高级。我暗自佩服这资本主义的处心积虑。

我们正在嚼着麦片蜂蜜糖，Dino 带着一阵优雅的香风出现了，她热情得像个自来熟的朋友，且爽快得让我喜欢，说如果我们对项目没兴趣，五分钟就可以结束谈话，她放我们去自由行动。“我来自夏威夷，我知道阳光沙滩最不可辜负。来，告诉我，你们多久旅行一次？昨天一对老夫妇，结婚五十年了，居然只出去旅游过一次，老太太一直想去，老头不动窝，最后我都没忍住，问那老太太你怎么跟他过了一辈子！”好看又爽快，还有正义感，我几乎打消顾虑喜欢上她了。

2

“下一次出行，打算去哪儿？夏威夷？最佳选择！我在那儿生活工作了七年，一直做销售，这是我很享受的工作。由于酒店被出售了，我得到一个到大陆来的工作机会，于是和老公儿子搬到了这个小城。我爱这里，只要睡觉的地方挨着海，我心里都是快乐的。

“Emma 来自中国，打算在美国境内好好转转，居然没去过东海岸，一定要去！Jay 想去欧洲，太棒了。我们一家去年去了意大利，我先生的祖先生活地，一切都太美妙了，你不走出去永远不知道这个世界有多精彩。

“我们来看一下，如果你们计划每年出游三周，直接租住酒店，未来 20 年的酒店开销会是多少钱？按每晚平均 200 美元算，84000 美元。如果加一倍，足够在许多幽静的小城买一套房子了。好，看看如果与希尔顿签订房产协定，花费会是多少。以前酒店大多与客人签订酒店入住协议，要求客人至少入住一周，有时逢旺季，酒店客满，预购的顾客没房可住也时有发生。现在我们调整上了一个新项目，你们知道，希尔顿在全球都开发了许多公寓楼，只针对签约客人出售，而不是出租。比如你在夏威夷买一间两居室的公寓，你的积分就可以在世界各地的希尔顿旗下的公寓入住。（会有我名下的房间号？Jay 问。）好问题，就和你买房一样，合约上有详细具体的地址房号，可你每次去入住时未必是那一间，也许在华盛顿拥有公寓的会员正在夏威夷度假，会住在你名下的那间，而你们也可以入住别人名下的房间。

“我建议你们买两居室的，这样，你的积分就可以让你游刃有余，人多了可以分享两居，人少了，可以入住一居或工作室户型，省下积分。而积分是可以累积两年的，如果还用不完，可以存入会员账户，每一积分相当于 25 倍普通会员积分，可以用来入住对外营业的所有酒店。”

坐在电脑桌另一侧的 Dino 不慌不忙，流利自如，即使讲钱，也是面带甜美微笑。她尤其喜欢夸赞别人聪明，多次向提问的 Jay 伸大拇指，像面对一个被她耐心诱导的孩子。

我都没看清她是否打电话或做什么暗示，刚才那位保养极好如富人主管的中年妇女翩然而至。原来她是财务经理，来给我们在纸上算账。

两居室，85 年产权，费用 37000 美元，外加 995 美元手续费，总价为 37995 美元，首付 3800 美元，月供 489 ~ 587 美元，取决于你的银行信用值高低。每年的物业管理费为 1518 美元。

一居室，同样产权年限，26100 美元，外加 995 美元手续费，总价 27095 美元，首付 2710 美元，月供 350 ~ 420 美元，每年物业管理费 1425 美元。

加加减减的数字计算后，管家又起身微笑着离开。其实如此简单，就算我们用手机也能在一分钟内搞清，她的介入再次让我感觉到酒店在有意营造的“商业仪式感”，给客人一种正式暗示，他们不是兜售大力丸的江湖杂耍。

看表，已经过去了一个半小时。我问 Dino 我们当下可不可以不做决定，因为我们计划要去圣地亚哥市中心的露天市场，许多摊位临近中午就撤了。如果我们真打算买，可以下午回来再找她。

“只有几个小时的时间，对你们做决定有什么影响呢？为何不现在就决定？”她的笑容收敛了起来，我才发现她似乎变了一个人，冷淡的一张脸也没那么好看了。

“可是我不想这么快做决定。”我坚持道。

“今天如果你们决定购买，公司会有额外的极大优惠。看，比如说是两居公寓，你的费用本来可以换得每年7000积分，通常可以住七天酒店，但今天我会给你额外的14000积分，仅限于在今天签约的人。

“同时，看这张列表，这些希尔顿旗下的酒店，你们也可以以超低价格入住，80～150美元一晚，哪儿会有这么便宜的可能？就因为你们今天签约。我教你一个秘密绝招，入住如果不超过三个晚上，则尽量不要兑换积分入住公寓，每次入住，还要花65美元注册。如果享受这个低折扣价格去住酒店，直接付现金，这多划算！”

这一所谓优惠立即让我想起上门报价的玻璃店推销员。“我可以给你最优惠价格，只限于今天签约的客户。”完全如出一辙。我总想知道，如果我没签约，下次又打电话请他们上门报价，会是丝毫不可通融的天价数字吗？生意人永远不会对钱说no的呀。

看我们犹豫，她又满脸笑容，说可以带我们去旁边看一下公寓楼的布局。

穿过花园，步行五分钟，到达带电梯的三层公寓楼。不仅窗明几净一尘不染，餐桌上的透明高脚酒杯、充满艺术感的桌布，卧室高档棉质的床上用品，锃亮崭新的厨房灶具、冰箱、洗衣机、烘干机……可谓几近能事，布置得如所有房地产的样板间。“我知道你和我一样，出门会喜欢住在一个有厨房的房间，能煮点可口的家里的饭菜。看，锅碗瓢盆什么炊具都全了，你只需要去当地超市买点食材，既满足了胃，又节省了下馆子的钱。”她说她出门时行李箱里都会放一个迷你调料盒，里面放着简单却足够的烹饪调料。

想想在异国他乡，住在一个有厨房的屋檐下，用自己烹饪的美食犒劳疲惫的身体，那种四海为家的感觉还真是让人向往。

我有些心动。

Jay仍是老习惯，一切随我。

“如果你们想小试一下，我们还有更低的门类。比如，比一居略小的工作室，只是没有厨房，价格低一万美元左右，缺点是积分不太高，如果你想多住几晚，或想住大一点的房间，没有太多余地，所以我首推两居的户型……”

又回到刚才的办公楼，Jay说如果要选择他宁可选两居的，毕竟使用空间比较大。

“趁着年轻一定要出去旅游！”这是去年刚刚去世的姑姥姥Elsie在神智还清

楚时叮嘱我们的话。她无儿无女，年轻时就与丈夫四处旅游，直到70岁开始寡居，独自在养老院生活了近30年，她最珍贵的财富不是银行里那数目可观的存款，而是那好几本贴满了旧照片的相册。每一张下面都用工整的字迹注明拍摄时间地点，画中的人物是谁。

“签约的一大好处是，可以逼着咱们出去旅游。”Jay 微笑道。

当他交出信用卡时，我的心里仍有一丝疑虑。但想起在异国他乡那带厨房的住所，我有意屏蔽了那丝阴影。

Dino 的笑容更迷人了，当着我们的面夸张地跟财务经理赞扬我们有商业头脑。“和房价一样，签约费用只会越来越高的。我是十几年前买的，分值不变，但便宜很多，85 年的产权，你可以赠予子孙，没有任何过户手续费……”

她愿意显示自己的善解人意，答应我们下午四点钟前办理最后的手续。“我告诉你们一个好消息，刚才我已经跟财务部门沟通了，他们同意尽快缩短手续流程，这样你们就可以赶上下个月去夏威夷享用那里的海景公寓了。你们太幸运啦!”

目送我们出门，她又大声叫我们回来，说去露天市场逛一会儿就会饿，让我从吧台上挑选一些零食小吃带上。

3

边道谢边出门。我心里那疑虑的阴云似乎又加重了色彩。

5 号公路上的车并不多，沿途的风景再也不像来时一般让我放松，反倒像心里堵着一块重物一样不舒服。

“我感觉我们不该那么快答应签约。”我患得患失地嘀咕。

“为什么?”Jay 开着车目视前方，一脸轻松。

“三万多美元，85 年的房产权限，听起来好像一点也不贵，可是每年一千五百美元的物业费，就算 20 年，如她所说随着货币通胀每年小幅递增，也要四万美元，如果 85 年，就更可观了。

“说是房产可以卖，可只能卖给希尔顿集团，而他们回购与否，还要看当时的房源，如果集团手中还有现房未签约出去，是不太可能回购业主房产的。又不能上市自由买卖，这等于是变相套牢。

“7000积分原则上可以住七天酒店公寓，可如果是旺季，入住时房间分值加倍，原本340积分就可住一晚的，要680积分才可以，积分根本不够用。每次入住还要付65美元，比如一周的酒店一年内分两次入住就要付130美元，加上一年的物业费，小两千美元。即使咱们没有这个所谓的公寓，住200美元一晚的酒店，也差不多可以住十晚了，还不用交三万多美元的签约费，更不用考虑当地是否有希尔顿的分店，是否酒店入住已满。

“说到赠送给子孙，听起来很美，可几十年后，物业费如果高得离谱，没准儿根本没有人愿意继承。出不出去旅游没定，先要付每年的物业费，想转手还不能随便卖。

“现在的Airbnb（爱彼迎，一家服务型网站）那么方便，要真想住有厨房的地方，也不是不可能，还有更多选择余地。”

我的一番话不仅让Jay感觉也有道理，还更坚定了我自己中止这一所谓的时间分享公寓计划。

“我在想他们是否已经刷了我的信用卡了，毕竟刚才已经填表签字了。他们已经复印了我的信用卡。”他有些担心起来，说一到圣地亚哥停好车就打电话取消。

我们俩一下变得忧心忡忡起来。

“即使刷了你的信用卡也没关系，你可以给信用卡公司打电话止付。”我有些没底气，同时又暗中埋怨自己为什么当时没坚持住。

短暂的三十分钟车程变得似乎很漫长。终于按导航找到Kobey（柯比）露天旧货市场。泊车后，Jay拿出裤袋里还没放热的Dino的名片，号码拨出去，却没有人接，听到留言提示，他表示我们打算中止签约，希望不要查他的信用卡值，也不要刷卡，以免麻烦。

没有更多可做的了，向一个端着一盆花走向停车场的男子打听，我们走着去找那市场。

与我们所在的小城Santa Clarita的露天旧货市场区别不大，地摊上摆卖各类旧货的小贩，都带着中国民工式的听天由命表情。初次前来，地形不熟，感觉这个市场大得没边儿。

以往我会兴致勃勃地东瞅西瞧，今天却因为有心事，感觉什么都不太有吸引力。看到一个旧金属罐，已经年久摔碰变形了，琢磨也许可用来种上几颗黑金刚多肉，问价，要20美元。我放弃，走人。

偷眼再打量Jay，看他摸出手机在看。一会儿又像在回复信息。

“对，是她，说不用担心，没人用我的信用卡。只是问我为什么突然改主意了。我说我们不喜欢那每年一千多美元的物业费，要知道我们自己每天住的房子每个月才一百多美元的物业费。她又劝了我一堆，说如何保值之类……”

我松了口气，好在没碰上死缠烂打的主儿，借口说你们已经签字且刷卡了，反悔要付费用，等等。

放松的好处之一是购买欲大增，许是庆幸省下一大笔钱，在三个不同摊位前买了几堆多肉和仙人掌类植物，搬了三次才装车完毕。

“Dino说本来是有礼物送给我们的，一张100美元的Embassy Suite的优惠券，虽然我们终止了签约，但她说仍然可以给我们，只是要明早去那办公楼里完成一个简单测评。咱们还要吗？”Jay有些底气不足。

“昨天入住时就听说只要参加了两小时的促销都可以有这100美元优惠券的，对吗？”

“也是。那明早去一下，如果他们继续游说签约咱就放弃走人。”

商量定了，我们都似乎放松了些，驱车回酒店。当晚去一个小镇闲逛。普通的房屋和街道，却因为无处不在的各种独特怪异的植物而吸引人驻足，与北加州那个几百年来不设路灯的小镇卡梅尔相似，却更不刻意，更洒脱。

经过一个不起眼的小中餐馆，毫不犹豫地钻进去吃炒面，发现打着黑领结的老板亲自在一丝不苟地给客人做中式卷饼。我好奇，也点了一份，在他操作时才发现，只不过是像鱼香肉丝的一小碟菜，放进抹了一些甜面酱的墨西哥薄面饼上，熟练地用筷子一卷一夹，摆放在你面前。

味道实在不敢恭维，尤其是炒面里的鸡肉，让我满嘴生鸡肉味，想吐，又没餐巾纸，只好强迫自己咽下。那卷饼也一般，汁水太多，面皮很快就湿软破了。

连大厨带服务员，一色亚裔，但也不过四五个人。听老板和后厨讲广东话，于是看他再过来添茶时搭讪了几句。“我是越南人，年轻时去了菲律宾，后来又来了美国，难民啊，先到了洛杉矶，人多车多啊。几个月后来到这个安静的小地方，喜欢，就盘了个铺面留了下来，已经30多年喽。”他的普通话也很好。个子小小，清瘦谦恭，望着他，我不禁想象30多年前那个漂泊异乡的男子，不知他是否有着和此时不同的心境与梦想。

“我们是这里唯一的中餐馆，什么都可以吃到。你们从上海过来的呀？玩完回来可以过来吃饭哦。”隔着一桌，一个老板娘模样的老妇正堆着笑脸殷勤地跟一对年轻情侣搭话。那对游客模样的年轻人木着一张脸并不情愿多接话，我猜一半也许是因为傲慢，另一半也许是正叫苦于这饭菜的难以下咽。

沿街看到一个书店，那一向是 Jay 最喜欢光顾的地方。不大的店铺，推门进去，更像进入了一个普通人家的书房兼客厅，光线暗淡，看到一架架的旧版书都用塑料袋分别包装着，分类也不明晰，却更让人有淘书的乐趣。

老板，也是唯一的店员，一位得有七旬的老人，埋首在一张红木书架后忙着什么。我看到一个半绣半彩绘的迷你七折屏风，画面上全是孩童天真玩耍的景象，让我想起儿时和弟弟嬉戏的快乐时光。再细看，孩童们全是韩国衣着。一张纸签上有标价，295 美元。

“在我家里摆放多年了，也不记得从何处得来的了，估计不会是特别古旧的东西。”老板抬眼看我一眼，见我是亚裔，还问是否我对其有所了解。

出门看到一张木雕，就立在门外种有几株多肉的沙地角落，一位中世纪的西方男子一手秉烛一手握书，很有些 18 世纪插画的味道。没看到价签，于是让 Jay 回屋去问是否出售。一会儿他出来，说老板说不卖，那是他多年前开第一家书店就有的装饰，一直跟着他。

“无论是开味道极差的中餐馆，还是没有人光顾的旧书店，人老了，只要有自己喜欢的事去专注，可能就是快乐的。”夜色中，我们去找泊在路边的车，我不禁感叹道。

“是啊，我相信那个书店老板不在乎是否有顾客，只要他每天有这么个地方，能连接起自己的生活与这个世界，就够了。”

第二天一早，我们电话结账，早饭前先去了那个险些破财的办公楼取那百元优惠券。心虚的我主动要求在车里等，不想去看人家的脸色。

几分钟后 Jay 走回来说人家要求我和他一起进去填一个简单的表，五分钟就可以结束。

仍是走程序，一位年轻女子领我们上二楼，交给一位中年女子，和 Dina 一样，干练好看的职业女性。

“我听说你们中止了签约。主要原因？时间太长，85 年，不喜欢物业费，

OK。”她似乎真的在做调研回访，在一张纸上划拉了几下。

“我们现在还推出一款新产品，1780美元，七个晚上的酒店入住，在不同的城市可以选择。既没有年限，也没有物业费，你们看要不要考虑一下。”她脸上客气的微笑让我们都不好意思继续下去，我赶紧说“抱歉我们不感兴趣”。笑容消失了，她的脸有些僵冷，但只是一秒钟，马上就恢复了微笑。

“没关系，在这里签字，这优惠券就可以领走了。”

下楼，上车，Jay惊叹道：“天哪，这券还不能直接用，需要确定去何处旅游后寄回这里，得到许可才能用……”

Filthy capitalism!（肮脏的资本主义!）

我们俩异口同声道，然后大笑，起程，回家。